Elogio de la experiencia

CARL HONORÉ

ELOGIO DE LA EXPERIENCIA

*Cómo sacar partido
de nuestras vidas más longevas*

Traducción de
FRANCISCO J. RAMOS MENA

Algunos de los nombres en este libro
han sido cambiados para proteger la identidad de las personas.

Título original inglés:
Bolder. Making the Most of Our Longer Lives.

© Carl Honoré, 2018.
© de la traducción: Francisco J. Ramos Mena, 2019.
© de esta edición: RBA Libros, S. A., 2019.
Avda. Diagonal, 189 - 08018 Barcelona.
rbalibros.com

Primera edición: junio de 2019.

REF.: ONFI253
ISBN: 978-84-9056-923-8
DEPÓSITO LEGAL: B.13.232-2019

GRAFIME • PREIMPRESIÓN

Impreso en España • *Printed in Spain*

A MAURICE Y DANIELLE

En el tema de la edad, la mente manda sobre la materia. Si a ti no te preocupa, entonces no importa.

MARK TWAIN

CONTENIDO

EL EFECTO CUMPLEAÑOS

> Espero morir antes de envejecer.
>
> PETE TOWNSHEND, «My Generation»

Llevo varias décadas persiguiendo una pelota con un palo. Para mí, el hockey es mucho más que mi deporte favorito: es un ejercicio agotador, una oportunidad para salir con los amigos y un vínculo con mis raíces canadienses. También es una forma de esquivar el hecho de que estoy envejeciendo. Mientras juego al hockey puedo dejar de pensar en mi edad y en lo que significa. ¿De qué tendría que preocuparme cuando todavía me siento como un adolescente cada vez que la pelota toca la parte inferior de mi *stick*?

Pero un día llegó el torneo anual de Gateshead, una ciudad industrial del norte de Inglaterra.

Cuando se acababa el tiempo en el partido de los cuartos de final, mi equipo empataba con los mismos adversarios a los que habíamos aniquilado el año anterior. Podía sentir cómo los nervios y la indignación se apoderaban de todos los miembros de mi equipo. Entonces, en el último minuto de juego, con la tanda de penaltis acechándonos, me saqué de la manga uno de los trucos más difíciles que hay en el hockey.

Para reanudar el juego, el árbitro deja caer la pelota entre dos rivales. Este «saque neutral» constituye una auténtica prueba de fuerza, equilibrio, reflejos, coordinación mano-ojo y velocidad de pensamiento. El objetivo es hacerse con el control de la pelota. Marcar directamente tras un saque es algo muy poco habitual. Sin embargo, en aquel partido de cuartos de final yo hice justamente eso: coloqué la bola en la esquina inferior de la red desde una distancia de cinco metros antes de que nadie pudiera siquiera moverse. Mi oponente en el saque soltó un juramento entre dientes. El portero derrotado estrelló su palo contra el suelo con disgusto. Mi equipo estaba en semifinales, y yo me sentía en las nubes.

Tras los abrazos y los choques de manos que se sucedieron cuando el árbitro pitó el final, y con la imagen del gol todavía repitiéndose en mi cabeza, entré en el vestuario. Allí, al otro lado de una montaña de uniformes de hockey empapados y malolientes, un empleado del torneo hacía una lista de los perfiles del equipo, comparando las edades de sus miembros. El jugador más joven tenía 16 años. ¿Y el más viejo?

—¡Colega, eres tú! —gritó, no sin cierto regodeo—. ¡Eres el jugador más viejo de todo el torneo!

Por entonces yo tenía 48 años, el pelo entrecano y patas de gallo a juego. Pero, pese a ello, la noticia me dejó sin aliento. La alegría de marcar un gol de antología para ganar los cuartos de final se vio eclipsada al instante por la irrefutable aritmética: había 240 jugadores en el torneo, y todos ellos eran más jóvenes que yo. En un abrir y cerrar de ojos, había pasado de goleador a abuelo.

Cuando salí del vestuario y empecé a fijarme en los demás jugadores que participaban en el torneo, se me amontonaron las preguntas… ¿Parezco fuera de lugar? ¿La gente se ríe de mí? ¿Soy el equivalente en hockey del típico tío de cuarenta y tantos que tiene una novia de veintitantos? ¿Debería optar por un pasatiempo más ligero? ¿Quizás el bingo?

Al final nos llega a todos: ese momento glacial y demoledor en el que de repente te sientes viejo. Tu fecha de nacimiento, antaño una mera serie de números en tu documento de identidad, se convierte en una pulla, un *memento mori*, susurrándote la prueba de que ya vas cuesta abajo y transitas por una vía de sentido único hacia la faja y la mecedora. La vida tal como la conoces, tal como quieres que sea, ha terminado. Empiezas a preocuparte por lo que resulta apropiado para tu edad. ¿Este traje es demasiado juvenil para mí? ¿Este corte de pelo, este trabajo, esta amante, este grupo, este deporte...? El factor desencadenante puede ser un cumpleaños señalado, una enfermedad o una lesión, un desaire amoroso o un ascenso que se te ha escapado en el trabajo. Puede ser la muerte de un ser querido. Para mí fue el hecho de ser el jugador más viejo de un torneo de hockey.

Sin embargo, si examinamos el asunto con más detalle, veremos que también tiene una parte positiva: hoy, un número de nosotros mayor que nunca vivimos lo suficiente para ser abuelos goleadores. Se debe a que el siglo XX ha desencadenado una revolución de longevidad. Las mejoras en materia de nutrición, salud, tecnología, saneamiento y atención médica, junto con la disminución del hábito de fumar y el incremento de los ingresos, nos están ayudando a vivir mucho más tiempo. La esperanza de vida al nacer se ha duplicado con creces a escala global, pasando de 32 años en 1900 a 71,4 años en la actualidad, mientras que en los países ricos la cifra supera actualmente los 80 años. En 1963, Japón empezó a regalar un plato de sake de plata —conocido como *sakazuki*— a todos los ciudadanos que cumplían 100 años; la tradición hubo de interrumpirse en 2015, pues los centenarios japoneses eran demasiado numerosos.

Eso no quiere decir que en el pasado no hubiera gente que viviera hasta una edad avanzada. Durante la mayor parte de la historia, la esperanza de vida media era muy baja debido a que la mortalidad infantil era muy alta; pero si en la era preindustrial sobrevivías hasta alcanzar la edad adulta, podías terminar viviendo mucho tiempo. Los registros documentales sugieren que hasta un 8 % de los ciudadanos del Imperio romano tenían más de 60 años, y que en los siglos XVII y XVIII más del 10 % de la población de Inglaterra, Francia y España tenían esa edad. Isaac Newton murió a los 84 años. De vez en cuando, las personas extraordinariamente longevas incluso saltaban a los titulares. Inglaterra entera sucumbió al hechizo de un trabajador agrícola llamado Thomas Parr, que antes de morir, en 1635, había afirmado que tenía 152 años. Pese a que se aseguró que había confundido su fecha de nacimiento con la de su abuelo, la opinión pública inglesa se deleitaba con las historias relativas a su espartana dieta («queso casi rancio y leche en todas sus formas, pan basto y duro, y un poco de bebida, en general suero de leche amargo») y su pintoresca vida amorosa, que incluía hacer penitencia por adulterio y criar a un hijo fuera del matrimonio siendo ya centenario. Tal era su fama, que el «Viejo Parr» —como pasó a conocérsele— fue inmortalizado por Van Dyck y por Rubens. Tras su muerte, lo enterraron en la abadía de Westminster.

Aunque nadie ha llegado ni de lejos a vivir tanto como Parr afirmaba haberlo hecho, la revolución de la longevidad, se mire como se mire, representa un gran salto adelante, un inmenso monumento al ingenio humano, un motivo de celebración…, y, sin embargo, a menudo no se percibe como tal. ¿Y por qué no? Pues sobre todo porque nuestra actitud con respecto al envejecimiento no ha ido de la mano con la promesa demográfica que se extiende ante nosotros. En lugar de abrir una botella de champán para brindar por todos esos años adicionales de vida, a menudo no hacemos sino seguir dando vueltas a la idea de que envejecer es malo. En lugar de saborear nuestras hazañas en el hockey, nos asustamos por las entradas de nuestro cabello.

Pensemos en cómo el discurso público suele presentar el incremento de la longevidad como una fastidiosa tendencia que cabe situar junto al cambio climático y la desigualdad económica. Las noticias publicadas en los medios de comunicación con respecto a temas como que actualmente la población centenaria mundial supera las 450.000 personas, o que los mayores de 65 años pronto superarán en número a los menores de cinco, por regla general vienen sazonadas con expresiones como «tsunami plateado» (o «tsunami gris»),* o «bomba

---

* Una referencia al color del cabello de los ancianos. (*N. del t.*)

de tiempo». Los profetas de la fatalidad advierten que toda esa longevidad comportará esclerosis económica, escasez de mano de obra, el colapso fiscal, el desplome de los mercados bursátiles, el desmoronamiento de los servicios sociales, la guerra intergeneracional y el fin de la innovación. Si no empezamos a relajar las normas relativas a la eutanasia —advierten—, nos veremos inundados de ancianos incontinentes que no pararán de hablar de lo mucho mejor que se vivía en el pasado.

Nuestro propio envejecimiento personal inspira temores similares. ¿Cuándo fue la última vez que conocimos a alguien con ganas de llegar a los 40 o los 50, y no digamos a los 60 o los 70? Es cierto que sobrevivir pasados los 80 o los 90 puede convertirse en motivo de orgullo, pero hasta entonces la propia idea de envejecer suele evocar miedo, angustia, desprecio e incluso repulsión. Nos aferramos a la idea de que envejecer es una maldición, de que a partir de un momento determinado cada cumpleaños nos hace menos atractivos, menos productivos, menos felices, menos enérgicos, menos creativos, menos saludables, menos abiertos de miras, menos adorables, menos fuertes, menos visibles, menos útiles..., en suma, menos nosotros mismos.

El mensaje es el mismo en todas partes: cuanto más joven, mejor. Las señales de tráfico representan a las personas mayores encorvadas sobre bastones, mientras que la industria de los cosméticos vende los productos «antienvejecimiento» como si envejecer fuera una enfermedad. Hoy en día es difícil encontrar una tarjeta de cumpleaños impresa para adultos que no mezcle los buenos deseos con cierto grado de compasión y tono de burla. Recuerdo una de ellas en la que aparece una mujer retrocediendo asustada como en una película de terror de serie B acompañada de las palabras: «¡Dios mío, tienes 30 años!».

La idea de que envejecer es una mierda está arraigada en nuestro pensamiento y en nuestro lenguaje. Si uno se olvida de algo, es que «se está haciendo mayor», mientras que «notar la edad» significa sentirse dolorido, débil e inferior. Disminuimos el valor de los cumplidos añadiendo detrás las palabras «... para su edad», y decimos que los 60 son los «nuevos 40» o que los 50 son los «nuevos 30», como si llegar a los 50 o 60 años fuera algo que se debería evitar, y no algo a lo que aspirar. O consideremos cómo, cuando hablamos de personas que están en la tercera edad, caemos habitualmente en el síndrome del «todavía»: decimos que *todavía* trabaja, que *todavía* mantiene relaciones sexuales, que *todavía* conserva su agudeza mental, como si a partir de una determinada edad seguir relacionándose con el mundo fuera un pequeño milagro. La palabra «viejo» es tan tóxica que la actriz Judi Dench ha prohibido que se utilice en su casa. «*Vintage*» y «jubilarse» también forman parte de su lista de prohibiciones. «No quiero ninguna de esas antiguas palabras», explicaba poco después de celebrar su octogésimo aniversario.[1]

Incluso los grupos que están a favor del envejecimiento se esfuerzan por encontrar un lenguaje adecuado para su causa. Jonathan Collie, cofundador de The Age of No Retirement, una organización con sede en Londres, afronta el mismo obstáculo cada vez que escribe un comunicado de prensa o concede una entrevista. «El problema —afirma— es que las dos palabras que necesitas usar son "edad" y "viejo", pero en cuanto las usas todo el mundo desconecta». Laura Carstensen, directora y fundadora del Centro sobre Longevidad de la Universidad de Stanford, se encuentra con el mismo problema en Estados Unidos. «Llevo más o menos cuarenta años tratando de persuadir a la gente para que utilice la palabra "viejo" con orgullo, pero hasta ahora no he logrado que una sola persona lo haga —explica—. De hecho, incluso yo la evito por temor a que el término pueda ofender».

Retroceder ante el envejecimiento no es nada nuevo. En la Antigüedad, los poetas y dramaturgos griegos y romanos se burlaban despiadadamente de sus mayores. Aristófanes los retrató como seres frágiles, patéticos y propensos a sentir deseos eróticos embarazosos, mientras que Plauto fue de los primeros en poner de moda el tópico del viejo verde. Las obras de los autores medievales, desde Boccaccio hasta Chaucer, están repletas de viejos cornudos. Hace más de dos siglos, Samuel Johnson, creador del primer diccionario de inglés, detectó una tendencia lamentablemente generalizada a infravalorar el cerebro de las personas al envejecer. «En la mayoría de la gente existe una inclinación perversa a suponer que el intelecto de los ancianos decae —escribía en 1783—. Si un hombre joven o de mediana edad, cuando termina una visita, no recuerda dónde ha dejado el sombrero, no pasa nada; pero si se descubre la misma falta de atención en un anciano, la gente se encoge de hombros y dice: "Está perdiendo la memoria"».[2]

¿Ha cambiado algo desde entonces? Sí, pero no para mejor. Nuestra aversión a hacernos mayores —o incluso simplemente a parecerlo— es hoy más fuerte que nunca. Actualmente gastamos cada año 250.000 millones de dólares en productos y servicios antienvejecimiento. Las personas de veintitantos recurren al bótox y a los implantes de cabello antes de las entrevistas de trabajo, y hasta los adolescentes utilizan procedimientos cosméticos para «refrescar» su apariencia.[3]

A veces da la sensación de que se haya abierto la veda para cualquiera que supere cierta edad. Cuando los investigadores de la Escuela de Salud Pública de Yale se pusieron a buscar en Facebook grupos organizados que hablaran sobre personas mayores, encontraron 84, que sumaban un total de 25.489 usuarios. Todos los grupos menos uno intercambiaban estereotipos poco halagüeños. En las descripciones de sus sitios, más de una tercera parte se mostraba a favor de prohibir que las personas mayores condujeran, fueran de compras y realizaran otras actividades públicas. Un usuario incluso proponía una solución final para las personas mayores: «Todos los mayores de 69 años deberían enfrentarse inmediatamente a un pelotón de ejecución».[4]

Aunque pocos llegan al extremo de respaldar la ejecución o la eutanasia, hoy denostar a los ancianos es la última forma de discriminación que se manifiesta abiertamente. Tras el referéndum del Brexit en 2016, donde los ciudadanos de mayor edad votaron abrumadoramente en favor de que el Reino Unido abandonara la Unión Europea, algunos analistas propusieron que se despojara del derecho de voto a los mayores de 65 años. De manera similar, Mark Zuckerberg, el fundador de Facebook, declaró en cierta ocasión ante un auditorio en la Universidad de Stanford que «los jóvenes son más inteligentes». Tras ganarse el aplauso de los asistentes por mostrar su calvicie por la quimioterapia en la alfombra roja de los premios Grammy, la cantante Melissa Etheridge se quejó de la presión social de la que era objeto para que se tiñera el cabello: «Puedo aparecer calva ante el mundo, pero no canosa».

Incluso los propios investigadores que estudian el envejecimiento sienten esa presión. Tomemos el caso, por ejemplo, de Debora Price, profesora de gerontología social en la Universidad de Mánchester. Cuando nos reunimos en un café londinense a orillas del Támesis, me habla de manera fluida y convincente sobre todos los aspectos del envejecimiento hasta que surge un tema que resulta superior a sus fuerzas: el cabello. Price tiene cincuenta y pocos años, y lleva el pelo oscuro gracias a sus visitas regulares a la peluquería. «Yo afirmaría de manera rotunda que nunca sucumbo a ninguna de esas cosas antienvejecimiento; en cambio, me tiño el pelo, y la única razón por la que lo hago, sin ninguna duda, es para parecer más joven —afirma, algo avergonzada—. Todo esto forma parte de la cultura antienvejecimiento, que está omnipresente, incluso entre los gerontólogos».

También yo soy parte de esa misma cultura. Cuando tenía veintitantos años, mi actitud por defecto cuando veía a alguien mayor de 35 era una mezcla de desdén y de horror. Recuerdo que sonreía irónicamente cuando Martin Amis observaba en *Campos de Londres* que «... el tiempo aborda su inmemorial tarea de hacer que todo el mundo parezca y se sienta como una mierda». Me deleitaba con hambriento regocijo en el retrato que hacía John Updike de Conejo cayendo en el desánimo de la mediana edad, con su «cintura ancha y su cauto encorvarse..., pistas de debilidad, una debilidad que raya en el anonimato». Cantaba «My Generation» de los Who experimentando un cruel placer al repetir la frase «Espero morir antes de envejecer». Ahora que estoy rondando los 50, me hallo en modo de negación total, haciendo uso de todos los trucos posibles para ocultar al mundo —y a mí mismo— mi propio envejecimiento. ¿Quitar el año de nacimiento en Facebook? Hecho. ¿Vivir en perpetuo desenfoque para evitar llevar gafas de cerca? Hecho. ¿Llevar el pelo corto para disimular las canas? Hecho. ¿Cuánto tardaré en empezar a preocuparme también por mi cuello, siguiendo el ejemplo de Nora Ephron en *El cuello no engaña*?

A veces, mi propio bochorno por mi edad roza el absurdo. El otro día no podía leer la letra pequeña de una bombilla en una ferretería. Después de un buen rato entornando los ojos, decidí pedir ayuda. A mi alrededor había varios veinteañeros que podrían haber leído el texto en un pispás, pero el caso es que no me atreví a pedírselo: me daba demasiada vergüenza. De modo que, en su lugar, recorrí toda la tienda hasta que encontré a una mujer mayor que llevaba una gafas apoyadas en la nariz.

Esos trucos parecen inofensivos, por más que resulten algo patéticos. Es probable que el lector haya hecho algo similar. Pero, seamos sinceros, no son inofensivos en absoluto. Las pequeñas decisiones como la que yo tomé en la ferretería, o como la que toma Price cada vez que pide hora para teñirse el pelo, acaban convirtiéndose en un gran problema: son esos minúsculos actos de traición y negación, esas microagresiones improvisadas sobre la marcha, esos pequeños suspiros de rendición, los que sustentan el dictado cultural de que el envejecimiento es un proceso vergonzoso de pérdida y declive.

Obviamente, es cierto que envejecer tiene desventajas. Escuchar cómo el carro alado del tiempo se te echa encima a toda velocidad puede ser un fastidio existencial de primer orden. Da igual cuánta col rizada comas o cuántas horas hagas de Pilates: tu cuerpo irá funcionando cada vez peor con el paso del tiempo, a la vez que tu cerebro pierde fuelle. También es más probable que veas enfermar o morir a las personas que amas. Sin embargo, el mayor inconveniente de todos puede ser el mismo hecho de tener que lidiar con nuestra visión tóxica del envejecimiento. Esta no solo nos condena a pasar una gran parte de nuestra vida sintiéndonos fatal por la edad que tenemos, sino que también estrecha nuestros horizontes. Piense en todos los caminos que no transitamos, en todo el potencial que no explotamos y en toda la vida que no vivimos por culpa de esa vocecita dentro de nuestra cabeza que nos susurra: «Eres demasiado viejo para eso». Tener una visión sombría de la tercera edad incluso puede convertirse en una de esas profecías autocumplidas. Diversos estudios revelan que el mero hecho de estar expuestas a ideas pesimistas sobre el envejecimiento hace que las personas mayores obtengan peores resultados en las pruebas de memoria, audición y equilibrio, además de caminar más despacio.[5]

Me pregunto si no me sucedería algo similar en aquel torneo de hockey. Después de que se revelara mi estatus de abuelo oficial, mi rendimiento disminuyó. ¿Empecé a jugar como yo imaginaba que debía de hacerlo una persona mayor? ¿Empecé a esforzarme demasiado? Nunca lo sabremos. Pero el caso es que, después de que mi equipo perdiera en semifinales, terminé el torneo con algo mucho más valioso que un trofeo de hockey. Concluí con una misión: aprender no solo a envejecer mejor, *sino también* a vivir mejor el envejecimiento.

Puede que esto no resulte tan quijotesco como parece. ¿Por qué? Pues porque, en cuanto aprendes a ver más allá de los estereotipos, te das cuenta de que la vida a partir de los 30 no es un triste descenso hacia la decrepitud. Nada más lejos de la realidad. Baste pensar en nuestro propio círculo social. ¿Acaso las personas que conocemos entran en una especie de barrena terminal el día en que descubren que ya no pueden participar en las expediciones de aventura que organizan determinadas agencias de viajes exclusivamente para jóvenes? ¡Y una mierda! Si el lector es como yo, seguro que sabrá de un montón de gente que florece a los 40, los 50, los 60 y más. Mis propios padres, de 77 y 83 años, están viviendo la mejor época de su vida: viajar, cocinar, hacer ejercicio, relacionarse, estudiar, trabajar cuando les apetece...

La idea de que las personas mayores son una carga sin nada que aportar resulta claramente absurda. La historia está llena de gente que ha logrado sus mayores éxitos en la última fase de su existencia. Tres siglos después de que Miguel Ángel terminara de pintar los frescos de la capilla Paulina a los 74 años de edad, Giuseppe Verdi estrenaba su mejor ópera cómica, *Falstaff*, a los 79. El arquitecto Frank Lloyd Wright tenía 91 años cuando terminó el museo Guggenheim de Nueva York. Georgia O'Keeffe realizó extraordinarias obras de arte a los noventa y tantos, mientras que Stanley Kunitz recibió el título estadounidense de «poeta laureado» a la edad de 95. Filósofos como Kant, Gorgias y Catón produjeron sus mejores obras en la vejez. Así pues, ¿quién es más inteligente ahora, Zuckerberg?

Hoy en día, la esfera pública está repleta de personas que realizan cosas extraordinarias pese a estar en la «mitad mala» de su vida. Clint Eastwood ganó su primer Oscar como mejor director a los 62 años, y el segundo a los 74. Mary Robinson lucha contra el cambio climático a sus setenta y tantos. Jane Goodall recorre el mundo a los ochenta y pico dando conferencias sobre su trabajo con chimpancés en Tanzania en las que se agotan las entradas. Warren Buffett va camino de celebrar su nonagésimo cumpleaños como uno de los inversores de mayor éxito del mundo. A sus noventa y tantos, sir David Attenborough rueda documentales de naturaleza que ya han recibido varios premios, mientras que la reina Isabel II de Inglaterra asiste a más de 400 eventos al año.

Actualmente estamos llevando los límites de lo que todos podemos lograr mucho más allá de la primera juventud. Hoy en día, los aficionados de 40 a 49 años corren la maratón de Londres más deprisa que los de 20.[6] En 2016, después de someterse a un tratamiento de fertilidad, una mujer india dio a luz a un niño sano a los 72 años. Un año después, un veterano del Día D se convirtió en la persona más anciana en saltar en paracaídas después de realizar un salto a 4.500 metros desde un avión a los 101 de edad. Paralelamente, el cociente de inteligencia ha aumentado de manera constante en todos los grupos de edad, incluidos los mayores de 90 años. «Lo bueno del asunto es que nunca ha habido una época mejor para ser un adulto de edad avanzada», afirma Esme Fuller-Thomson, directora del Instituto sobre Ciclo de Vida y Envejecimiento de la Universidad de Toronto. Incluso el propio lenguaje está evolucionando para reflejar este espíritu optimista. En el siglo XIV, Dante decía que la vejez empezaba a los 46 años; en 2017, las sociedades Geriátrica y Gerontológica de Japón propusieron cambiar la edad en la que se considera a una persona *rojin*, o mayor, de los 65 a 75 años.

La tendencia a considerar el envejecimiento un privilegio, en lugar de un castigo, está empezando a parecer un auténtico movimiento. Por todas partes surgen iniciativas, como «La edad requiere acción» —una campaña que abarca 60 países—, con el objetivo de ayudarnos a aprovechar al máximo nuestras vidas más longevas. También los gobiernos se están uniendo a esta batalla. Para romper las barreras y los prejuicios entre jóvenes y viejos, el Ministerio de Educación de Francia alienta a los maestros a montar proyectos intergeneracionales durante todo el curso escolar. Para fomentar el aprendizaje permanente a lo largo de toda la vida, actualmente el Gobierno de Singapur da dinero a todos los ciudadanos mayores de 25 años para contribuir a pagarles cursos de capacitación o una carrera universitaria. Por su parte, la Organización Mundial de la Salud se ha comprometido a declarar el decenio de 2020-2030 la primera Década de Envejecimiento Saludable.

También hay activistas individuales que están recogiendo la antorcha. A sus ochenta y pico, la actriz Jane Fonda hace campaña para aprovechar al máximo lo que ella llama el «tercer acto» de la vida. Tras la publicación de su libro *This Chair Rocks: a Manifesto Against Ageism* en 2016, Ashton Applewhite, una brillante escritora y activista estadounidense, ha hablado en toda clase de foros, desde la organización TED (Technology, Entertainment, Design) hasta las Naciones Unidas. Apareció por primera vez en mi radar en un momento en el que la idea de escribir sobre la revolución de la longevidad me planteaba un montón de dudas: temía que un libro sobre el envejecimiento pudiera resultar sombrío, aburrido y poco atractivo; que no hubiera suficientes cosas positivas en torno al envejecimiento como para superar a las negativas; que atreverse a desafiar el culto a la juventud fuera una empresa descabellada. Buscando algo que me estimulara, organicé una visita al apartamento de Applewhite en Brooklyn, Nueva York.

Una fresca mañana de invierno, la encuentro delante de su casa fotografiando las pintadas políticas de unas vallas que hay al otro lado de la calle. Al día siguiente planea unirse a una marcha en favor de los derechos de las mujeres. Con su cabello corto y rizado, su trepidante oratoria y su humor inclemente, me recuerda al primer jefe que tuve. Me cae bien de inmediato. Nos acomodamos en la mesa de la cocina de su apartamento, que está abarrotado de libros y archivos, con sendos *smoothies* verdes (¡al fin y al cabo estábamos en Brooklyn!). Una por una, empieza a derribar mis dudas. «Cuan-

to más piensas en el envejecimiento, más fascinante resulta
—me dice—. Envejecer es como enamorarse o ser madre: resulta a la vez difícil, complejo y hermoso. Es el modo como
avanzamos a través de la vida, como interactuamos con la
sociedad y entre nosotros. ¿Y qué podría haber más interesante que eso?».

Vale, se lo compro. Pero ¿cómo superar la aversión al envejecimiento que parece haber estado presente desde tiempos
remotos? ¿Cómo se hace eso? ¿Es posible siquiera? Applewhite asiente con la cabeza: «La verdad es que, cuando te deshaces
del miedo opresivo al envejecimiento asociado a la cultura,
todo lo relacionado con envejecer se ve mucho mejor —afirma—. Aunque no será fácil».

Que no sea fácil no significa que sea imposible. Uno de los
principales motivos para ser optimista es que cada vez más
personas en todo el mundo están envejeciendo mejor y de forma más activa que nunca. Navegan alrededor del mundo a los
cuarenta y tantos; vuelven a la escuela a los cincuenta y pico;
crean nuevas empresas o familias en la sesentena; corren maratones a los setenta y tantos; diseñan o participan en campañas políticas siendo octogenarios; se enamoran a los noventa
y pico, y crean obras de arte siendo centenarios. Con ello están generando nuevas expectativas acerca de lo que todos nosotros podemos hacer con nuestras vidas más longevas, además de cargarse el tópico de que una población envejecida
representa una carga.

Son también la prueba viviente de que la edad cronológica
está perdiendo su poder de definirnos y limitarnos. Hoy lo
que importa cada vez más no es tanto en qué fecha nació uno
como su forma de pensar, hablar, mirar, moverse, hacer ejercicio, bailar, vestir, viajar y jugar. Lo que nos va a definir en el
futuro, mucho más que nuestra edad, son las opciones que eli-
jamos: los libros que leamos, la televisión que veamos, la música que escuchemos, la comida que comamos, las personas
a las que amemos, la política que defendamos y el trabajo que

hagamos. Este cambio encaja perfectamente en el actual movimiento cultural —más extenso— en favor de la diversidad y la libertad personal. Así, por ejemplo, hoy expresamos la orientación sexual y la identidad de género de una forma que habría sido impensable no hace mucho. Puede que la edad sea la próxima frontera que debamos superar. El Instituto para el Futuro de la Humanidad, con sede en la Universidad de Oxford, reúne a destacados pensadores en matemáticas, filosofía y ciencia con el fin de debatir las grandes cuestiones que afronta la humanidad. Su director, Nick Bostrom, cree que el papel predominante de la edad cronológica ha pasado a la historia: «Lo importante no es cuántos años han pasado desde que naciste, sino dónde te sitúas en tu vida, qué piensas de ti mismo, y qué eres capaz y estás dispuesto a hacer».[7]

Unos días después de reunirme con Applewhite, voy a visitar la fábrica de fideos de arroz Cho Heng en Tailandia. Este extenso complejo de 12 hectáreas, situado en las afueras de Bangkok, produce anualmente más de 100 millones de dólares en harina de arroz y fideos. Pero lo realmente llamativo de esta empresa es el hecho de que aquí el personal trabaja hasta que la muerte o la discapacidad se lo impiden. El empleado de mayor edad es un jefe de mantenimiento que recorre los terrenos con el cabello llamativamente teñido y el último modelo de iPhone colgado del cinturón. Tiene 86 años. Esta política de conservación de los trabajadores mayores, establecida por el fundador de la fábrica hace casi un siglo, tiene tanto éxito que los funcionarios del Gobierno, conscientes de que la población tailandesa está envejeciendo con rapidez, apoyan a Cho Heng como un modelo que podría seguir otras empresas. Hacia el final de mi visita me siento a hablar con Darunee Kramwong, una limpiadora de 73 años que lleva cuatro décadas en nómina. Se acomoda en el extremo de un sofá de la sala de reuniones, serena y solícita, como una colegiala que aguardara a ser entrevistada en el despacho del director. Con sus finos rasgos y su beatífica sonrisa, tiene ese carisma especial que hace que a los fotógrafos de *National Geographic* se les caiga la baba. Su voz, a la vez suave y resuelta, y cargada de ironía, me produce cierto placer extático.

Después de empezar trabajando en la cadena de montaje, Kramwong se incorporó al equipo que se encarga de limpiar los laboratorios de alta tecnología de la fábrica, y todavía hace seis turnos de ocho horas por semana. Sus hijos quieren que se jubile, pero a ella le gusta demasiado trabajar en Cho Heng para hacerles caso. «Soy buena en mi trabajo porque conozco muy bien los laboratorios, sé qué tengo que limpiar y qué no —me explica, incorporándose un poco en el sofá—. Mi familia quiere que me quede en casa, pero yo deseo seguir trabajando todos los días porque prefiero hacer cosas, estar activa, ver a las amistades, ganar dinero, ayudar a la gente. Me encanta venir a la fábrica».

Cuando le pregunto si se siente preocupada o limitada por su edad, Kramwong me mira con la misma mezcla de sorpresa y compasión que podría dirigir a un fideo deforme en la cadena de montaje. Me dice que todo lo contrario: sus 73 años son un distintivo honorífico. Se siente un miembro de pleno derecho de Cho Heng, y está orgullosa de que sus colegas más jóvenes le pidan consejo tanto en materia de limpieza como en asuntos amorosos. «Para mí son como hermanos y hermanas —explica—. A veces me toman el pelo y me llaman "abuela", ¡pero no me importa porque tengo edad suficiente para serlo!». Ríe, y su risa es tan cálida y pura que se contagia instintivamente a todos los presentes en la sala. Me sorprendo a mí mismo pensando: «Si eso es tener 73 años, me apunto».

Envejecer es lo más natural del mundo: dentro de doce meses todos nosotros tendremos un año más. Salvo que se produzca un avance científico de proporciones prometeicas, eso no va a cambiar. Lo que sí puede cambiar es *cómo* envejecemos y cómo *vivimos* el hecho de envejecer.

Mi objetivo en este libro es sacar partido al «efecto Kramwong». Entender y aceptar el envejecimiento. Mostrar cómo la revolución de la longevidad puede ser una bendición, en lugar de una carga. Determinar qué podemos hacer todos y cada uno de nosotros, individualmente y en conjunto, para lograr que el proceso de envejecer sea más positivo para todo el mundo.

A tal fin, recorreremos el globo para aprender de las personas que están poniendo en su sitio el culto a la juventud, al vivir cada etapa de la vida en función de su propio valor. Pisaremos la sala de baile con un DJ de ochenta y tantos años en Polonia, frecuentaremos a grafiteros de mediana edad en España y asistiremos al primer concurso de Míster Universo Sénior en Las Vegas. Conoceremos a un jugador profesional de ochenta y tantos años y desafiaremos el tráfico de Bangkok con un conductor de autobús de edad madura. Visitaremos a un grupo de estudiantes que vive en una residencia de ancianos en los Países Bajos, a un septuagenario que enseña trucos de costura a jóvenes «fashionistas» neoyorquinos, así como al octogenario que está detrás de una revolución del reciclaje en Beirut. Incluso nos probaremos un artefacto llamado «traje de envejecimiento» para ver qué se siente teniendo un cuerpo más viejo.

Este libro es también un viaje personal. Al acabar, pretendo dejar de preocuparme por mi edad. Quiero sentirme bien cuando me miro al espejo, ser capaz de pedir ayuda cuando no pueda leer la letra pequeña de una tienda, jugar al hockey contra adversarios lo bastante jóvenes como para ser mis hijos. Quiero más de lo que tiene Kramwong.

En pocas palabras, mi objetivo es no tener miedo de envejecer, y quizás incluso empezar a desearlo. ¿Es mucho pedir? Vamos a averiguarlo.

1

CÓMO EL ENVEJECIMIENTO SE HA HECHO MAYOR

> Avejentado... Avejentado...
> Llevaré los pantalones remangados.
>
> T. S. ELIOT, «Canción de amor de
> J. Alfred Prufrock»*

Shoreditch es seguramente el tipo de lugar que Mark Zuckerberg tenía *in mente* cuando cantó las alabanzas de los cerebros más jóvenes, un lugar que puede hacer que cualquier persona de más de 35 años se sienta un tanto obsoleta. En los últimos años, este rincón del este de Londres se ha convertido en una especie de Silicon Valley en miniatura. Sus estrechas calles están atestadas de firmas de tecnología y empresas emergentes junto con los servicios que suelen acompañarlas: bares de copas, restaurantes de sushi, cafeterías especializadas en café frío... Jóvenes de todo el mundo se desplazan de un lado a otro en bicis y patinetes. Entre *hackatones*** y pruebas beta, se desfogan y confabulan para dominar el mundo con *bretzels* sin gluten y cerveza artesanal. Todos los ojos están puestos en el mismo premio: lanzar el próximo «unicornio»,*** o, al menos, tener acciones de la empresa que lo haga.

Esta noche estoy en Shoreditch para presenciar la energía empresarial liberada en el negocio del envejecimiento. La

---

* Traducción de Carlos Llaza. (*N. del t.*)

** El término *hackatón*, o «maratón de hackers», alude a un encuentro de programadores cuyo objetivo suele ser el desarrollo colaborativo de *software*. (*N. del t.*)

*** Se denomina así a las empresas emergentes —normalmente tecnológicas— que alcanzan un valor de más de mil millones de dólares. (*N. del t.*)

ocasión es una iniciativa que promete «acelerar la innovación para mejorar las vidas de los adultos mayores en todo el mundo». Diez empresas emergentes presentarán sus planes de negocio ante un público de empresarios, inversores y expertos en políticas públicas. Luego, los jueces elegirán a un ganador para competir en la final europea. Ya hay dos preguntas candentes en mi bloc de notas: ¿qué entienden los jóvenes innovadores de Shoreditch por «adultos mayores»? ¿Y cómo se proponen mejorar sus vidas?

El lugar del evento es Campus London, el centro de emprendedores de Google. Cuando llego, un joven con un chaleco ajustado camina arriba y abajo como un inquieto centinela, vociferando a través de un teléfono móvil acerca de cierta reunión con inversores en capital riesgo. «¡Les encanta la idea de hacer algo con las personas mayores!», grita. Hasta aquí, todo muy típico de Shoreditch.

En el interior, el vestíbulo está adornado con artilugios de mi juventud que ahora son antigüedades: un iMac original, una radio de transistores, un televisor de rayos catódicos, un proyector de Super 8... Una pared exhibe un eslogan sacado directamente del manual de la empresa emergente: «Más grande. Más brillante. Más audaz. Más valiente». La gente ya está reunida alrededor de una mesa, mordisqueando nachos y *burrata*. Es un grupo joven. Me acerco a un veinteañero barbudo para preguntarle qué le ha llevado a participar en un evento sobre el envejecimiento. «Yo soy un empresario en serie, de modo que ŝiempre estoy buscando el próximo gran negocio —me dice—. Y en este momento el envejecimiento está en el candelero».

Su tono de mercenario me hace estremecer, pero enseguida recuerdo que se trata de una presentación para captar inversores. La parte positiva es que la sala está repleta de personas inteligentes y capaces que le dan mucho al tarro sobre el tema del envejecimiento y sobre cómo mejorar nuestra experiencia de él. ¿A quién no iba a gustarle eso?

Me siento a escuchar los discursos de presentación. Primero se presenta un dispositivo que mide el riesgo de sufrir una caída y fracturarse la cadera. Luego viene una aplicación destinada a reducir el aislamiento social entre los adultos mayores simplificando la forma de enviar mensajes y compartir fotos. El siguiente es un emprendedor de aspecto lozano y verbo rápido que explica que la mejor manera de abordar el maltrato, la depresión y la desnutrición entre las personas mayores es digitalizar el servicio de cuidadores a domicilio. A continuación se presenta una silla de ruedas «omnidireccional» que sube y baja, además de ir hacia delante, hacia atrás y hacia los lados. La presentación que al final resulta ganadora es la de un agregador web que vende productos para ayudar a combatir la demencia.

Cada una de estas ideas puede ayudar a hacer del mundo un lugar mejor, y el celo de los emprendedores resulta contagioso. Incluso cuando hablan del potencial de beneficios, la mayoría afirma haberse sentido inspirados por la difícil situación de alguien cercano a ellos. El ganador había pasado varios años cuidando de su madre, destrozada por la demencia. Cuando la sala prorrumpe en aplausos, me sorprendo a mí mismo uniéndome a ese mesiánico arrebato.

Sin embargo, a la vez me siento algo desinflado. ¿Por qué? Pues porque todos y cada uno de los productos, de las presentaciones, de los planes de negocios, parten de una misma premisa: ser «más viejo» significa estar solo, ser frágil, olvidadizo, inmóvil, triste o vulnerable. O todo junto. ¿Qué hay de la creciente legión de personas felices y sanas que agarran la tercera edad por el pescuezo? Nada de todo lo aquí expuesto parece tener la menor relevancia para alguien como Darunee Kramwong. O, ya puestos, como yo. Rodeado por la juventud dorada de Shoreditch, y con mi quincuagésimo cumpleaños acercándose de puntillas, entro perfectamente en la categoría de «adulto mayor». Sin embargo, posiblemente pasen muchos años antes de que necesite nada de lo desvelado aquí esta noche. ¿Por qué nadie ha salido a escena con una herramienta para ayudar a alguien como yo a crear una aplicación? ¿O para enseñar a alguien como Kramwong a lanzar una empresa emergente en Shoreditch?

Después del evento, mientras me uno a la cola que se forma fuera para tomar un Uber, se me ocurre que el elenco de presentaciones de esta noche ilustra en qué nos equivocamos con respecto al envejecimiento. Cuando se nos pide que imaginemos lo que significa ser «más viejo», nos inclinamos de manera predeterminada a pensar en lo peor. Considérelo un momento. ¿Qué evoca el envejecimiento en su mente? Si el lector es como yo, o como los bien intencionados innovadores de Shoreditch, lo primero que le vendrá a la cabeza serán cosas mayoritariamente sombrías: declive, decrepitud, ineptitud digital, demencia, muerte... El lamentable y repugnante retrato de Dorian Grey pudriéndose en el desván. El anciano en la residencia jugando por enésima vez al bingo. La abuela a la que le cuesta identificar a un conocido o encontrar el camino de vuelta a casa. El abuelo incapaz de subir las escaleras o de limpiarse el trasero.

Para sacar el máximo partido de nuestras vidas más longevas tenemos que salir de ese modo de pensamiento que tiende siempre a pensar en lo peor. Y para ello, primero debemos entender de dónde proviene nuestra aversión al envejecimiento y cómo ha llegado a convertirse en algo tan arraigado.

Empecemos por dar nombre al problema. En 1969, Robert N. Butler, un gerontólogo estadounidense, acuñó el término *edadismo** para describir los «estereotipos y la discriminación sistemáticos aplicados a las personas por ser viejas». Más tarde, la definición se amplió para incluir también la denigración del envejecimiento en sí. Aunque los estereotipos relacionados

---

* En inglés *ageism*, de *age*, «edad». (*N. del t.*)

con la edad suelen ser crueles (los viejos son olvidadizos, tristes, débiles, cascarrabias, poco atractivos, aburridos...), a veces pueden ser amables (los viejos son sabios) o incluso ir dirigidos a los jóvenes (esta generación parece de mantequilla). Pero el efecto neto es siempre el mismo: meter en el mismo saco a todos los que han nacido en un determinado año y hacer que todos vivamos mal el hecho de envejecer.

El edadismo tiene un rasgo distintivo que lo diferencia de otras formas de discriminación, como el racismo o el sexismo: comporta una considerable dosis de desprecio por uno mismo. Un supremacista blanco nunca será negro, y es improbable que un cerdo machista se convierta en mujer. Pero todos nosotros envejecemos. Caer en el edadismo es, pues, denigrar y negar nuestro propio yo futuro. Como dijo el misionero franciscano Bernardino de Siena a principios del siglo XIV: «Todo el mundo desea llegar a la vejez, pero nadie quiere ser viejo».

Entonces, ¿dónde están las raíces del edadismo? El lugar evidente por donde empezar a buscar es la Parca. Benjamin Franklin decía que la muerte y los impuestos son las únicas certezas de la vida, y ni siquiera el contable más inteligente puede ayudarte a evadir ambos. Cada día, unas 150.000 almas abandonan esta mortífera espiral. Y tan cierto como la muerte es nuestro deseo de evitarla. La evolución nos ha dotado de un instinto de supervivencia que nunca tira la toalla. Piense en Ernest Shackleton cruzando los helados mares de la Antártida en un bote salvavidas; o en los supervivientes de aquel avión que se estrelló en los Andes alimentándose de los cadáveres de otros pasajeros para mantenerse con vida.

Incluso quienes creen en una vida de ultratumba rara vez se apresuran a alcanzarla; de ahí que el anhelo de inmortalidad se extienda a través de todas las épocas y culturas. La *Epopeya de Gilgamesh*, una de las obras literarias más antiguas que se han conservado, nos presenta a un rey sumerio que aspira a vivir para siempre. Más tarde, casi todos los alquimistas de la Europa medieval se enzarzaron en una carrera para descubrir la receta de la vida eterna, mientras que en China varios emperadores de la dinastía Tang murieron después de tragarse elixires de juventud aderezados con mercurio o plomo.

Lejos de disminuir, el apetito por engañar a la muerte se ha agudizado en el mundo moderno. De hecho, la inmortalidad virtual ya está entre nosotros en la medida en que empresas como Forever Identity y Eternime están convirtiendo a sus clientes en avatares y hologramas digitales que seguirán viviendo después de que aquellos respiren por última vez. En el mundo *offline*, se están gastando miles de millones de dólares en investigaciones encaminadas a pararle los pies al envejecimiento. Una de las muchas teorías que hoy se están explorando es la posibilidad de rejuvenecer a los viejos realizándoles transfusiones de sangre de personas jóvenes. El movimiento para «curar» la muerte incluso tiene su propio representante estrella: un gerontólogo biomédico llamado Aubrey de Grey, que, armado con una barba estilo Antiguo Testamento y una presentación de PowerPoint, recorre el mundo diciéndole a su auditorio que el primer ser humano que vivirá mil años puede que haya nacido ya.

Sin embargo, la posibilidad de poner fin a la muerte todavía está más cerca de la ciencia ficción que de la ciencia propiamente dicha. A pesar de que vivimos cada vez más años, celularmente seguimos estando programados para morir. Un grupo de investigadores de la Universidad de Arizona ha utilizado modelos matemáticos para demostrar que detener el proceso de envejecimiento por completo en organismos multicelulares complejos como los seres humanos es un sueño imposible. «El envejecimiento es matemáticamente inevitable; esto es, seriamente inevitable —explica Joanna Masel, profesora de ecología y biología evolutiva, y una de las principales autoras del estudio—. Lógica, teórica y matemáticamente no hay escapatoria».

El hecho de que la muerte, la «destructora de mundos»,* nos espere a todos al final del camino convierte el envejecimiento en nuestro enemigo. ¿Y cómo iba a ser de otro modo? Cada año, cada mes, cada semana, cada día, cada minuto nos acerca al final al que nadie quiere llegar. Hasta el más pequeño signo de envejecimiento —una arruga, una cana, el crujido de una articulación— es un recordatorio de que la Parca se aproxima, de que se nos está acabando el tiempo que nos queda para hacer todo lo que queremos hacer.

Probablemente, el miedo a la muerte es hoy más intenso. La secularización no solo nos ha quitado el consuelo del más allá, sino que además hemos fastidiado todo lo relacionado con el proceso de morirse. En una gran parte del mundo, la muerte se ha medicalizado e institucionalizado. Cuando nos acercamos al final, la actuación predeterminada es hacer todo lo posible —sea cual sea su coste en dinero, dolor, angustia y pérdida de dignidad— para mantenernos con vida. «Imaginamos que podemos esperar hasta que los médicos nos digan que ya no pueden hacer más. Pero son raras las situaciones en las que los médicos no pueden hacer nada —escribe el cirujano Atul Gawande en su libro *Ser mortal: la medicina y lo que al final importa*—. Pueden administrar medicamentos tóxicos de eficacia desconocida, operar para tratar de extirpar parte del tumor, introducir un tubo de alimentación si una persona no puede comer: siempre hay algo».[1] Esto puede convertir nuestros últimos días, semanas o incluso meses en un infierno digno del Bosco, dejándonos morir enganchados a las máquinas y rodeados de personal médico. Todos hemos visto esa escena en las series de televisión o en nuestra propia vida, y hace que un escalofrío nos recorra el espinazo. La conclusión: «Si el envejecimiento lleva a esto, que no cuenten conmigo».

Pero aun sin la sombra de la muerte, el envejecimiento se da a sí mismo muy mala prensa al transformarnos de maneras

---

* En expresión de Robert Oppenheimer. (*N. del t.*)

no deseadas. Empieza poco a poco, con una disminución de la resistencia, la fuerza y la libido, un empeoramiento de la visión y la audición, y una pérdida de memoria a corto plazo. En la senectud, las cosas pueden ponerse realmente feas. Shakespeare, como de costumbre, es uno de los que mejor han sabido expresarlo. En el discurso sobre las «siete edades del hombre» que aparece en *Como gustéis*, describe el capítulo final antes de la muerte como una «segunda infancia y un mero olvido, sin dientes, sin ojos, sin gusto, sin cosa alguna». No es de extrañar, pues, que el envejecimiento se excluya de todos los paraísos o utopías jamás imaginados.

Obviamente, no todos experimentan ese shakespeariano nivel de sufrimiento al final de su vida. Hoy en día, nuestras dentaduras están en mejores condiciones. Muchos de nosotros las mantenemos en buen estado hasta el mismo día en que caemos redondos. Otros simplemente soportan un breve periodo «sin cosa alguna». El problema es que ninguno de nosotros sabe con certeza cómo se desarrollará su propio último acto, y la tentación es siempre imaginar lo peor, especialmente ahora que la medicina moderna ha ideado un millón de maneras de mantenernos con vida mucho tiempo después de que pudiéramos preferir estar a dos metros bajo tierra. «Hoy es posible que la angustia por el envejecimiento sea mayor debido a que es bastante seguro que tal cosa va a suceder: hay que tener mala suerte para no llegar a los setenta y más —sostiene Pat Thane, una experta en historia del envejecimiento que trabaja en el King's College de Londres—. El problema es que no sabes en qué estado te encontrarás cuando llegues».

Esa incertidumbre se ve agravada por nuestra renuncia a pensar seriamente en nuestro futuro. Puedo recordar con bastante claridad cómo era yo a los 40, los 30 o los 20, y es fácil llenar cualquier laguna de mi memoria mirando vídeos y fotografías, releyendo mis propios escritos de la época o consultando a personas que me conocieron entonces. Siento una profunda afinidad con ese yo más joven. En cambio, mi yo futuro es una especie de *tabula rasa*. Mi vida podría derivar en un millón de direcciones distintas, por lo que construir un retrato de mí mismo a los 60 o los 70, por no hablar de los 80 o los 90, parece el equivalente cognitivo a tratar de entender *La broma infinita*. La tarea resulta mucho más difícil debido a la estructura del cerebro humano. Nuestros antepasados cazadores-recolectores no tenían ninguna razón para meditar o planear el futuro porque vivían el momento, centrándose en lo que fuera necesario para sobrevivir un día más. «Desde una perspectiva evolutiva estamos orientados a prestar atención al aquí y el ahora, y el presente ejerce un poderoso atractivo en nosotros —explica Hal Hershfield, psicólogo de la Escuela de Gestión Anderson de la Universidad de California en Los Ángeles (UCLA)—. Simplemente no estamos diseñados para pensar en el futuro a largo plazo, y eso genera una desconexión emocional básica con nuestro yo más viejo».

Esa desconexión alimenta el edadismo de dos maneras distintas. En primer lugar, permite que nuestros prejuicios más oscuros sobre el envejecimiento afloren sin restricciones; y en segundo término, hace que resulte más fácil meter a todas las personas mayores en un saco rotulado como «otros», esto es, seres ajenos a nosotros.

Pero si nos esforzamos por imaginar nuestro futuro, y no digamos ya en ver lo mucho de bueno que puede tener, tal vez haya esperanza para poder vincular a nuestro yo envejecido con nuestro yo anterior.

La sabiduría popular nos dice que el pasado fue una época dorada para envejecer, que para nuestros ancestros el envejecimiento no era tanto una carga porque se tenía en alta estima a los ancianos. ¿Fue eso cierto alguna vez? Y, de ser así, ¿qué nos dice de los partidarios del edadismo hoy en día?

Ciertamente, es posible que en el pasado envejecer tuviera ventajas. Los ancianos obtenían prestigio al desempeñar papeles clave en las sociedades tradicionales: recolectar alimentos; enseñar a los jóvenes a fabricar armas, herramientas, cestas y prendas de vestir; cuidar a los nietos; actuar como líderes y consejeros políticos y espirituales... Su conocimiento de la historia, las canciones y la medicina los convertía en el Google de la era anterior a la lectoescritura. Como dice un proverbio africano: «Cuando muere un anciano, se quema una biblioteca».

Muchas de las grandes civilizaciones consagraron la deferencia a la edad en sus leyes. Así, por ejemplo, los ancianos se sitúan en lo más alto de la jerarquía confuciana, y en la Antigua Grecia los hijos podían ser castigados por maltratar a sus ancianos padres. Tanto en el Imperio maya como en el inca, se esperaba que los jóvenes prestaran absoluta obediencia a sus mayores. Del mismo modo que los hombres mayores siempre hablaban los primeros en los consejos públicos de Atenas, Esparta y Roma, así también los templos puritanos de la Norteamérica colonial reservaban los puestos más honorables para los miembros más ancianos de la congregación. Hasta los artífices de la Revolución francesa, que tanto desdeñaban la tradición, intentaron hacer del respeto por la edad un deber patriótico. Para ello crearon una nueva fiesta nacional, la Fête de la Vieillesse, en la que las ciudades rendían homenaje a sus ciudadanos mayores decorando sus casas, invitándoles a desfilar por las calles y cantando himnos laicos en los que se proclamaban sus virtudes. Uno de ellos, que se cantaba en Toulouse en 1797, decía así:

> Pero aprende que a esta edad honorable
> el sabio llega solo a través de la paz.
> Solo esta proporciona una salud duradera.
> Los malvados jamás envejecen.

De hecho, algunos consideraban que llegar a una edad muy avanzada constituía una prueba de fortaleza, disciplina y virtud. No era, pues, nada infrecuente echarse años de más, como probablemente hizo el Viejo Parr. En 1647, Thomas Fuller, un clérigo y erudito inglés, advertía de que «muchos ancianos... ponen el reloj de su edad demasiado rápido cuando han pasado de los setenta años, y, envejeciendo diez años en un periodo de doce meses, pronto llegan a los ochenta; y luego, en cuestión de uno o dos años más, suben a los cien».

Además de renombre, la edad también podría conferir una influencia real. En la Antigua Grecia había que tener al menos 50 años para ser miembro de un jurado. Cicerón, un político romano del siglo I a. C., hablaba con entusiasmo de «la gloria suprema de la vejez..., su poder, autoridad e influencia». En el Renacimiento, Venecia elegía al más sabio de entre sus ancianos varones para ocupar el poderoso cargo de dux. Durante una gran parte de la historia, y en diferentes culturas, los padres ejercieron el poder sobre su descendencia controlando las tierras familiares hasta su muerte. En la Europa de los siglos XVII y XVIII, los hombres jóvenes intentaron hacerse con algo de ese prestigio e influencia vistiéndose para parecer mayores. Llevaban pelucas empolvadas y ropa entallada para dar la impresión de tener los hombros estrechos y redondeados, la cintura y la cadera más anchas, e incluso la columna vertebral ligeramente encorvada.

Otra de las ventajas del pasado: era mucho menos probable que te desecharan debido a tu edad cronológica. Los registros documentales eran tan escasos, y los conocimientos de aritmética tan raros, que la mayoría de nuestros antepasados no tenían más que una vaga idea de su edad. Hasta el año 1900, el Gobierno estadounidense no añadió una sección para consignar la fecha de nacimiento a sus formularios censales. Las angustiadas referencias al hecho de cumplir los 30, los 40 o los 50 son raras en los registros históricos debido al hecho de que esas cifras en sí mismas tenían menos significado o poder intrínseco. La idea del abatimiento o la depresión que hoy asociamos al «efecto cumpleaños» le habría parecido risible a cualquier campesino de la Europa medieval o a cualquier burócrata chino de la dinastía Qin, porque tener una determinada edad sobre el papel no te exponía a un torrente de prejuicios. En cambio, lo que te definía eran una serie de hitos —trabajo, matrimonio, paternidad, pérdida de un ser querido, herencia— que podían acontecer a casi cualquier edad.

Comparemos esto con lo que sucede hoy, cuando el hecho de no saber la propia edad se considera un signo de deterioro cognitivo, cuando la edad cronológica determina tantas cosas en nuestra vida: qué anuncios aparecen en nuestras redes sociales; cuánto pagamos por nuestros seguros; o cuándo podemos comprar tabaco y alcohol, mantener relaciones sexuales, estudiar, votar, alistarnos en el ejército, cobrar el salario mínimo, jubilarnos, cobrar una pensión o vivir en una comunidad residencial para jubilados. Hoy en día, cuando nos preguntan la edad, muchos de nosotros nos violentamos un poco antes de responder, porque en nuestra mente estamos calculando qué suposiciones harán los demás, qué sesgos se activarán, una vez que digamos la cifra en voz alta. ¿Pensarán que soy demasiado joven o demasiado viejo? ¿Que me falta experiencia o energía? ¿Que estoy envejeciendo bien o mal? No es de extrañar que la primera sugerencia que aparece cuando tecleamos la frase «Miento sobre...» en el cuadro de búsqueda de Google sea «... mi edad». O que Tinder te cobre una cuota extra para ocultar la edad que tienes. O que California haya aprobado una ley que otorga a los empleados de la industria del cine el derecho a que su fecha de nacimiento se borre de su perfil en las bases de datos de películas en Internet. «Sin esas claras barreras relacionadas con la edad, en el pasado se juzgaba a la gente mucho más por su aspecto, apariencia y comportamiento —explica Thane—. Nosotros tenemos más en cuenta la edad, y probablemente eso hace que resulte más difícil envejecer».

Aun así, los historiadores fruncen el ceño cuando se les pregunta si el pasado fue una época dorada para envejecer.

No lo fue. Para empezar, la ausencia de la medicina moderna hacía la enfermedad, la decrepitud y la muerte más difíciles de soportar. Y tampoco es que envejecer garantizara siempre el prestigio y la influencia. Cuando sus mayores se convertían en una carga, las sociedades tradicionales solían matarlos con caprichosa crueldad. Los hopis los abandonaban en chozas especiales; los samoanos y los indios achés del Paraguay los enterraban vivos; los bactrianos de Asia central los echaban a los perros como alimento; los turco-mongoles preferían la asfixia; los antiguos sardos los arrojaban desde lo alto de los acantilados, mientras que los ojibwas del lago Winnipeg y los masagetas y padeos de Asia optaban por el sacrificio ritual. Entre los pueblos del norte de Siberia se esperaba que, cuando un hombre era demasiado viejo para cazar, se suicidara internándose en la nieve.

Es más: cualesquiera que fueran los beneficios que proporcionara el envejecimiento en el pasado, estos siempre se distribuían de forma desigual, y sus principales beneficiarios eran mayoritariamente los varones pertenecientes a la élite. La vejez raras veces era algo bueno para las mujeres o para los pobres. Paralelamente a las muestras públicas de respeto que han pasado a la historia, circulaba también una corriente de desprecio y rechazo hacia los mayores. Artistas, dramaturgos y filósofos los retratan a menudo como personas frágiles, pomposas, feas, avariciosas, estrechas de miras, maliciosas e inapropiadamente libidinosas. Pese a disfrutar de los mejores bancos de la iglesia, en la Norteamérica colonial, los ancianos eran objeto del desprecio comúnmente asociado al edadismo. Increase Mather, un pastor puritano, se lamentaba de que «tratar a las personas mayores con un lenguaje irrespetuoso y desdeñoso solo por su edad constituye un agravio tremendamente escandaloso a los ojos de Dios, pero cuán común resulta referirse a tal o cual persona como "ese viejo", como una expresión de menosprecio en razón de su edad». Los primeros cristianos temían que el propio Dios pudiera tener cierta vena edadista. El Salmo 71 contiene una conmovedora súplica en ese sentido: «No me deseches en el tiempo de la vejez; cuando mi fuerza se acabare, no me desampares». Pat Thane no hace sino reflejar el consenso generalizado entre los historiadores cuando afirma: «Es un disparate creer que en el pasado se respetaba a los ancianos solo por serlo».

La forja del mundo moderno ha hecho que el envejecimiento resulte aún menos atractivo. Antes del siglo XVI, la gente no creía en el progreso.[2] La opinión predominante en la mayoría de las culturas era que el mundo estaba estancado, o incluso en declive; si cabía esperar un futuro mejor, era solo en el más allá. Pero todo eso cambió cuando la Revolución científica nos dio el poder de transformar el mundo, convirtiendo la idea de progreso en un artículo de fe y un punto de referencia cultural. Una vez que arraigó la creencia de que se podía mejorar la condición humana, la vejez —por no hablar de la muerte— empezó a verse como la gran aguafiestas, ya que implicaba perderse la promesa de un futuro mejor aquí en la tierra.

El paso de las sociedades agrarias a las industriales también vino a quitarle algo de lustre a la vida de ultratumba. Los padres perdieron influencia al surgir nuevos empleos que permitían a sus hijos prosperar por sí mismos. La difusión de la alfabetización puso en manos de todos unos conocimientos que antaño eran patrimonio de los mayores. Los rápidos avances tecnológicos hicieron que las nuevas destrezas fueran más codiciadas que la experiencia y las habilidades heredadas. El propio lenguaje empezó a reflejar la pérdida de valor de la edad. A partir de finales del siglo XVIII y comienzos del XIX, muchas palabras hasta entonces utilizadas para describir a las personas mayores de manera neutral o halagadora pasaron a tener connotaciones peyorativas de las que antes carecían. La expresión «vieja guardia», antaño un distintivo de honor en el ejército napoleónico, pasó a convertirse en sinónimo de reaccionario y corrupto.

A medida que la esperanza de vida media comenzó a aumentar, también lo hizo la inquietud relativa al envejecimiento de la población. Para lidiar con el creciente número de quienes, en palabras de un líder sindical estadounidense, eran «demasiado viejos para trabajar, pero demasiado jóvenes para morir», hacia finales del siglo XIX los estados modernos empezaron a establecer planes nacionales de pensiones, una medida que resultaría tener sus pros y sus contras: la ventaja era que con ello se salvaba a millones de personas de la pobreza en sus últimos años; el inconveniente, que nos dejó atrapados en un ciclo vital de tres etapas —educación, trabajo remunerado y ocio jubilado— que llevaba aparejado la idea de que en algún momento de la sesentena todos pasábamos de manera instantánea de ser productores a convertirnos en meros receptores. En una cultura que mide el valor personal en función de la cantidad que uno aporta al PIB, esta última etapa de la vida, por más que se rebautizara con términos como «años dorados», empezó a verse como una especie de gorronería. En 1967, los Beatles se preguntaban: «¿Me seguirás necesitando, me seguirás alimentando cuando tenga sesenta y cuatro años?».

La revolución de la década de 1960 vino a erosionar aún más el atractivo de la vejez. La humanidad siempre ha admirado el vigor, la fertilidad y la belleza de la juventud —toda la mitología grecorromana es un canto a los cuerpos fértiles—, pero el hecho de ser joven rara vez era un fin en sí mismo. Eso cambió cuando la cultura juvenil, potenciada por la explosión de natalidad de la posguerra, conquistó el mundo con su ropa, su música, su arte, su jerga y su actitud. De repente, y por primera vez en la historia, ser joven era genial, algo codiciado a lo que había que aspirar, lo que venía a colocar una gran diana en la frente de cualquiera que llevara ya unos cuantos años a cuestas. A lo largo de toda la película de los Beatles

¡Qué noche la de aquel día!, estrenada en 1964, el melenudo cuarteto se burla de manera despiadada de un anciano personaje. «¡Pobrecillo! —cantan haciendo gorgoritos—. ¡No puede evitar ser viejo!». Cinco años después, Butler acuñaba el término *edadismo*.

El feroz individualismo de nuestra época proporciona al edadismo un estímulo adicional. Una dura realidad es que envejecer a menudo significa depender más de los demás. Esa dependencia puede ser trivial, como en el caso de que uno requiera la ayuda de un par de ojos más jóvenes para leer la letra pequeña en una ferretería, o puede implicar necesitar ayuda para cosas tales como lavarse, ir al baño o pagar las facturas. En cualquier caso, esa dependencia hace un mal papel en una cultura que valora ante todo la autosuficiencia productiva.

El consumismo moderno no hace sino empeorar las cosas por cuanto refuerza el mantra de «cuanto más joven, mejor» al potenciar la obsesión por lo nuevo por encima de lo viejo. Y asimismo concibe el envejecimiento como un problema que se puede resolver si uno invierte el suficiente tiempo, dinero y energía en ello. El mensaje que llega de todos lados es tan claro como cruel: envejecer es algo que solo les sucede a los fracasados que no se esfuerzan lo suficiente.

Para ver un ejemplo concreto de cómo la modernización alimenta el edadismo, solo tenemos que dirigir la mirada hacia Asia oriental. Muchos países de esta región geográfica, especialmente Japón, las dos Coreas, Vietnam, Singapur y China, tienen una larga tradición de piedad filial y respeto a los ancianos que hunde sus raíces en el confucianismo. La teoría subyacente es que la reciprocidad —tú me cuidas de pequeño, y yo te cuidaré cuando seas anciano— reduce la ansiedad que rodea al envejecimiento. En la década de 1930, el influyente ensayista chino Lin Yutang sostenía que en Oriente la gente anhelaba envejecer, mientras que los occidentales lo temían. Aún hoy, en muchos países asiáticos, las personas mayores siguen disfrutando de un elevado estatus, al menos sobre el papel. Los japoneses utilizan el sufijo honorífico *san* como símbolo de deferencia hacia los mayores, y celebran una festividad nacional denominada Día del Respeto a los Ancianos, con obsequios, brindis y fiestas. Es habitual que en los medios de comunicación japoneses aparezcan noticias sobre personas muy mayores que realizan impresionantes hazañas físicas o transmiten sus habilidades en toda clase de cosas, desde el *kabuki* hasta la fabricación de calzado. Los coreanos celebran su sexagésimo cumpleaños por todo lo alto. En el mundo chino, los niños aprenden desde hace siglos a respetar a sus mayores leyendo unos cuentos populares clásicos conocidos como *Las 24 historias ejemplares de la piedad filial*. En una de ellas, un niño atraviesa un enjambre de mosquitos para salvar a su madre y a su padre; en otra, otro niño estrangula a un tigre para rescatar a su progenitor.

Cuán profunda ha sido históricamente esa reverencia hacia la edad en los países de Asia oriental es una cuestión abierta al debate, pero lo que sí resulta evidente es que hoy en día ha disminuido. Actualmente, los expertos de la región se hacen eco de sus colegas occidentales al considerar que la población anciana representa un problema. La cultura popular local, con sus estrellas tipo *manga* y sus grupos de chicos de rostro lozano, con sus Uniqlo, Pokémon y «Gangnam Style», ha pasado a estar ferozmente centrada en la juventud, contribuyendo a impulsar el auge de la cirugía estética. Los cazatalentos de Asia oriental explican que las personas maduras que buscan empleo están eliminando discretamente la fecha de nacimiento de sus currículos. Durante un rifirrafe diplomático en 2017, el Ministerio de Asuntos Exteriores de Corea del Norte jugó la carta edadista al calificar al presidente estadounidense, Donald Trump, de *neukdari*, un término despectivo habitual para referirse a las personas mayores que podría traducirse como «viejo chocho». Incluso muchos políticos deseosos de seguir trabajando se ven actualmente sometidos a presión para que dimitan por el mero hecho de ser demasiado viejos. Cuando, en 2003, el ex primer ministro japonés Yasuhiro Nakasone se vio obligado a renunciar a su puesto de parlamentario a los 85 años de edad, escribió un haiku pasivo-agresivo para transmitir su consternación: «Todo es teatro humano. / El sol otoñal se está poniendo».[3]

También el contrato confuciano entre las generaciones se está debilitando en la medida en que cada vez más asiáticos optan por ingresar a sus mayores en residencias de ancianos, en lugar de compartir un mismo techo con ellos. Actualmente, los japoneses se quejan del *kaigo-jigoku*, o «el infierno de la prestación de cuidados», y dicen que los jóvenes aspiran a dos cosas en la vida: tener un coche propio y no vivir con la abuela. Alarmada por este cambio, China ha tomado medidas para reforzar el estatus de sus ciudadanos mayores. En 2012, los burócratas de Pekín publicaron una versión moderna del manual de piedad filial tradicional. «Enseña a tu madre y a tu padre a usar Internet», sugiere este. «Visítalos con la mayor frecuencia posible los días festivos». Para contribuir a esto último, el Gobierno chino ha aprobado una ley que obliga a los adultos a visitar a sus padres ancianos, y a las empresas, a proporcionar a sus trabajadores el tiempo libre necesario para ello.

La afirmación de Yutang de que Oriente fue antaño menos edadista que Occidente debería servirnos de esperanza. ¿Por qué? Pues porque nos recuerda que la actitud con respecto al envejecimiento no es inamovible. Puede que los seres humanos estemos programados para admirar los cuerpos jóvenes y retroceder ante cualquier cosa que augure la muerte, pero, más allá de eso, nuestro modo de concebir el envejecimiento viene configurado por la cultura; y eso significa que se puede modificar.

Las placas tectónicas de fondo ya están empezando a moverse. Toda la energía empresarial que presencié en Shoreditch demuestra que se está avanzando para transformar nuestra concepción del envejecimiento, para sacar el máximo partido de la tercera edad, en lugar de retroceder asustados ante ella.

Si a lo largo del último siglo nos hemos ido volviendo cada vez más y más edadistas, también podemos invertir la tendencia y serlo cada vez menos en el próximo.

2

EJERCICIO: «IN CORPORE SANO»

Nuestro cuerpo es una máquina de vivir.
Está organizado para eso, es su naturaleza.

LEÓN TOLSTÓI

Diseñar un coche para un conductor anciano era un asunto complicado. Los jóvenes ingenieros no tenían ni idea de lo que era abrocharse el cinturón de seguridad con las articulaciones agarrotadas; o salir de detrás del volante con problemas de equilibrio. Leer los indicadores de un salpicadero con una visión deficiente no formaba parte de su experiencia vital; ni girar los diales con artritis o un sentido del tacto reducido. Todo eso cambió a principios de la década de 2000, cuando el fabricante de automóviles japonés Nissan inventó un traje que simula las limitaciones físicas impuestas por la vejez. Utilizar uno de esos trajes equivale aproximadamente a echarse treinta años encima, lo que puede resultar muy revelador para las grandes marcas. Saber qué se siente de verdad al habitar en un cuerpo más viejo hizo que a los jóvenes ingenieros de Nissan les resultara mucho más fácil diseñar coches para conductores mayores. Hoy los «trajes de envejecimiento» se utilizan no solo en la industria automotriz, sino también fuera de ella. Los arquitectos, por ejemplo, los emplean para diseñar residencias de ancianos.

Ahora me ha tocado el turno a mí. Una de mis principales preocupaciones con respecto al envejecimiento es que mi cuerpo me traicione, que los dolores y la rigidez que siento al final de mi quinta década no sean más que un presagio del apocalíptico declive que está por venir, que el día en que tenga que colgar mi palo de hockey llegue mucho antes de lo que me gustaría. Es este un temor que ha estado presente en todas las épocas históricas, reforzado por las despiadadas descripciones de personas que han alcanzado una edad muy avanzada. Hace más de 4.500 años, un anciano escriba egipcio afirmaba: «Ha llegado la debilidad... El corazón duerme fatigado todos los días. Los ojos son débiles; los oídos, sordos; la fuerza desaparece debido al cansancio del corazón, y la boca está en silencio y no puede hablar... Los huesos sufren la vejez... Todo sabor ha desaparecido. Lo que la vejez le hace a los hombres es malo en todos los aspectos». El novelista Philip Roth pulsaba el mismo acorde con una concisión escalofriante: «La vejez no es una batalla; es una masacre».

Para afrontar mi temor a envejecer, y quizás incluso llegar a superarlo, necesito experimentar de primera mano qué se siente al tener un cuerpo más viejo; y la única forma de hacerlo es probarme un traje de envejecimiento. El que me pilla más cerca de casa está en el campus de la Universidad South Bank de Londres, una mole de vidrio y hormigón de color naranja situada no muy lejos del célebre teatro Globe, donde se pronunció el shakesperiano discurso de las «siete edades del hombre» hace 400 años. Aquí el traje se utiliza para fomentar la empatía entre médicos, cuidadores y enfermeras, además de como herramienta de investigación.

Sheelagh Mealing, una antigua enfermera con acento de Yorkshire y un talante serio y directo, es la responsable oficial de la conservación del traje. A pesar de que hace poco que le han colocado una prótesis de cadera, camina con energía, como si todavía estuviera haciendo la ronda en una planta de hospital. Sentados en su pequeño despacho, ardo en deseos de ponerme el traje, pero ella insiste en que primero debe hacerme un control de salud. Las preguntas se suceden con rapidez: ¿tomo algún medicamento?, ¿tengo alguna enfermedad cardiaca?, ¿algún problema respiratorio?, ¿trastornos musculoesqueléticos?, ¿cuál es mi estado general? «Hemos de estar seguros de que puede soportar la tensión que le causará el traje», me dice. ¿La tensión? ¿De verdad tener un cuerpo más viejo resulta tan penoso que necesito firmar primero un consentimiento informado? Se me encoge un poco el corazón. Una vez superado el papeleo, Mealing abre una gran caja que está en el suelo. Resulta que el traje no es en absoluto una prenda única, sino más bien una serie de piezas que recuerdan a los trajes de protección que se emplean para practicar deportes de contacto o desactivar bombas. Todos sus integrantes —el relleno, los guantes, los tirantes, las pesas, el chaleco, el inmovilizador del cuello y las botas— son de color negro y se sujetan con hebillas y cintas de velcro. Se tardan sus buenos diez minutos en ponérselo todo.

Una vez vestido, y con el aspecto de una especie de Robocop en versión pobre, me pongo de pie. Aunque me siento más pesado y un poco inestable, mi primera reacción es de absoluta arrogancia: «¿Y para eso tanto jaleo? —pienso para mis adentros—. ¡Pues no es para tanto! Está claro que a Roth le gustaba mucho dramatizar». Pero Mealing apenas está empezando. Para mermar mi capacidad auditiva, me pide que me ponga unos tapones de espuma en los oídos y que luego me coloque unos auriculares encima. A continuación, viene el momento de elegir unas gafas modificadas para degradar mi visión. Mealing me invita a escoger una enfermedad de un menú impreso que incluye de todo, desde las cataratas hasta la retinosis pigmentaria pasando por la degeneración macular. Es como pedir un café en Starbucks. Opto por el glaucoma. Una vez puestas las gafas, mi visión se oscurece considerablemente, aparte de un pequeño círculo lechoso en el medio. Es como mirar a través de una portilla con el cristal sucio.

Llega el momento de dar un paseo. Mealing me lleva fuera de su despacho, siguiendo el pasillo hacia el ascensor. Una vez que estoy realmente en movimiento, empiezo a notar de verdad el efecto conjunto de los diversos impedimentos que lleva el traje. Me siento torpe, débil, pesado, desequilibrado, vulnerable y hasta un poco asustado. Para compensar mi mala visión y audición, empiezo a menear la cabeza de un lado a otro, como un muñeco de resortes, buscando alguna pista visual o auditiva capaz de atravesar la niebla. A cada paso extiendo las manos para tocar la pared, un extintor de incendios, el brazo de Mealing, cualquier cosa que me proporcione algo de apoyo.

Abajo, en el vestíbulo, las cosas empeoran aún más en la puerta giratoria. Normalmente, las encuentro demasiado lentas, y a menudo las detengo al chocar involuntariamente contra el cristal de delante. Pero esta vez los papeles se invierten. Para la edad artificial que tengo en ese momento, la puerta parece girar como un tiovivo a toda marcha.

«¿Esta es la velocidad normal?», le pregunto a Mealing.

«Sí. Solo que ahora usted se ha ralentizado más de lo que cree», me responde.

Finalmente reúno el coraje para atravesar la puerta, pero entonces esta se detiene porque la hoja de cristal me golpea... por detrás. Al notar que hay otras personas esperando para pasar, siento una punzada de irritación y de vergüenza.

Fuera, en la calle, ocurre lo mismo. Todo el mundo parece moverse muy deprisa, apareciendo repentinamente ante mi vista o adelantándome como atletas olímpicos. No logro cruzar al otro lado de un paso de peatones antes de que el hombrecillo verde desaparezca. Después de unos quince minutos, tengo las piernas cansadas y respiro con dificultad. A medio camino de un tramo de escaleras noto que el sudor me corre por la espalda. «Ahora está tambaleándose y arrastrando bastante los pies —me comenta Mealing—. Y parece menos estable».

Cuando enfilamos la recta final, una joven emerge de una puerta situada a mi derecha. Por su lenguaje corporal deduzco que planea cruzarse en mi camino, pero decido hacer uso de mi preferencia de paso acelerando un poco. Solo que no logro acelerar lo suficiente, pierdo un poco el equilibrio al intentarlo y casi terminamos chocando. Me siento como un idiota.

Cuando vuelvo a quitarme el traje, en el despacho de Mealing, tengo la moral por los suelos. Ser mayor es peor de lo
que imaginaba. Mil veces peor. «Es bastante impactante darte
cuenta de que ya no controlas tu cuerpo, ¿verdad?», me pregunta Mealing. ¡Y que lo diga! Vuelvo a casa lleno de temor
existencial, con una pregunta tintineando en el fondo de mi
mente como una irritante campanilla de viento: ¿cómo podemos aceptar el envejecimiento si resulta que de verdad es una
masacre?

¿O no?

Poco después de probarme el traje de envejecimiento, tomo
un tren y atravieso el canal de la Mancha rumbo al norte de
Francia. Mi destino es Roubaix, una pequeña población que
en el siglo XIX se hizo un nombre como centro textil. Aquellos
días de gloria pasaron hace ya mucho. Las barcazas ya no trans-
portan lana ni prendas de vestir por el viejo canal de la ciudad.
Las fábricas que antaño albergaron los telares mecánicos hoy
guardan silencio, mientras las tiendas están abarrotadas de
ropa hecha en Asia. Hay un alto índice de paro, y casi la mitad de las familias locales viven por debajo del umbral de la
pobreza. No hace mucho se calificó a Roubaix como «la ciudad más pobre de Francia». Lo único que hoy atrae aquí a la
gente es su velódromo, dotado de la tecnología más moderna.

Cuando llego, me encuentro con un campeonato europeo
de ciclismo en pleno auge. Fuera del velódromo hay aparcados
coches y caravanas procedentes de todo el continente. En el
interior, dos ciclistas recorren a toda pastilla la pista de madera de pino como una difusa pintura fauvista hecha a base
de licra, mientras los relojes cronometran su tiempo con una
precisión de milésimas de segundo. El recinto de descanso de
la parte central ofrece un panorama familiar. Los ciclistas,
hombres y mujeres, deambulan entre un bosque de bicicletas
de peso pluma que cuestan más de lo que la mayoría de la
gente gana en un mes. Ven las carreras, animando a amigos
y compañeros de equipo. Comen plátanos y beben agua. Se

relajan con masajes y meditación. Algunos calientan pedaleando sin moverse utilizando unos rodillos que emiten un zumbido parecido al de una abeja. Otro está hablando a través de Skype con su familia, que está en Italia. De vez en cuando suena un himno nacional en la megafonía mientras un trío de medallistas sube al podio. Las conversaciones tratan de los tiempos de las carreras, las rutinas de entrenamiento o las últimas novedades en materia de equipamiento.

Yo estoy aquí para superar el trauma de haber utilizado el traje de envejecimiento. ¿Por qué? Pues porque algunos de los ciclistas que recorren zumbando la pista de este velódromo tienen treinta años más que yo.

El cuerpo humano siempre ha sido capaz de seguir prestando un excelente servicio mucho después de su apogeo. A mediados del siglo III, en la provincia romana de Mauritania —la actual Argelia—, enterraron a un hombre a la edad de 50 años; la inscripción de su lápida dice que «murió en la flor de la juventud». Muchos de los Argiráspidas (o «Escudos de Plata»), el cuerpo militar de élite que sirvió a Alejandro Magno en el siglo IV a. C., tenían más de 60 años. Eran los primeros en atacar en combate, llevaban a cabo misiones especiales y realizaban marchas forzadas a través del desierto. En 1165, Hildegarda de Bingen fundó una abadía en el valle del Rin a los 67 años de edad, y dirigió a las monjas que allí residieron hasta su muerte a los 81. Gaston Phébus, el undécimo conde de Foix, murió a los 60 años cuando regresaba de una cacería de osos, en 1391. Un año después, John Hawkwood, un condotiero inglés, participó en una justa en Bolonia a la edad de 72 años.

Miguel Ángel mediaba la sesentena cuando realizó una de las hazañas más agotadoras de la historia del arte: pintar el *Juicio final* en la pared del altar de la capilla Sixtina. A partir de 1536, pasó cuatro años trabajando encaramado a andamios precarios a una altura de hasta 20 metros del suelo. En un momento dado se cayó y se hizo tanto daño que tuvo que interrumpir el trabajo durante semanas. Un colega pintor, Giorgio Vasari, se mostró sorprendido por su capacidad de recuperación: «Ejecutó los frescos con gran incomodidad, teniendo que trabajar mirando hacia arriba, lo que le dañó tanto la vista que no podía leer ni mirar dibujos si no era con la cabeza echada hacia atrás; y eso duró varios meses... Me sorprende que Miguel Ángel soportara tan bien toda esa incomodidad». Tampoco el *Juicio final* acabó con él: una vez terminado, siguió produciendo un formidable volumen de trabajo hasta su muerte, a la edad de 88 años.

Hoy en día, la ciencia hace que a todos nosotros nos resulte más fácil encauzar esa misma capacidad de resistencia que mostró Miguel Ángel. Gracias a una mejor nutrición y entrenamiento, así como a un enfoque más inteligente del descanso y la recuperación, los atletas de élite están marcando el camino. En los Juegos Olímpicos de 2008, la nadadora estadounidense Dara Torres ganó tres medallas de plata en natación a los 41 años de edad (de paso, batió el récord mundial en la carrera de relevos de estilos). En los Juegos de 2016, una uzbeka de 41 años llamada Oksana Chusovitina compitió en gimnasia femenina, un deporte tradicionalmente dominado por adolescentes. A principios de ese mismo año, Jaromír Jágr, un jugador checo de hockey sobre hielo, participó en el denominado «Partido de las Estrellas» de la Liga Nacional de Hockey estadounidense cuando tenía 43 años. El jugador de tenis Roger Federer disfrutó de un notable resurgimiento cuando mediaba la treintena, armado con un revés que parecía incluso mejor que en su mejor momento anterior. Después de ganar el Abierto de Australia en 2018, su tercera victoria del Grand Slam en un mismo año natural, a los 36 años se convirtió en el jugador de mayor edad en alcanzar el número uno en la clasificación de su deporte. «No creo que la edad sea un problema en sí misma», declaró.

Allí donde van las estrellas, las seguimos el resto de nosotros. Actualmente, YouTube está lleno de videoclips de gente realizando notables hazañas físicas en la tercera edad. Entre los ejemplos más recientes se incluyen: una mujer de 101 años haciendo rápel en una torre de 94 metros; otra saltando en paracaídas a los 82; un hombre que empezó a levantar pesas a los 87 años y participó en competiciones de halterofilia diez años después; un hombre de 67 años que ha ganado el Premio al Aventurero del Año por Votación Popular de la revista *National Geographic* por realizar la expedición transatlántica en kayak más larga de la historia; o el maestro de yoga más viejo del mundo, que tiene 98 años.

Casi todas las actividades deportivas que se nos puedan ocurrir, desde el atletismo hasta la natación pasando por el ciclismo y el esquí, el tenis y el hockey, actualmente cuentan con una versión «máster» (o de «veteranos») para aficionados desde los 30 a los 100 años y más. Y aunque más de uno pueda soltar una risita ante la idea de un esquiador septuagenario o un velocista centenario (olvídese de los jugadores de hockey de cincuenta y pico), el deporte en la tercera edad es un asunto serio. Actualmente, los denominados Juegos Mundiales Máster, que se celebran cada cuatro años —una especie de Juegos Olímpicos para mayores de 30 años—, atraen a más competidores que ningún otro evento deportivo del mundo. Y tampoco es que los atletas de más edad se presenten meramente para participar: están ahí para ganar. El rendimiento está mejorando a pasos agigantados en cada uno de los niveles de edad, lo que significa que el atleta medio de 35, 55 o 75 años se hace más rápido, más fuerte y más ágil cada año que pasa. «Estamos justo al comienzo de todo un movimiento que va a redefinir lo que las personas mayores son capaces de hacer», afirma Joe Baker, profesor de la Escuela de Kinesiología y Ciencias de la Salud de la Universidad York de Toronto.

Esto coincide con mi experiencia en el Campeonato Máster de Roubaix. Lo primero que observas en el velódromo es que resulta casi imposible adivinar la edad de un ciclista en la pista. En el recinto de descanso se ven canas, arrugas, michelines y alguna que otra barriga. Sin embargo, una vez que los ciclistas se ponen los cascos, las gafas y la ropa de licra, y empiezan a pedalear, todos parecen casi iguales. Lo único que distingue a los octogenarios de los treintañeros es la velocidad de desplazamiento (también en los deportes de nivel máster más joven equivale a más rápido), pero, dado que todos compiten en sus propias categorías de edad, esa diferencia rara vez se pone de manifiesto.

Sin embargo, lo que realmente llama la atención de Roubaix es el hecho de que algunos de los ciclistas mejoran año tras año. Una cosa es que todo un grupo de edad exhiba un mayor rendimiento que hace una década, y otra muy distinta que haya atletas individuales cuya velocidad aumenta conforme envejecen. Sin embargo, eso es exactamente lo que está ocurriendo aquí.

No mucho después de mi llegada al velódromo, Steve Cronshaw se dirige a la línea de salida para competir en una contrarreloj en solitario que determinará su posición como cabeza de serie en el evento de velocidad. Recorre la pista a toda mecha; las piernas se le mueven como a un personaje de dibujos animados. Cubre los 200 metros en 11,3 segundos, estableciendo un nuevo récord mundial para el grupo de 60-64 años. También ha marcado su mejor tiempo personal. En otras palabras, Cronshaw, un ingeniero inglés jubilado, corre más deprisa a sus 60 años de lo que lo hacía a los 40.

Otros ciclistas presentes en el evento cuentan historias similares. Un hombre de 66 años cubre tanto las 10 millas (16 kilómetros) como las 25 (40,23 kilómetros) más deprisa que hace veinte años. Carolien van Herrikhuyzen, una atleta neerlandesa de 41 años que acaba de establecer una nueva marca personal en los 500 metros, espera seguir recortando segundos de su tiempo en la próxima década. «Soy mucho más rápida que hace diez años —afirma—. Y conociendo mi cuerpo y viendo lo que hacen los atletas mayores, sé que puedo ir aún más deprisa». Uno encuentra ese mismo espíritu de superación incluso en las edades más avanzadas. En 2012, Robert Marchand, un bombero francés retirado, estableció un récord mundial entre los mayores de 100 años recorriendo 14,2 millas (22,85 kilómetros) en una hora; dos años después, a la edad de 102, estableció un nuevo récord al recorrer 16,7 millas (26,88 kilómetros) en ese mismo tiempo. Como dice Cronshaw: «Estamos rompiendo las reglas del envejecimiento».

¿Qué importancia tiene todo esto para los mortales comunes y corrientes que no tienen el menor deseo de dejarse la piel intentando batir récords mundiales de ciclismo? Pues, en realidad, mucha. Aunque a uno no le interese el deporte de competición, incluso si la única actividad física a la que aspira en la tercera edad es salir a caminar o jugar con los nietos, merece la pena prestar atención a las personas como Van Herrikhuyzen y Cronshaw: además de ayudar a crear un mundo donde el deporte sea un pasatiempo aceptable para cualquier edad, constituyen la prueba viviente de que la vejez puede ser algo mucho mejor que la masacre que mencionaba Roth.

Por regla general, el cuerpo humano alcanza su plenitud física alrededor de los 30 años. A partir de ahí, por razones que aún hoy siguen siendo un misterio, se inicia un constante declive. El cabello se encanece y la piel se desgasta. Perdemos estatura, densidad ósea, fuerza y resistencia. Las articulaciones se agarrotan, la visión y la audición se reducen, y las arterias se obstruyen. A partir de la treintena, nos volvemos más susceptibles a las enfermedades, y nuestro riesgo de muerte se duplica cada siete años. La menopausia, que generalmente comienza a partir de los 40 años, pone fin a la fertilidad femenina y puede provocar periodos de angustia física y emocional que pueden durar meses o más. Paralelamente, ambos sexos empiezan a experimentar una desaceleración en sus movimientos, su memoria y su metabolismo. O como bromeaba en cierta ocasión el cómico británico John Wagner: «Con la edad todo se ralentiza, excepto el tiempo que tardan los pasteles y helados en llegar a tus caderas». Una auténtica pesadilla, ¿verdad? Pues no. Lo bueno es que resulta que no todo es malo, ni mucho menos. En realidad, envejecer nos hace más robustos en algunos aspectos. Algunas de las enfermedades más desagradables —diabetes, leucemia, cáncer de mama— pierden fuerza en la tercera edad. Los dolores de cabeza y las migrañas se hacen menos frecuentes a medida que envejecemos, mientras que las alergias, como la fiebre del heno, pueden desaparecer por completo. El envejecimiento también reduce las posibilidades de sufrir un resfriado común gracias a la inmunidad acumulada con los años.[1]

El declive relacionado con la edad también se desarrolla más despacio de lo que imaginamos. El control motor y la coordinación mano-ojo, por ejemplo, pueden mantenerse hasta los 70 y más. Ponerse un traje de envejecimiento es una experiencia traumática porque impone a la vez todas las deficiencias posibles, y no hay muchas personas que tengan tan mala suerte en la vida real. La mayoría de nosotros solo padeceremos algunas de las discapacidades que prevé el traje, y además las experimentaremos de una manera lo bastante gradual como para poder adaptarnos a ellas. Lo mejor de todo es que el envejecimiento es un asunto sorprendentemente variable. Parte de la forma en que nuestros cuerpos cambian a lo largo de los años viene determinada por la genética, y, por lo tanto, queda fuera de nuestro control (al menos por el momento). Pero una buena parte depende de nuestro estilo de vida: de nuestra forma de comer, trabajar, hacer ejercicio, dormir, relacionarnos y relajarnos; de nuestra relación con las drogas, el alcohol y el tabaco, y del lugar donde vivimos. Eso nos proporciona a todos, seamos atletas o alérgicos al deporte, un montón de palancas que accionar para tener una vida más larga y más sana.

Los consejos acerca de cómo mantener un cuerpo sano en la tercera edad se remontan a muy atrás en la historia. Galeno, el célebre médico que vivió en la época del Imperio romano, prescribía, entre otras cosas, montar a caballo, lanzar pelotas, comer ciruelas y viajar en barco. Aunque los consejos modernos tienen una mayor base científica, algunos de ellos resultan demasiado espantosos para considerarlos, y no estoy hablando de vivir con una dieta de pasto de trigo y espirulina. Un ejemplo: algunas investigaciones sugieren que la forma más segura de que un hombre alargue catorce años su vida es convertirse en eunuco.[2] Pues mire, no, gracias.

Por fortuna, los científicos modernos coinciden en una receta más aceptable para tener un buen estado físico: mantenerse físicamente activo; hacer una dieta saludable; beber alcohol con moderación y no fumar; establecer fuertes lazos sociales; tener un propósito en la vida que te haga levantarte por las mañanas; ser menos materialista, y reír mucho.

De todos los elementos de esta lista, el ejercicio parece ser el que se halla más cerca de la poción mágica. Ya en el año 400 a. C., Hipócrates declaró que era la mejor medicina para el hombre. «Eso es para lo que estamos hechos —sostiene Nick Cavill, investigador de salud pública en la Universidad de Bristol—. Probablemente, todo el mundo sabe lo básico, pero a menudo lo pasamos por alto en nuestra ajetreada vida moderna. Somos cazadores-recolectores. Fuimos diseñados para ser físicamente activos durante todo el día».

Cuando se trata del cuerpo humano, la moraleja de la historia es «o lo usas, o lo pierdes». Aunque la fuerza de agarre tiende a alcanzar su punto máximo mediada la treintena y luego decae rápidamente, los trabajadores de las cadenas de montaje que realizan diariamente movimientos de agarre conservan esa fuerza hasta bien entrada la sesentena. Lo mismo ocurre, por ejemplo, cuando uno toca el piano. Los pianistas profesionales mantienen su velocidad de digitación en la tercera edad, pese a que el resto de nosotros empezamos a perderla a partir de los 30 años.

Se puede extraer una lección similar de las llamadas «zonas azules», como se denomina a aquellas áreas geográficas, repartidas por todo el mundo, donde las personas son más longevas. Esas zonas están llenas de personas de edad muy avanzada que están en muy buena forma física. Actualmente, algunas de ellas son auténticos lugares de peregrinación para expertos y curanderos que buscan el elixir de la juventud. Hace años visité una «zona azul» llamada Vilcabamba, un pueblecito situado en un frondoso valle en el sur de Ecuador. No había allí gimnasios ni velódromos, pero la actividad física estaba integrada en la rutina cotidiana. Los lugareños iban andando a todas partes, y la mayoría de ellos realizaban algún tipo de trabajo manual. No era raro verlos cargando sacos de grano o arreando el ganado hacia los campos cultivados por sus bisnietos. A mitad de una entrevista, cuando mi dictáfono cayó al suelo, una mujer de unos 90 años se agachó para recogerlo con la elasticidad de una gimnasta adolescente.

Pero por fortuna uno no tiene que mudarse a una «zona azul» para que su cuerpo envejezca mejor. Ni tiene que apuntarse a *crossfit* o contratar a un entrenador personal. A veces basta con realizar pequeños reajustes en la vida diaria: subir las escaleras en lugar de coger el ascensor; levantarse del sofá para cambiar los canales del televisor en lugar de utilizar el mando a distancia, o bajarse del autobús una parada antes, o aparcar el coche más lejos de nuestro destino para caminar más. De manera similar, los ejercicios recomendados por los expertos no resultan especialmente intimidantes. La mayoría aconsejan realizar cada semana 150 minutos de actividad aeróbica moderada, o bien 75 minutos de ejercicio vigoroso, o bien una mezcla de ambos, más un poco de entrenamiento de resistencia. Eso equivale a la modesta cantidad de 15-25 minutos diarios. El ejercicio aeróbico moderado puede ser una caminata a paso ligero o un paseo en bicicleta, mientras que correr ya cuenta como ejercicio vigoroso. Por su parte, el entrenamiento de resistencia puede hacerse levantando pesas o simplemente cargando las bolsas de la compra o cavando en el jardín. Los usuarios de sillas de ruedas pueden obtener resultados similares haciendo rutinas de ejercicio sentados o jugando a las versiones para silla de diversos deportes, desde el bádminton hasta el baloncesto.

Sin embargo, si decides esforzarte un poco más, tu cuerpo te lo agradecerá. Diversos estudios demuestran que el ejercicio regular puede proteger contra los accidentes cerebrovasculares, el cáncer, la diabetes, las enfermedades cardiacas, las caídas y las fracturas de cadera. Puede estabilizar el peso y la presión arterial, así como reducir las posibilidades de morir antes de tiempo. Cuando un equipo de investigadores británicos estudió a un grupo de ciclistas aficionados, hombres y mujeres de edades comprendidas entre los 55 y los 79 años, que habían hecho ejercicio regularmente a lo largo de toda su vida adulta, se asombraron al descubrir lo poco que sus cuerpos habían mermado con el tiempo. No habían perdido fuerza, ni masa muscular, ni (en el caso de los hombres) testosterona, y sus vientres carecían de la típica «curva del cincuentón». Pero lo más sorprendente de todo era que los ciclistas de mayor edad gozaban de unos sistemas inmunitarios tan robustos como los que suelen verse en los veinteañeros.[3]

Si está leyendo esto y piensa que ya es demasiado tarde para empezar a hacer ejercicio, va a tener que reconsiderarlo. Incluso si hasta ahora ha sido un teleadicto de los que no se levantan del sofá, todavía puede disfrutar de los dividendos del ejercicio. Un estudio realizado en Noruega descubrió que los hombres que empezaban a hacer ejercicio en la cuarentena o la cincuentena reducían el riesgo de padecer un accidente cerebrovascular al mismo nivel que los que llevaban haciéndolo toda su vida.[4] Tampoco tiene por qué sentirse culpable cada vez que un amigo cuelgue una foto haciendo triatlón en

Facebook, porque el ejercicio está sujeto a la ley de rendimientos decrecientes. En otras palabras: más es mejor, pero solo hasta cierto punto. Como dice Cavill: «Un corredor de maratón o un triatleta no está haciendo mucho más por su salud que alguien que sea razonablemente activo». Conclusión: con un mantenimiento razonable y la actitud correcta, la mayoría de nosotros podemos seguir haciendo cosas asombrosas con nuestro cuerpo.

Este mensaje está calando. Desde Hong Kong hasta Houston, pasando por Hamburgo, las personas se mantienen más activas corriendo, practicando senderismo, montando en bicicleta, remando o simplemente acumulando 10.000 pasos al día. Actualmente, en Estados Unidos, los mayores de 50 años representan más del 40 % de las personas que realizan viajes de aventura, mientras que en el Reino Unido el grupo de viajeros que aumenta con mayor rapidez es el de 65 a 74 años, y prefieren unas vacaciones llenas de acción. Muchos están rompiendo los estereotipos edadistas para ponerse en forma. El grupo de edad de más rápido crecimiento entre practicantes de artes marciales como el taekwondo, el kárate y el aikido es el de mayores de 50 años. En Cosmo City, un municipio situado en las afueras de la ciudad sudafricana de Johannesburgo, las mujeres mayores de 60 años acuden en masa a clases de boxeo.

El auge del ejercicio explica en parte por qué hoy el ciudadano medio mayor de 65 años está en mejor forma que nunca y por qué una gran parte de las cosas malas que asociamos al envejecimiento —ceguera, sordera, accidentes cerebrovasculares, afecciones cardiacas...— aparecen más tarde en la vida. En la Unión Europea, la esperanza de vida *saludable* a partir de los 50 años está aumentando más deprisa que la esperanza de vida a secas, lo que parece implicar que estamos prolongando los años buenos al tiempo que reducimos lo malo que suele venir antes de la muerte.[5] Según el Instituto de Indicadores y Evaluación de la Salud de la Universidad de Washington, un niño británico nacido en 2015 puede esperar vivir seis años más que uno nacido en 1990; y durante cinco de esos seis años gozará de buena salud.[6] Se observa una tendencia similar en Estados Unidos, donde la esperanza de vida libre de discapacidad está aumentando entre los mayores de 65 años. «Los nuevos datos revelados en los últimos cinco años son increíbles —sostiene Esme Fuller-Thomson, la especialista en envejecimiento canadiense a la que ya hemos conocido antes—. Todo está mejorando, y a todos los que trabajamos en este campo nos está pillando por sorpresa».[7]

Sin embargo, no todos se han subido al carro del ejercicio. La inactividad física todavía es una de las 10 principales causas de discapacidad y enfermedad en muchos países. Se calcula que la pereza mata a tantos británicos como el tabaquismo. A escala global, el aumento de las tasas de obesidad en todos los grupos de edad amenaza con contrarrestar los beneficios aportados por la revolución de la longevidad.

Para sacar el máximo partido de nuestras vidas más longevas, tenemos que propagar la revolución del ejercicio. Para ello debemos hacer un montón de cambios. Entre estos, incluir más actividad física en el currículo escolar, hacer del ejercicio un aspecto central en los tratamientos médicos y rediseñar las ciudades para alentar —o incluso obligar— a las personas a andar y pedalear más. Japón está marcando la pauta en lo referente a nuevas ideas para mantenerse activos en la tercera edad. En la Universidad de Sendagaya, que acoge a estudiantes mayores de 60 años, el ejercicio físico está integrado en las actividades entre clases. En una línea similar, los arquitectos japoneses están diseñando casas con suelos inclinados e irregulares que hacen que caminar por su interior requiera un mayor esfuerzo físico.

También hemos de encontrar la manera adecuada de fomentar el ejercicio. Aunque las personas mayores superdeportistas han asestado un merecido golpe al estereotipo de que el envejecimiento tiene que hacernos forzosamente frágiles y débiles, diversos estudios sugieren que su ejemplo puede resultar contraproducente para los simples mortales. Sean Horton, profesor asociado de kinesiología en la Universidad de Windsor, en Canadá, ha asistido a muchas competiciones deportivas de nivel máster como competidor e investigador. Y advierte que no debemos ver a estos atletas como el nuevo ideal de envejecimiento: «Los atletas máster pueden ser un excelente modelo para los jóvenes, pero es posible que ejerzan un efecto negativo en su propio grupo de edad —sostiene—. Parecen tan extravagantes y extremos en sus logros que otras personas mayores los verán y pensarán: "Yo no tengo ninguna posibilidad, nunca podré hacer eso"; y dejarán de intentar practicar cualquier tipo de ejercicio o deporte». Su solución: difundir historias de personas de todas las edades que se mantengan activas en diversos niveles.

En lo referente a obtener un mayor kilometraje de nuestros cuerpos envejecidos, hay otra buena noticia: también nuestro cerebro puede asumir parte de ese trabajo extra. ¿Cómo? Pues gestionando con mayor habilidad la destreza física que nos quede. Los atletas de élite siempre han utilizado ese truco. Los golfistas profesionales envían la pelota cada vez a menor distancia conforme envejecen, pero lo compensan con una mayor precisión. Al final de su carrera, cuando ya no tenía el resorte sobrehumano en las piernas que lo había convertido en una leyenda del baloncesto, Michael Jordan reemplazó aquellos saltos que desafiaban la gravedad inmortalizados en los anuncios de Nike por el estilo de tiro en suspensión conocido como *fade away*, o «desvanecimiento». La recompensa: unos años más como una auténtica máquina de encestar, allí, en la cúspide de su deporte.

Cuando un jugador sigue prosperando más allá de su plenitud física en el fútbol, a veces los comentaristas dicen que «el primer metro lo lleva en la cabeza». Eso significa que está utilizando su conocimiento superior del juego, de sus flujos y contornos, para mantener su ventaja sobre los rivales más jóvenes que son más fuertes y más rápidos que él. Los investigadores han identificado el mismo fenómeno en los porteros de varios deportes. A pesar de que la edad ralentiza sus reflejos y movimientos, siguen teniendo una buena actuación en la medida en que mejora su lectura del juego y de los movimientos de los delanteros. Los cerebros más maduros incluso aprenden a reconocer y explotar los sonidos producidos por los compañeros y rivales. «Hasta un periodo muy tardío de tu vida puedes compensar una gran parte de lo que pierdes con el envejecimiento gracias a la capacidad de tu cerebro de reorganizarse para hacer las cosas de manera más rápida y eficiente», explica Baker, el kinesiólogo.

Obviamente, este truco que la mente impone a la materia solo funciona durante cierto tiempo. Al final el cuerpo se debilita hasta un punto en el que no hay compensación cognitiva posible capaz de salvar la brecha. Yo no apostaría a que Federer seguirá ganando los Grand Slam de tenis a los 45 años, o a que Jágr jugará el Partido de las Estrellas del hockey estadounidense a los 50.

La mayoría de nosotros, sin embargo, no somos atletas de élite desesperados por seguir una temporada más en las grandes ligas: solo queremos seguir practicando nuestra actividad favorita —ya sea el senderismo, el *hula-hoop* o el hockey— durante el mayor tiempo posible. Una vez más, los consejos de los expertos en ese sentido resultan tranquilizadores: sigue adelante mientras tu cuerpo aguante, pero reajustando tus expectativas sobre la marcha. Una solución es unirse a una de las ligas «andantes» que están surgiendo actualmente para ofrecer una versión más suave de deportes como el fútbol y el baloncesto, y en las que dichos deportes solo pueden practicarse andando: está prohibido correr. Yo todavía no estoy listo para dejar de jugar al hockey corriendo, pero, de hecho, mi estilo de juego está evolucionando: ya no tengo la velocidad, la fuerza ni la resistencia que tenía hace veinte años, pero mi coordinación mano-ojo es tan buena como siempre, y mi lectura del juego es aún mejor. Aunque ahora marco menos goles, por otra parte acumulo más asistencias explotando la potencia de carrera de mis compañeros más jóvenes. Y lo que es más importante: cada semana espero con impaciencia la noche de hockey.

El mundo de los campeonatos máster cuenta con un ingenioso truco para gestionar las expectativas de lo que el cuerpo es capaz de lograr conforme va envejeciendo: cada cinco años, sus atletas pasan a un grupo de edad superior. Cada vez que entran en una nueva categoría, de repente pasan a convertirse de nuevo en el novato ardiente, el sustituto que aguarda ansioso a dejar el banquillo. Lo divertido del caso es que eso hace que envejecer parezca ventajoso. La madre de un amigo mío empezó a participar en competiciones de natación a los sesenta y pico. Poco después de cumplir los 88 años, anunció que ardía en deseos de llegar a los 90. ¿Por qué razón? «¡Así podré volver a machacar a la gente en la piscina!».

Reajustar las expectativas es algo que también funciona fuera del mundo del deporte. Para poder seguir actuando pasados los 80 años, el pianista Vladimir Horowitz encontró una forma de tocar dentro de los límites que la vejez imponía a su cuerpo. Empezó eliminando las piezas más difíciles de su repertorio. Luego reestructuró el orden de las restantes, tocando en primer lugar las más lentas para acentuar el tempo más rápido de las situadas más adelante en el programa.[8]

Hay algo que todos podemos aprender de los atletas máster y de los músicos veteranos como Horowitz. En lugar de añorar lo que nuestros cuerpos eran capaces de hacer en el pasado, debemos aprovechar al máximo lo que pueden hacer aquí y ahora. Pero también debemos aceptar que a la larga se agotarán, lo que implica aprender a ver la fragilidad y la vulnerabilidad como parte de la vida, y no como una señal de fracaso.

Sea cual sea nuestra edad, todos podemos proponernos contribuir a hacer del mundo un lugar más acogedor para los cuerpos más viejos. Muchos minoristas de todo el mundo están rediseñando sus tiendas para adecuarlas a los clientes mayores. En Estados Unidos, Sherwin Williams, un proveedor de pinturas, ha añadido más asientos e iluminación, y ha reducido el uso de letra pequeña en los letreros, mientras que CVS, una gran cadena de farmacias, ha instalado alfombras antideslizantes y ha reducido la altura de sus estanterías. En Tokio, una emblemática filial de la cadena de supermercados Aeon actualmente cuenta con un dispensario y una zona de ejercicio donde los clientes mayores pueden jugar al tenis de mesa, tomar clases de aeróbic o caminar por una pista cubierta que circunda la tienda, controlando su ritmo cardiaco sobre la marcha. Para ayudar a los ojos cansados como los míos a leer el texto impreso en sus paquetes de arena para gatos, la marca Arm & Hammer ha incrementado el contraste de color y ha aumentado un 20 % el tamaño de la letra, mientras que la firma de productos alimentarios Diamond Foods ha añadido muescas y ranuras para hacer que sus latas de frutos secos Emerald sean más fáciles de sujetar aun teniendo poca fuerza en las manos.

Es probable que otras empresas sigan el ejemplo. Se debe a dos razones. Para empezar, cada año hay más consumidores mayores en el mundo. Y, en segundo lugar, el diseño que se adapta bien a los cuerpos de mayor edad también suele funcionar con el resto de la gente. Ford lo descubrió cuando creó el Focus. Con la experiencia proporcionada por el uso de trajes de envejecimiento, la empresa construyó un coche más espacioso con un salpicadero cuyos indicadores eran fáciles de leer y con unos controles a los que resultaba sencillo acceder. ¿Y adivina qué ocurrió? Pues que a los consumidores más jóvenes también les encantó: el Focus se convirtió en un éxito de ventas en todos los grupos de edad.

Paralelamente, las empresas emergentes que veíamos en Shoreditch representan solo la punta de un iceberg de innovación en constante expansión que favorecerá a los cuerpos más viejos. Los llamados *big data* prometen revolucionar la medicina mejorando enormemente nuestra capacidad de detectar, prevenir y tratar las enfermedades vinculadas al envejecimiento, mientras que los dispositivos inteligentes como la tecnología vestible que monitoriza la actividad física y los signos vitales ya nos están ayudando a tomar el control de nuestra salud de una forma que hasta no hace mucho habría parecido ciencia ficción. La tecnología nos prestará cada vez más apoyo cuando nuestros cuerpos empiecen a menguar. Los robots mejoran constantemente. Cada año que pasa nos acercamos más a un mundo de vehículos autónomos. En 2017, los científicos hicieron historia cuando un hombre paralizado desde el cuello hacia abajo logró mover la mano con la fuerza del pensamiento. Un ordenador descifraba las señales captadas por los implantes eléctricos de su cerebro y luego las enviaba a unos sensores insertados en los músculos del antebrazo. Por primera vez desde hacía ocho años, el hombre pudo tomar una taza de café y comer puré de patatas con un tenedor sin ninguna ayuda.

También seremos testigos del auge de la «ropa eléctrica». Mientras que un traje de envejecimiento dificulta el movimiento de los músculos al aumentar la carga que estos deben soportar, los nuevos trajes eléctricos —similares a los exoesqueletos robóticos, pero mucho más ligeros— prometen hacer justo lo contrario. Hechos de material elástico y liviano, los primeros prototipos, como el Aura Powered Suit, tienen el aspecto de ropa de yoga de alta gama, hasta que uno repara en los pequeños módulos hexagonales que hay en las piernas, las caderas, el torso y la espalda. Estos contienen unos sensores que leen los movimientos y luego utilizan la electricidad para activar las bandas entretejidas en la tela del traje, que a su vez actúan como una especie de «músculos eléctricos», aumentando la fuerza de los músculos reales que hay debajo. La idea no es convertirle a uno en «Iron Man» (o «Woman»), sino hacer que le resulte más fácil sentarse, levantarse, caminar, subir escaleras o simplemente mantenerse erguido. Además, se pueden llevar debajo de la ropa normal. Puedo imaginarme fácilmente vistiendo uno de esos trajes cuando mi cuerpo necesite un empujón extra más adelante en mi vida, sobre todo si alguien inventa una versión diseñada para jugar al hockey.

Aunque en el velódromo de Roubaix no hay ropa eléctrica oculta bajo la licra, aquí todos los ciclistas exhiben un contagioso optimismo en relación con lo que creen que sus cuerpos serán capaces de lograr en el futuro. Para alcanzar ese nivel de esperanza, muchos de ellos tuvieron que superar primero su propio edadismo. Al principio de incorporarse al mundo del ciclismo máster, Cronshaw tenía una visión muy poco compasiva de los cuerpos más viejos que el suyo. Ver aquellas carnes envejecidas cubiertas de licra le causaba repelús. «Cuando me subí a la bici, a los 40 años, pensaba: "¡Mira todos esos tíos plastas que todavía siguen ahí a los sesenta y pico!"», explica, no sin cierta expresión de vergüenza al recordarlo. Pero hoy, casi dos décadas después, es un orgulloso miembro del club MAMIL (siglas de Middle-Aged Men In Lycra, «hombres de mediana edad vestidos de licra»). «¿Cuántos años más tengo por delante? No lo sé, pero me encanta —afirma—. Ahora entiendo que el proceso de envejecimiento no es ni de lejos tan malo como crees que será».

Después de pasar el fin de semana con Cronshaw y los demás ciclistas de Roubaix, estoy empezando a sentir lo mismo. Si ellos pueden seguir manteniéndose en forma en la tercera edad y practicar su deporte favorito sin parecer o sentirse fuera de lugar, entonces también podemos hacerlo el resto de nosotros. Mi crisis existencial en aquel torneo de hockey en Gateshead me parece ahora un poco ridícula. Hasta el recuerdo del traje de envejecimiento está empezando a desvanecerse en mi mente.

Sin embargo, al abandonar el velódromo, mi estado de ánimo se hunde un poco. La caminata me lleva por barrios donde el tráfico de drogas y la pequeña delincuencia son comunes. Ninguna de las personas a las que me acerco en la calle ha oído hablar de los deportes máster o es consciente de que en una cercana pista de ciclismo corren personas de setenta y pico vestidas de licra. Es obvio que los lugareños llevan una vida menos saludable que los atletas del velódromo.

En el camino entablo conversación con Daniel Bertrand, que recientemente ha perdido su empleo como guardia de seguridad. El único ejercicio que hace ahora es ir y volver de la compra o visitar a su hija, que vive a dos calles de distancia. Camina ligeramente encorvado y arrastrando un poco los pies. Sus dientes tienen un aspecto desagradable, mientras que su rostro está surcado de capilares rotos por toda una vida de alcoholismo. Cuando me pide que adivine su edad, rebajo mi respuesta en diez años para evitar ofenderle, pero aun así mi estimación resulta ser acertada: parece tener como mínimo 60 años, pero en realidad tiene 50, la misma edad que yo.

Bertrand es un recordatorio viviente de que la longevidad siempre se ha distribuido de manera desigual, de tal forma que los ricos tienen mayores posibilidades de envejecer bien que los pobres. Ello se debe a que la riqueza hace que envejecer sea más fácil: compra mejores alimentos, mejores viviendas y una mejor atención médica, además de posibilitar más opciones de hacer ejercicio y reducir el desgaste causado por realizar un trabajo agotador. También puede alejarnos del consumo de drogas, de los perjuicios medioambientales y del tipo de acontecimientos estresantes —falta de un hogar, delitos violentos, ruina económica— que parecen acelerar el envejecimiento.

La única forma de compartir los frutos de la revolución de la longevidad de manera más equitativa es reducir la brecha entre ricos y pobres. De ese modo, las personas como Bertrand tendrán las mismas oportunidades de envejecer bien que todos esos ciclistas máster que pasan el fin de semana en su vecindario.

Mientras tanto, yo dejo Roubaix con tres sólidas razones para sentirme mejor en relación con mi propio envejecimiento. La primera es que envejecer no es ni de lejos tan malo como la mayoría de nosotros tememos. La segunda, que hoy tenemos más posibilidades que nunca de modificar nuestro comportamiento para envejecer mejor. Y la tercera, que el mundo está evolucionando de una manera que hará que la vida resulte más fácil para las personas mayores.

Ahora quiero saber si esas mismas razones funcionan en otros aspectos del envejecimiento.

3

CREATIVIDAD: PERROS VIEJOS, TRUCOS NUEVOS

La imaginación no tiene edad.

WALT DISNEY

A Stanley McMurtry le aguarda la misma tarea ingente cada vez que se presenta a trabajar en el *Daily Mail* de Londres. Sin ninguna ayuda del resto de la redacción, debe crear una viñeta temática lo bastante incisiva como para merecer un emplazamiento preferente en uno de los periódicos de mayor tirada de Gran Bretaña, y debe hacerlo en solo unas horas. Aquí no hay tiempo para el típico «bloqueo del escritor», para dar paseos buscando inspiración o para consultar una idea con la almohada. Todos sus engranajes creativos tienen que ponerse en marcha en el momento en que se sienta ante su escritorio y empieza a hojear los titulares del día. ¡Como para sentir el terror a la página en blanco!

Pero McMurtry, cuyo seudónimo artístico es *Mac*, no se deja intimidar. Simplemente se arremanga y se entrega a la seria tarea de crear la carcajada del día. A lo largo de la mañana, su mente divaga en torno a las grandes noticias del día, extrayendo escenarios y tramas secundarias, jugando con retazos de diálogos, probando chistes…, y finalmente da con una viñeta genial antes de la hora tope de entrega, que es por la tarde. Lleva realizando ese mismo truco más tiempo que nadie en toda la prensa británica.

Además de ser el decano de los dibujantes ingleses, Mac también es vecino mío. Cuando se mudó a nuestra calle a sus sesenta y muchos años, mis prejuicios edadistas me llevaron a suponer que debía de estar en el crepúsculo de su carrera y que, de hecho, ya se limitaba a vivir de las glorias pasadas.

¡Qué equivocado estaba! En 2017, poco antes de cumplir los 81 años, ganó el premio británico al dibujante del año por séptima vez; los jueces calificaron su trabajo de «magnífico», al tiempo que aclamaban sus «viñetas inteligentes y bellamente dibujadas que descollaban en una disciplina suprema».

No mucho después de este logro, nos sentamos en mi sala de estar para charlar sobre el envejecimiento. Mac es como la mayoría de sus dibujos: tierno, incisivo y divertido. Habla con voz suave y exhibe un gran ingenio. También tiene una vena romántica: uno de sus rasgos distintivos es el de ocultar el perfil de su difunta esposa, Liz, en todas sus viñetas. Ya antes de acomodarse en el sofá me dice: «No me siento mentalmente distinto de cuando tenía veinte años».

¿Eso significa que hoy es igual de buen dibujante?, le pregunto.

Mejor, es su respuesta.

«Cuando miro las primeras cosas que hice, me parece que muchas de ellas estaban mal dibujadas, la perspectiva no era del todo correcta, mis personajes se basaban en el trabajo de otras personas, o las ideas simplemente no eran muy inteligentes ni creativas —explica—. No estaba seguro de mí mismo, así que me sentía muy inquieto, y cuando estás preocupado, te agarrotas».

Con el tiempo, no obstante, encontró el equilibrio y forjó su propio estilo. «Mis estándares son más altos, y tengo la sensación de que ahora, a mis ochenta y pico, es cuando estoy haciendo mi mejor trabajo —afirma—. Mis viñetas son más libres, pero también más confiadas y precisas: me siento muy creativo».

Esas últimas cuatro palabras me obligan a hacer una pausa. Uno de mis principales temores con respecto al envejecimiento es el de perder mi agudeza creativa. La capacidad de idear nuevas formas de ver el mundo es el motor que subyace en mis escritos, conferencias y programas. Hoy en día, encuentras la palabra *creativo* esparcida como polvo de estrellas en todos los currículos y ofertas de empleo, ya que puede representar un activo en cualquier tipo de trabajo. Hace poco vi un anuncio que buscaba «ninjas de la creatividad» para trabajar en una cafetería. Con el avance de la inteligencia artificial, el pensamiento creativo podría llegar a convertirse en el as en la manga de la humanidad, nuestro rasgo distintivo, lo único que todavía podemos seguir haciendo mejor que las máquinas. Pero encontrar nuevas formas de hacer las cosas o de expresarse también enriquece la vida más allá del lugar de trabajo; de ahí que la danza, la música, la narración y el arte sean comunes a todas las culturas.

El hecho de que Mac esté en la cúspide de su capacidad creativa a la edad de 81 años debería alegrarme el día, pero, de alguna manera, y a pesar de ese premio al dibujante del año, me resulta difícil de creer. Mi instinto me dice que se engaña, o bien es un fenómeno de la naturaleza. Al fin y al cabo, la sabiduría popular afirma que la creatividad es patrimonio exclusivo de los jóvenes. Recuerde la «doctrina Zuckerberg», o las palabras del multimillonario Vinod Khosla, cofundador de Sun Microsystems: «Las personas de menos de 35 años son las que hacen que haya cambios. A partir de los 45, la gente básicamente muere en lo referente a nuevas ideas».

La historia ofrece montones de pruebas que parecen reforzar ese punto de vista. ¿A quién se le ocurrió la idea de la primera tabla de windsurf? a un estudiante inglés de 12 años. Horatio Adams inventó el chicle a la edad de 13 años, mientras que Louis Braille tenía 15 cuando ideó el sistema de lectura para ciegos que lleva su nombre. Blaise Pascal construyó la primera calculadora mecánica a los 19; y Alexander Graham Bell patentó su teléfono poco después de su vigésimo noveno cumpleaños, no muy lejos de la media de edad de los empleados de las principales empresas de tecnología de Silicon Valley.

Los matemáticos son famosos por alcanzar su mejor momento en la juventud. Évariste Galois sentó las bases del álgebra moderna y Niels Abel inventó la teoría de grupos cuando ambos eran adolescentes. En 1940, un genio de las matemáticas británico llamado G. H. Hardy descartó a cualquiera que esperara hacer avances similares en la tercera edad. «Ningún matemático —declaró— debería permitirse el lujo de olvidar que la matemática... es cosa de hombres jóvenes». Albert Einstein, que concibió la teoría de la relatividad mediada la veintena, hizo una afirmación similar con respecto a las ciencias: «Una persona que no haya hecho su gran aportación a la ciencia antes de los 30 años ya no la hará nunca».

Podría argumentarse de manera similar en el ámbito artístico, donde Mac y yo ejercemos nuestro oficio. Mary Shelley publicó *Frankenstein* a los 20 años. J. K. Rowling tenía la misma edad —y estaba sentada en un tren que viajaba con retraso de Mánchester a Londres— cuando se le ocurrió la idea de su serie *Harry Potter*. Picasso tenía veintitantos cuando lanzó la granada del cubismo al mundo del arte. Muchos compositores, desde Schubert y Schumann hasta Mozart y Mendelssohn, han escrito sublimes piezas musicales antes de cumplir los 30 años. En el siglo XVI, Michel de Montaigne, el filósofo francés que en cierta manera inventó el ensayo como género literario, afirmó que el trigésimo cumpleaños de una persona marcaba el comienzo de su declive creativo: «En verdad, estoy convencido de que a partir de esa edad tanto mi espíritu como mi cuerpo han disminuido más que aumentado, han retrocedido más que avanzado».

De un millón de maneras distintas, la cultura popular refuerza e idealiza la idea de que la creatividad es patrimonio de la juventud. Los medios de comunicación publican constantemente listas de «personas de menos de 30 años en las que fijarse», como si Montaigne tuviera razón. Las películas sobre prodigios reales o ficticios —desde *Billy Elliot*, *En busca de Bobby Fischer* y *El pequeño Tate* hasta *El indomable Will Hunting*, *Amadeus* y *Shine*— son un clásico de Hollywood. John Nash, el matemático que contribuyó a desarrollar la teoría de juegos a los veintipocos años, fue inmortalizado en la oscarizada película *Una mente maravillosa*. A los organizadores de congresos y festivales de ideas también les encanta presentar a jóvenes dando charlas al estilo TED (véase la introducción de este libro) sobre sus éxitos creativos. Tras inventar una técnica para la detección precoz del cáncer de páncreas en 2012, Jack Andraka, por entonces un joven de 15 años, se convirtió en un elemento indispensable en el circuito de conferencias y congresos.

Obviamente, los años de juventud pueden constituir un periodo de creatividad inmensa, y se debe ensalzar a los jóvenes por sus momentos de genialidad. Pero ¿significa eso que la capacidad de ser original se marchita con la edad? Cuanto más aprendemos sobre el cerebro, más parece que la respuesta a esta pregunta es un rotundo no. En otras palabras, Mac no es un fenómeno de la naturaleza, y la novelista Maya Angelou no andaba desencaminada cuando observó: «No puedes agotar la creatividad. Cuanto más la usas, más tienes».

Al igual que sucede con nuestros cuerpos, también nuestros cerebros cambian al hacernos mayores. Empiezan a disminuir a partir de los 20 años, perdiendo aproximadamente el 2 % de su peso y volumen cada década a partir de entonces. Los vasos sanguíneos se atrofian, frenando el suministro de oxígeno. Mantenemos la mayor parte de nuestras células cerebrales durante toda la vida, pero estas se hacen más pequeñas y establecen menos interconexiones. En la cuarentena, la vaina de mielina —la capa lipídica que ayuda a los axones nerviosos a enviar mensajes a través del cerebro— comienza a descomponerse.

Todos esos cambios tienen un coste cognitivo. Como un ordenador que se queda obsoleto, nuestros cerebros pierden velocidad de procesamiento. Empezamos resolviendo problemas matemáticos y absorbiendo nueva información más lentamente. Tardamos más en recuperar ciertos recuerdos, lo que hace que aumente el número de ocasiones en que tenemos una palabra o un nombre «en la punta de la lengua», pero se obstinan en permanecer fuera de nuestro alcance. También disminuye la capacidad de concentración, cosa que hace que nos resulte más difícil aislarnos de las distracciones y alternar entre tareas que exijan nuestra atención.

Nada de eso, sin embargo, mata nuestra creatividad. Por el contrario, hoy en día, la ciencia muestra que el cerebro humano es extraordinariamente bueno a la hora de compensar —e incluso aprovechar— los cambios provocados por el envejecimiento. La denominada imagen por resonancia magnética funcional (IRMf) ha revelado que en la mediana edad empezamos a utilizar más regiones cerebrales cuando afrontamos un problema difícil. Con el tiempo, esto crea una rica integración capaz de alimentar el pensamiento creativo, especialmente cuando se combina con la experiencia y el conocimiento.[1]

La desaceleración natural que comporta el envejecimiento también puede actuar como estímulo de la creatividad. Cuando dejamos de correr, la mente engrana una marcha más creativa que los psicólogos denominan «pensamiento lento». «Generalmente, la creatividad requiere un periodo de incubación —sostiene Teresa Amabile, profesora y directora de investigación de la Escuela de Negocios de Harvard—. La gente necesita tiempo para empaparse de un problema y dejar que surjan las ideas». La leve pérdida de atención causada por el envejecimiento puede ser asimismo un arma secreta en la lucha por crear. ¿Por qué? Pues sencillamente porque una mente más distraída puede recopilar información que a primera vista parece irrelevante, pero que más tarde resultará ser la clave de un gran avance creativo.[2]

También ayuda que, en realidad, uno de los estereotipos más persistentes sobre el envejecimiento —el de que «a mi edad ya no se cambia»— sea erróneo. Por una parte, diversas investigaciones sugieren que las personas de mediana edad tienen más probabilidades que los jóvenes de aferrarse a las vacas sagradas y al *statu quo*; pero cuando entramos en la sesentena volvemos a relajarnos y nos resulta más fácil cambiar de actitud en respuesta a nueva información, lo que constituye un primer paso para poder dar pasos creativos.[3] En la década de 1970, Stephen Hawking apostó plenamente por una de las teorías más famosas de la historia de la cosmología: que nada puede escapar de un agujero negro. Tres décadas después, enfrentado a nuevos conocimientos sobre mecánica cuántica y relatividad general, cambió de opinión y aceptó que los agujeros negros pueden revelar información sobre la materia que engullen. Además de dar públicamente una enorme muestra de humildad, Hawking, que entonces tenía 62 años, tuvo que pagar una buena cantidad tras una apuesta con un científico rival.

Otra sorprendente y novedosa teoría es la de que el envejecimiento altera la estructura del cerebro de una manera que fomenta la creatividad. Parece que la descomposición de la vaina de mielina relaja la arquitectura neuronal, lo que permite que las ideas fluyan con mayor facilidad. «Tienes menos frenos en tus inhibidores frontales y puedes ensamblar las cosas de formas más útiles y novedosas —sostiene Rex Jung, profesor de neurocirugía en la Universidad de Nuevo México—. Cuando presencias un incremento de las iniciativas creativas de las personas en la jubilación, puede que no sea solo porque están jubilados y disponen de más tiempo; puede ser porque la organización de su cerebro es distinta». Eso podría explicar por qué los ancianos han dominado tradicionalmente el arte popular en todos los grupos étnicos y raciales; por qué Sófocles escribió una de sus más grandes obras, *Edipo rey*, cuando tenía 71 años; por qué una serie de legendarios pintores (Matisse, Rembrandt, Tiziano) y compositores (Wagner, Beethoven, Bach) realizaron una triunfante labor creativa en la tercera edad; o por qué a la artista franco-estadounidense Louise Bourgeois se le ocurrió su icónica araña gigante cuando era octogenaria, y luego siguió trabajando con gran éxito hasta su muerte, cuando tenía 98 años.

Esa misma creatividad en la tercera edad la encontramos también en el mundo —más prosaico— del trabajo. Pese al sesgo de Zuckerberg en favor de la juventud, los inventores tienden a alcanzar su mejor momento hacia el final de la cuarentena, y continúan siendo productivos durante toda la segunda mitad de su carrera.[4] En Estados Unidos, por ejemplo, la media de edad en la presentación de solicitudes de patentes es de 47 años, y las más lucrativas suelen ser de personas mayores de 55.[5] Momofuku Ando inventó los fideos instantáneos cuando se acercaba a la cincuentena; Benjamin Franklin tenía 74 años cuando inventó las gafas bifocales, y Thomas A. Edison presentó patentes hasta su muerte, a los 84.

Por culpa del edadismo, para muchos este auge creativo en la tercera edad resulta una absoluta sorpresa. Cuando era joven Sigmund Freud tildó a las personas mayores de 50 años de «intelectualmente inflexibles»..., para luego escribir algunas de sus obras más influyentes después de los 65 años. Pese a quejarse de que sus facultades habían mermado después de cumplir los 30 años, Montaigne publicó su obra trascendental, *Los ensayos*, a la edad de 47.

Todo esto contradice hasta tal punto los estereotipos predominantes en relación con el envejecimiento que merece la pena repetirlo en términos claros e inequívocos: no solo es posible mantener la creatividad en la tercera edad, sino que la neurociencia nos dice que, de hecho, el envejecimiento puede reconfigurar el cerebro de forma que nos haga aún más creativos. Mac no es, pues, un caso atípico; y Zuckerberg se equivoca de medio a medio.

Eso es música para mis oídos de mediana edad, sin duda, pero aquí el titular no es «Las personas mayores son más inteligentes», sino que los seres humanos pueden ser creativos a cualquier edad porque hay diferentes tipos de creatividad. David Galenson, un economista de la Universidad de Chicago, sostiene que existen dos tipos básicos de innovadores: los «conceptuales» realizan grandes avances repentinos cuando todavía contemplan su disciplina con ojos de novato, lo que suele suceder a una edad temprana, mientras que los «experimentalistas» se basan en el método de ensayo y error, así como en la experiencia y el conocimiento acumulados, y, por lo tanto, tienden a producir su trabajo más original en una etapa posterior de la vida. Ambos tipos pueden coexistir dentro de una misma disciplina. Entre los economistas ganadores del Premio Nobel, los conceptuales alcanzan su momento de mayor rendimiento casi dos décadas antes que los experimentalistas. Si bien Orson Welles tenía 25 años cuando filmó *Ciudadano Kane*, Alfred Hitchcock rodó sus tres películas más populares —*Psicosis, Vértigo* y *Con la muerte en los talones*— entre los 59 y los 61. Mientras que Robert Frost escribió el 92 % de sus poemas más reproducidos después de su cuadragésimo cumpleaños, Sylvia Plath sacudió el mundo de la poesía cuando solo tenía veintitantos. Las primeras obras de Picasso se cotizan más que las últimas, pero, en cambio, con Cézanne sucede lo contrario.[6]

Necesitamos tanto innovadores conceptuales como experimentales, pero hoy el mundo está cambiando de maneras que favorecen a estos últimos. Muchas disciplinas han madurado hasta el punto de que en el futuro solo se harán grandes avances mediante el dominio de múltiples ámbitos y basándose en el trabajo realizado por otros. Dicho de otro modo, esos avances dependerán de dos cosas que solo el envejecimiento puede proporcionar: tiempo y experiencia. Actualmente, los premios Nobel ya están alcanzando su momento de máxima creatividad en una etapa de su vida cada vez más tardía; en física, por ejemplo, tienden a hacer sus grandes descubrimientos en torno a los 50 años.

John Goodenough es un ejemplo no solo en lo referente al florecimiento personal tardío, sino también en relación con la idea de que dicho florecimiento no tiene por qué verse interrumpido. En 1946, cuando empezó a estudiar física en la Universidad de Chicago, a los 23 años de edad, un profesor le dijo que ya era demasiado viejo para descollar en esta disciplina. Obviamente, no se trataba más que de un disparate edadista. Tres décadas después, a los 57 años, Goodenough contribuyó a inventar la batería recargable de iones de litio. Pero no se detuvo ahí. En 2017, poco después de cumplir los 94 años, el equipo que actualmente dirige en la Universidad de Texas, en Austin, anunció que había fabricado una nueva batería que resulta mucho más segura, más duradera y de carga más rápida.[7]

De manera similar, cada vez más personas están dejando en ridículo la leyenda de que las matemáticas son patrimonio exclusivo de la juventud. En 2013, Zhang Yitang resolvió uno de los problemas más enojosos de esta disciplina al demostrar que la diferencia entre dos números primos consecutivos sigue siendo finita por muy elevados que sean dichos números; por entonces tenía 50 años. Marina Ratner tenía la misma edad cuando saltó a los titulares al vincular la teoría de números con la física del movimiento de los objetos. Tras su muerte, en 2017, un destacado matemático la describió como «uno de los principales ejemplos que contradicen el mito de que las matemáticas son cosa de jóvenes».

Ese mito también está siendo ferozmente criticado en el campo artístico. La Galería Carter Burden de Nueva York, inaugurada en 2009, solo exhibe y vende obras de artistas mayores de 60 años. «Los adultos mayores no dejan de ser quienes son porque lleguen a una determinada edad —afirma Marlena Vaccaro, la directora de la galería—. Los artistas profesionales nunca dejamos de hacer lo que hacemos, y en muchos casos mejoramos a medida que avanzamos». En Gran Bretaña, el prestigioso Premio Turner recompensa las obras originales de artistas visuales. Durante mucho tiempo había que ser menor de 50 años para optar al premio, pero en 2017 se eliminó ese límite de edad. ¿Por qué? Pues porque, en palabras del presidente de la entidad que concede el galardón, Alex Farquharson, «los artistas pueden experimentar un gran avance en su trabajo a cualquier edad».

A cualquier edad: tres sencillas palabras que sirven para elevar la moral tanto si uno está esforzándose por dejar su huella en los inicios de su trayectoria profesional como si le preocupa sentir que se le acaba el tiempo cuando ya está en la tercera edad. Lo cierto es que nunca es demasiado tarde para crear. ¿Adivina el lector cuántos años tenía el ganador del Premio Turner en 2017? Pues 63. Un año después, James Ivory se convertía a sus 89 en la persona de mayor edad premiada con un Oscar en toda la historia del cine, al llevarse la estatuilla al mejor guion adaptado por la película *Call Me by Your Name*.

Independientemente de lo que uno crea, la receta para mantener su cerebro en funcionamiento es la misma. Hacer una dieta saludable, dormir lo suficiente y evitar el excesivo estrés es un buen punto de partida. Pero también vale la pena aplicar la regla —que ya hemos visto— de «o lo usas, o lo pierdes». Como otras partes del cuerpo, el cerebro se desarrolla a base de ejercicio. Relacionarse con otras personas es una forma de mantener esas neuronas activas. Otra es desviarnos de nuestra rutina para realizar tareas que nos requieran un importante esfuerzo cognitivo, que nos obliguen a resolver problemas, a lidiar con la complejidad y aprender cosas nuevas. Lamentablemente, los «juegos mentales» más populares como el sudoku resultan demasiado fáciles para ejercer el efecto deseado: debemos esforzarnos hasta llegar a un punto en el que nos sintamos tan incómodos que queramos parar, y a partir de ahí insistir un poco más. Piense en ello como el equivalente cognitivo de hacer flexiones; ya sabe el dicho: sin esfuerzo no hay recompensa.

A modo de ejemplo, considere el caso de los taxistas de Londres. Para obtener una licencia de taxi en la capital británica hay que memorizar un complejo laberinto de 25.000 calles repartidas en más de 300 kilómetros cuadrados; también hay que conocer la ubicación de 100.000 monumentos y lugares de interés en el mapa. El objetivo es ser capaz de calcular, en el momento en que un pasajero suba a bordo y sin utilizar el GPS, la mejor ruta posible entre dos puntos cualesquiera de la ciudad. Para lograr tan extraordinaria hazaña —conocida en inglés como The Knowledge («el Conocimiento»)—, los candidatos pasan de tres a cuatro años recorriendo Londres en ciclomotor y memorizando hasta el último rincón; en otras palabras, haciendo «flexiones» cognitivas. Luego se someten a una serie de temibles exámenes que solo aprueban el 50 %.

En un experimento trascendental, un equipo de científicos utilizó la técnica de IRMf para monitorizar los cerebros de un grupo de personas que estudiaban «el Conocimiento». Las conclusiones fueron muy claras: toda esa intensa memorización hace que el hipocampo, la parte del cerebro responsable de la memoria, aumente de tamaño. Y la recompensa cognitiva dura hasta una edad muy avanzada: hay muchos taxistas londinenses septuagenarios, y uno de ellos colgó las llaves de su taxi nada menos que a los 92 años.[8]

Se han observado beneficios similares en personas que realizan hazañas de aprendizaje mucho menos agotadoras que «el Conocimiento». Denise Park, directora de investigación del Centro de Longevidad Vital de la Universidad de Texas, en Dallas, realizó un experimento en el que invitó a un grupo de personas mayores de 60 años a pasar 16 horas y media a la semana aprendiendo fotografía digital desde cero. Al cabo de tres meses, el 76 % de ellos obtuvieron calificaciones más altas en una serie de pruebas de memoria. Los escáneres cerebrales también revelaron un fortalecimiento del circuito neuronal relacionado con la atención y la concentración, cuyos efectos duraron más de un año una vez finalizado el curso fotográfico.[9]

Que el cerebro siga siendo maleable en la tercera edad es una buena noticia para nuestra creatividad. Muchos innovadores conceptuales pierden fuelle no debido al envejecimiento en sí, sino porque dejan de hacer sus «flexiones cognitivas». Se duermen en los laureles otorgados por su temprana genialidad; dejan de experimentar y de arriesgarse; se vuelven cautivos del *statu quo*. Dado que este estrechamiento de miras no es un efecto secundario inevitable del envejecimiento, podemos tomar medidas para evitarlo. ¿Cómo? Adoptando una mentalidad experimental, lo que implica esforzarse en buscar nuevos retos y probar cosas nuevas, especialmente las que cuestan un gran esfuerzo como las flexiones. Tratando el envejecimiento como un proceso en el que se abren puertas en lugar de cerrarse.

George Saunders es un buen ejemplo de ello. Tras una larga carrera escribiendo relatos breves y haciendo periodismo, publicó su primera novela cuando se acercaba a la sesentena. Y no una novela cualquiera: narrada por 162 fantasmas, *Lincoln en el Bardo* es una obra sorprendentemente original que en 2017 ganó el Premio Booker a la mejor novela escrita en lengua inglesa. Si Saunders sigue haciendo sus «flexiones cognitivas», ¿quién sabe qué nuevo terreno literario podría explorar en la setentena o después?

Buscar la novedad incluso puede hacer que sigamos siendo relevantes en ámbitos que veneran a la juventud. Aunque Steve Jobs fue un innovador conceptual al ser cofundador de Apple a la edad de 21 años, siguió siendo un pensador inquieto, siempre jugando con nuevas ideas. A los 50, mucho después de que Zuckerberg lo hubiera «desahuciado», lideró una segunda revolución creativa al lanzar el iPhone y el iPad. O fijémonos en la música popular. Muchas estrellas del pop brillan en el cielo como supernovas cuando son jóvenes y luego pasan el resto de su vida exprimiendo el mismo tema *ad infinitum*. Mick Jagger, estoy pensando en ti. Otros, en cambio, siguen rompiendo moldes creativos hasta el final. Leonard Cohen,

B. B. King y Johnny Cash encajan en esta categoría, pero el santo patrono pop de los innovadores en la tercera edad no puede ser otro que David Bowie, quien siguió asumiendo riesgos, probando nuevos sonidos y estilos, forzando los límites de su propia comprensión y talento, y buscando nuevas formas de explorar el mundo y explorarse a sí mismo. No todo lo que hizo fue maravilloso, pero su luz creativa seguía brillando con tanta intensidad cuando se estaba muriendo de cáncer a finales de la sesentena como lo había hecho cuando seducía al mundo con sus *alter egos* como Ziggy Stardust y The Thin White Duke a los veintitantos. Su primer musical, *Lazarus*, se estrenó apenas un mes antes de su muerte en 2016, mientras que su último álbum, *Blackstar*, era un magistral canto del cisne que mezclaba el jazz, el funk, la música electrónica y el art rock de formas tan novedosas como sorprendentes. Un crítico lo calificó como «el último movimiento de una carrera infinitamente impredecible». Mac, que es más de diez años mayor que Bowie cuando murió, canaliza ese mismo espíritu. «Aun después de todos estos años, sigo buscando esa pepita, ese nuevo giro», explica.

Para seguir creando en la tercera edad, hay que seguir aprendiendo; y aquí, una vez más, la ciencia tiene buenas noticias para nosotros. Sí, es cierto que en las dos primeras décadas de vida es cuando el cerebro tiene una mayor plasticidad. Se forman más fácilmente nuevas conexiones, y también las existentes se fortalecen o debilitan con mayor facilidad; de ahí que los niños absorban el conocimiento como esponjas. Pero eso no significa que al cumplir los 20, o los 40, los 60 o los 80, nuestra capacidad de aprendizaje se desplome, sino todo lo contrario. El principal obstáculo para aprender en la tercera edad *no* es el envejecimiento del cerebro: son los estereotipos edadistas, que erosionan nuestra confianza y nos desincentivan ya de entrada para probar cosas nuevas.

El antiguo dicho de que «no puedes enseñar trucos nuevos a un perro viejo» ni siquiera es cierto para los perros. El vocabulario, el conocimiento general y la destreza siguen aumentando hasta bien entrada la vejez. Es más, en aquellos ámbitos que nos resultan familiares podemos aprender «nuevos trucos» con mayor rapidez en la tercera edad. En una encuesta realizada por la firma Buck Consultants, dos terceras partes de los empresarios afirmaban que los trabajadores mayores aprendían nuevas tareas más deprisa que los más jóvenes,[10] y aunque el aprendizaje en los ámbitos con los que no estamos familiarizados nos lleva un poco más de tiempo, todavía podemos seguir aprendiendo; eso sí, a menudo con mayor disciplina, autorreflexión y análisis de los que se requeriría en nuestra juventud. Basta echar un vistazo a la lista de personas que han pasado a dominar nuevas habilidades tras cruzar la «línea roja» de la treintena: Andrea Bocelli empezó a cantar ópera a la edad de 34 años, y Julia Child tenía casi 40 cuando aprendió a cocinar. Vera Wang se reinventó a sí misma como diseñadora de moda a los cuarenta y tantos. Marie Curie aprendió a nadar en la cincuentena; Tolstói, a montar en bicicleta en la sesentena, y Jens Skou, premio Nobel de Química, dominó la programación informática siendo septuagenario. Cuando a sus 91 años un alumno le preguntó por qué seguía practicando, el violoncelista Pau Casals respondió: «Porque sigo haciendo progresos».

Uno de mis ejemplos favoritos de aprendizaje de la tercera edad es Mary Ho. A los sesenta y pocos años decidió cumplir un sueño de toda su vida: tocar la guitarra. Como no sabía leer música, practicó acordes y notas hasta que le sangraron los dedos. A la larga llegó a dominar tanto la guitarra acústica como la eléctrica. Hoy, Ho es conocida como la «Abuela Mary» en su Singapur natal, donde ofrece conciertos benéficos y ha lanzado un álbum de música latina. Sus vídeos han acumulado más de un millón de visitas en YouTube. Ataviada con un llamativo vestido rojo y turquesa, en 2017, durante el desfile del Día Nacional de Singapur, Ho hizo trizas su guitarra eléctrica en medio de una estridente ovación. Tenía entonces 81 años.

Obviamente, no todos los que llegan a la tercera edad pueden —o posiblemente ni siquiera querrían— imitar a Jimi Hendrix en el escenario. Pero el espíritu de «a por todas» que representa Ho es una guía para todos nosotros. Constituye un recordatorio de que el aprendizaje es mucho más que una herramienta para aprobar exámenes o conseguir un empleo en nuestros años de juventud. Si pretendemos envejecer con espíritu audaz y sacar el máximo partido de la revolución de la longevidad, debemos considerar el aprendizaje como una forma de vida a cualquier edad. La novedad nos mantiene sanos, activos y satisfechos. Dominar nuevos conocimientos y habilidades constituye asimismo la mejor manera de seguir siendo útiles en un mundo laboral que hoy está cambiando con rapidez. «Quienes dejan de aprender se vuelven viejos, tengan veinte años u ochenta —decía Henry Ford—. Quienes siguen aprendiendo se mantienen jóvenes».

Por fortuna, hoy el mundo empieza a dejarse seducir cada vez más por el concepto de aprendizaje permanente. Singapur dio un buen ejemplo de ello en 2016 al proporcionar a cada uno de sus ciudadanos mayores de 25 años la suma de 500 dólares para que se lo gastaran en capacitación, mentorías, estudios universitarios o cursos en línea. Actualmente, Internet es un inmenso bufé libre donde personas de todas las edades realizan toda clase de cursos, que van desde el marketing y la administración de empresas hasta el diseño de videojuegos y la ciencia de datos. Hoy, en Estados Unidos, una tercera parte de todos los estudiantes universitarios que trabajan tienen entre 30 y 54 años.

Es este un avance que debe celebrarse, pero hacen falta cambios más profundos. Tenemos que reescribir las normas relativas a los puestos de trabajo para contemplar la posibilidad de tomarse años sabáticos para aprender a lo largo de toda nuestra trayectoria profesional. Las universidades deben facilitar la entrada y la salida de su torre de marfil en todas las etapas de la vida. Asimismo, hace tiempo que tenemos una revolución pendiente en el ámbito de la educación infantil: necesitamos más escuelas donde la norma sea asumir riesgos intelectuales, donde se acepte el fracaso como un trampolín para lanzarse a una comprensión más profunda, y donde se enseñe a aprender como una habilidad en sí misma. También debemos hacer mucho más para fomentar la buena forma física.

La creencia de que mantener el cuerpo en forma es bueno para la mente se remonta a los albores de la medicina: la expresión *mens sana in corpore sano* proviene de la Antigua Roma. Hoy en día, los científicos consideran el ejercicio una especie de «píldora milagrosa» no solo para el cuerpo, sino también para el cerebro. Como expresaba un artículo publicado en el blog de la Facultad de Medicina de Harvard: «El ejercicio aeróbico es clave para tu cabeza, tal como lo es para tu corazón».

De ahí que mantenerse activo forme parte de la rutina de tantas personas creativas. Steve Jobs fue un gran aficionado a andar. Bowie se mantuvo en forma gracias al boxeo. El dibujante Mac, que fue un entusiasta deportista en su juventud, recorre cada día un parque cercano a paso ligero, además de jugar al golf regularmente. Mary Ho suda cada día la camiseta en su clase de baile.

Nadie sabe con certeza por qué el ejercicio es tan bueno para el cerebro. Una teoría sostiene que proporciona un chute de energía y oxígeno al incrementar el flujo sanguíneo. Otra afirma que activa el metabolismo del cuerpo, lo que a su vez estimula el crecimiento neuronal. Lo que resulta obvio a partir de numerosos estudios es que el ejercicio aeróbico regular puede ayudar a mantenernos cognitivamente en forma.[11] Así, por ejemplo, se ha demostrado que hacer ejercicio favorece el crecimiento tanto de la materia blanca como de la materia gris en los lóbulos frontal y temporal, además de incrementar el tamaño del hipocampo creando nuevas células cerebrales (tal como ocurría al estudiar «el Conocimiento»). «Resulta de lo más impresionante hasta qué punto el ejercicio físico afecta al funcionamiento de nuestro cerebro», comenta Ursula Staudinger, directora y fundadora del Centro de Envejecimiento Robert N. Butler de la Universidad de Columbia en Nueva York.

¿Cuánto ejercicio es necesario para disfrutar de este dividendo cognitivo? Una vez más, no hace falta practicar deportes extremos o correr maratones: según recomiendan los expertos, parece que es suficiente con unos 45 minutos de ejercicio moderado —montar en bicicleta, nadar, correr o incluso caminar a paso ligero— al menos tres veces por semana. Eso no está lejos de la receta para mantener el cuerpo en forma, lo que significa que podemos matar dos pájaros de un tiro. Y aunque es cierto que cuanto más jóvenes empecemos mejor, nunca es demasiado tarde para cosechar los beneficios: incluso las personas que empiezan a hacer ejercicio siendo sexagenarios, septuagenarios u octogenarios experimentan mejoras en su función cognitiva al cabo de tres meses y cambios neuronales persistentes al cabo de seis.

Hasta es posible que el ejercicio ayude a combatir la que podría ser la nube negra cognitiva más preocupante que se cierne sobre la revolución de la longevidad: la demencia. Actualmente, unos 50 millones de personas padecen este trastorno, y se espera que la cifra llegue a los 75 millones en 2030. La demencia es hoy la principal causa de muerte entre las mujeres en Inglaterra, Gales y Australia, y puede afectar al 70 % de las personas que viven en residencias de ancianos en todo el mundo. No es solo que no tenga cura: es que, de entrada, ni siquiera sabemos por qué aparece. Pese a ello, el panorama no es tan apocalíptico como proclaman los titulares. Si bien es más probable que ocurra en la tercera edad, la demencia no es —repito, *no es*— una parte inevitable del envejecimiento. Alrededor del 17 % de las personas mayores de 80 años la padecen, pero eso significa que el 83 % restante no.[12] Es más, los datos más recientes sugieren que la media de edad a la que aparece la demencia está aumentando, mientras que los porcentajes de población afectada están disminuyendo en todas las edades. Los expertos lo atribuyen a que cada vez somos más los que seguimos los consejos más acertados acerca de cómo mantener nuestro cerebro en buen estado de funcionamiento: comer de manera más saludable, fumar y beber menos, y ejercitar cuerpo y mente. Dado que actualmente se está realizando una gran inversión en dinero y personal en la investigación de la demencia, los estudios longitudinales que ya están en marcha podrían traducirse en planes personalizados de prevención y tratamiento en el plazo de una década. Como director del Centro para la Prevención de la Demencia de la Universidad de Edimburgo, Craig Ritchie está en la vanguardia de la investigación sobre la enfermedad. Él cree que llevamos camino de descubrir cómo prevenir la demencia mediante una combinación de fármacos y cambios en nuestro estilo de vida. «Dentro de diez o quince años seremos capaces de decir: "Usted tiene este nivel de riesgo, y puede hacer tal cosa, tal otra y tal otra para reducirlo, o incluso eliminarlo por completo". Yo soy muy optimista con respecto al futuro», afirma.

La carrera para derrotar a la demencia podría incluso ayudar a desvelar los secretos de la creatividad. Algunas personas descubren que al contraer la enfermedad se vuelven mucho más creativas. Nadie sabe por qué ocurre tal cosa, pero una teoría sostiene que, al «apagarse» determinadas partes del cerebro, otras fluyen y se activan con mayor libertad. Esa no es, obviamente, una razón para intentar contraer demencia, pero sí constituye un recordatorio de que el cerebro es un órgano extraordinariamente flexible y resistente, con una gran potencia creativa.

Si sabemos tratar adecuadamente a este órgano, la mayoría de nosotros podemos esperar seguir creando, innovando y aprendiendo durante una vida más longeva. Y también podríamos desencadenar una revolución en el mundo del trabajo.

4

TRABAJO: VIEJAS MANOS A LA OBRA

Ejerce tus talentos y destaca,
y no pienses en retirarte del mundo
hasta que el mundo lamente que te retires.

SAMUEL JOHNSON

Velma Bascome podría ser la típica abuelita que se pasa el día haciendo punto. Tiene 70 años, y, ciertamente, también es una gran aficionada al punto. Pero ahí termina el estereotipo. Bascome es ante todo la empleada estrella de WOOLN, una empresa que diseña, fabrica y vende prendas de punto de alta gama en la ciudad de Nueva York. Teje sombreros, mantas y bragas de cuello de cachemira, lana merina y alpaca que se venden por cientos de dólares en Internet.

Cuando nos reunimos en un café, en la acera de enfrente de la sede de la empresa, en Manhattan, Bascome está trabajando arduamente en una nueva manta de punto de espiga. Vestida con vaqueros y una camiseta de rayas azules y blancas, parece una de esas hiperactivas *influencers* que actualmente abundan en Instagram. Aunque estamos en enero y hoy hace frío, sus pies desnudos solo están protegidos por unas ligeras sandalias: es su réplica vitalicia a la estricta política que imponía el uso de calcetines en la escuela religiosa de su juventud. En la mesa descansa un iPad lleno de diseños, patrones y fotos de su trabajo.

Me acomodo en mi silla para ver a Bascome en acción. Sus manos, pequeñas y ágiles, se mueven con rapidez sobre la lana rosada, mientras las agujas cromadas entrechocan entre sí haciendo un ruido parecido a las fichas del *mahjong*. Para poder dominar la puntada, primero está haciendo una mues-

95

tra para enseñársela a su jefa. Después de tejer durante unos minutos, se detiene y observa el material con mirada intensa y el rostro inmóvil por la concentración. Cuenta dos veces los puntos. «Veo unos cuantos errores, pero no entiendo por qué la pasada no cuadra —me dice—. Ya lo hará».

Dado que crecí en una familia donde había una gran afición a hacer punto, sé reconocer a un maestro en este arte cuando lo veo; y resulta que Bascome tiene un auténtico pedigrí. En la década de 1970 empezó a trabajar para empresas de hilados en Nueva York, y descubrió que tenía una extraña habilidad para poner por escrito las instrucciones necesarias para tejer una prenda de vestir con solo mirarla. «Era como un músico que escribiera música de oído», explica. Más tarde obtuvo una licenciatura en ciencias en la universidad y se dedicó a enseñar biología y física en secundaria, pero nunca ha dejado de hacer punto y ganchillo por diversión. Actualmente, cuando no está dando clases de costura en una universidad local, teje sus propios diseños, ya sea en su cama en casa, ya sea por toda Nueva York. «Para mí nunca es trabajo, porque cuando cojo las agujas me relajo —explica—. En casa tengo un montón de hilos y proyectos al lado de la cama, de modo que puedo tejer, quedarme dormida y despertarme con una solución a un problema. Tejo durante todo el día y todos los días de la semana, y me encanta porque es muy creativo». Ahí está otra vez: la creatividad acompañándonos en la tercera edad.

Cuando le pregunto a Bascome sobre los pros y los contras del envejecimiento, se encoge de hombros como si jamás se le hubiera ocurrido pensar en ello. «Nunca me ha preocupado envejecer, ni he mentido nunca sobre mi edad —me dice—. Si estás haciendo lo que te hace feliz, la edad no tiene demasiada importancia».

Una vez terminada la muestra, cruzamos al otro lado de la calle para que la examinen. La sede de WOOLN es una sala larga de paredes enjalbegadas, llena de ovillos de lana, libros de diseño, patrones, retales y prendas de vestir a la espera de ser expedidas. Al mismo tiempo ejerce la función de vivienda y estudio de pintura de la jefa de Bascome, Faustine Badrichani. En las paredes se apoyan alrededor de una docena de sus cuadros, lo que incrementa la atmósfera bohemia de la empresa. Las dos mujeres se saludan cordialmente, y luego se ponen a trabajar.

Badrichani inspecciona la muestra de lana rosada, tirando suavemente del material, alzándolo a la luz, presionándolo contra su mejilla... «Bien, bien, ya falta poco», dice ella, con un tono de voz profesional. Bascome promete averiguar por qué las puntadas no cuadran. «Genial, sé que lo harás —le dice Badrichani, sonriendo—. Siempre lo haces».

Cuando se marcha Bascome, Badrichani me explica que WOOLN se tropezó con ella por casualidad. Para dar a su empresa un carácter más social, en un primer momento ella y su socia se propusieron contratar como tejedoras a miembros de comunidades de inmigrantes de bajos ingresos. Cuando su plan naufragó en un mar de burocracia, decidieron recurrir a personas mayores. Hoy en día, en sus campañas de marketing, WOOLN presume de contar en su plantilla con nueve mujeres de sesenta y tantos y setenta y tantos años, a las que denomina «las abuelas geniales» y de las que publica divertidos perfiles en su sitio web; asimismo, añade una etiqueta con la firma de la tejedora a cada una de sus prendas de vestir. El hecho de que estas estén confeccionadas a mano por mujeres mayores tiene muy buena acogida entre la clientela de la empresa, mayoritariamente joven y muy al día en cuestiones de moda. Pero WOOLN no es en absoluto una firma testimonial: sus tejedoras mayores están exactamente igual de cualificadas y son igual de creativas que las empleadas más jóvenes de sus rivales. Sacan partido de su experiencia y pueden enseñarles más de un truco a los diseñadores de treinta y tantos. Hace poco, Bascome ideó una forma más pulida de rematar los bordes de las prendas, que ahora se utiliza en toda la gama de la empresa.

Mientras me pruebo una suntuosa braga de cuello de alpaca, le pregunto a Badrichani qué ha aprendido del éxito de WOOLN. «Es fácil —me responde—. Si puedes hacer el trabajo, no importa en absoluto la edad que tengas».

Esta fue una idea predominante en el pasado, y no solo en el mundo de los tejedores. Teóricamente se esperaba que los soldados de infantería griegos y romanos dejaran el ejército a los 60 años, pero en los registros históricos son raros los casos en los que el mero hecho de cumplir esa edad se traducía automáticamente en su retiro. En el mundo premoderno, la edad, en cuanto cifra, contaba poco en el puesto de trabajo: lo que importaba era lo bien que hacías tu oficio. Curtidores, herreros, sirvientes, tejedores, granjeros, médicos, carniceros, panaderos, fabricantes de candelabros... Todos aquellos que necesitaban trabajar seguían haciéndolo hasta que la muerte o la decrepitud se lo impedían. La experiencia era un activo valorado. En 1393, la corte francesa requirió los servicios del médico Guillaume de Harcigny, que entonces tenía 92 años, para ayudar al rey Carlos VI a recuperarse de un coma inducido por un episodio de demencia. Entre 1400 y 1600, la media de edad de los dogos venecianos fue de 72 años.

¡Qué distintas son hoy las cosas! La noción de que en el trabajo «cuanto más joven, mejor» se afianzó durante la Revolución industrial. El mundo moderno, con sus cadenas de montaje y su tecnología siempre cambiante, pasó a recompensar y exaltar la velocidad y el vigor de la juventud. En 1913, un analista estadounidense supo detectar la presencia de un edadismo galopante en el ámbito laboral: «En la búsqueda de una mayor eficiencia..., el cabello gris ha pasado a identificarse como un testimonio imperdonable de imbecilidad industrial, y la experiencia, la invariable compañera del avance de los años, en lugar de valorarse como lo requeriría el sentido común, se ha convertido en una desventaja tan grande como para hacer prácticamente imposible la contratación de su poseedor para desempeñar tareas y deberes para las que lo ha capacitado el trabajo de toda su vida».[1] En 1965, el 60% de las empresas estadounidenses tenían por norma no contratar a nadie por encima de los 45 años.[2] Hoy en día, aunque la mayoría de los países la han prohibido oficialmente, la discriminación por razones de edad sigue siendo endémica en el ámbito laboral. Muchos empresarios siguen prefiriendo contratar a gente joven, y encuentran formas de hacerlo sin que los demanden. En un estudio realizado en Estados Unidos, un equipo de investigadores presentó solicitudes de empleos de baja cualificación aportando 40.000 currículums falsos.[3] Los perfiles eran más o menos idénticos, aparte de las edades, que iban de poco menos de 30 años a poco menos de 70. ¿Adivina el lector quiénes recibieron más llamadas de respuesta? Los candidatos de 29-31 años recibieron un 19% más que los de 49-51, y un 35% más que los de 64-66. El mismo estudio encontró que entre las solicitantes mayores de sexo femenino que aspiraban a puestos de ventas la tasa de llamadas era un 36% inferior a las de sus rivales más jóvenes, mientras que para los empleos administrativos la cifra era del 47%. Otra investigación ha revelado que cada año de edad adicional reduce las probabilidades de que un sexo consiga una entrevista de trabajo en un 4-7%.[4]

En ocasiones, el edadismo se integra directamente en el *software* utilizado para buscar trabajo en Internet. Recientemente, los investigadores de la oficina del fiscal general de Illinois han encontrado sitios web de ofertas de empleo con menús desplegables en los que las fechas de asistencia a la escuela o a la universidad no se remontaban lo bastante atrás como para admitir a nadie mayor de 70, de 60 o incluso, en algunos casos, de 50 años. Una investigación realizada conjuntamente por la agencia de noticias ProPublica y el *New York Times* reveló que muchas importantes empresas utilizan Facebook y Google para asegurarse de que solo los candidatos más jóvenes vean sus anuncios de ofertas de empleo.[5]

Incluso cuando los solicitantes de mayor edad llegan a meter un pie en la puerta, a menudo acaban siendo objeto de un eufemístico rechazo. Se los juzga «excesivamente cualificados» o «demasiado preparados para esta función», o bien se les dice que tienen «demasiada experiencia» o que el trabajo «les resultará aburrido». No son más que eufemismos para decir «queremos a alguien más joven que tú».

Envejecer en el puesto de trabajo también puede resultar bastante desalentador. Las empresas utilizan toda una serie de trucos para empujar al personal maduro hacia la rampa de salida, desde negarles ascensos hasta pasarlos a labores menos atractivas. Un estudio europeo reveló que los empleados de mayor edad tienen más probabilidades de verse aislados y excluidos de los proyectos de equipo, y menos de recibir capacitación, de entrar en contacto con la tecnología o de ser invitados a abordar nuevos problemas.[6] Incluso quienes no muestran el menor signo de flaquear pueden sentir el nudo del edadismo apretándoles la garganta. Mac pasó más de treinta años trabajando para el *Daily Mail* con un contrato que solo podía anularse por cualquiera de las dos partes avisando con tres años de antelación. En su sexagésimo quinto cumpleaños, el periódico redujo ese periodo a seis semanas. «Por si pierdes la chaveta, me dijeron», me explica en tono irónico. Pero tal vez Mac tuviera suerte por el mero hecho de que le ofrecieran un contrato, dado que un estudio encargado por el Gobierno del Reino Unido identificó la existencia de un consenso tácito en el mundo empresarial británico según el cual los hombres dejan de ser dignos de progresar en su carrera al mediar la cincuentena, y las mujeres, una década antes.[7]

Esto es un disparate monumental. Jubilar a la gente basándose únicamente en su fecha de nacimiento no tiene ningún sentido, y no solo por el hecho de que hoy nos mantenemos en forma y en buen estado de salud mucho más tiempo que nunca. Es que además el mundo ha cambiado. Puede que el edadismo tuviera sentido durante la Revolución industrial porque con un cuerpo más viejo el trabajo en las fábricas resultaba más difícil de realizar. En cambio, en el moderno ámbito laboral, la fuerza muscular cuenta cada vez menos: lo que importa es la potencia cognitiva; y el cerebro humano es capaz de seguir proporcionándola hasta una edad muy avanzada.

Ya hemos visto que el aprendizaje y la creatividad pueden mantenerse, o incluso mejorar, al envejecer. Y, a menos que enfermemos, lo mismo vale para el resto de nuestra gama cognitiva. Llamémoslo sabiduría, razonamiento de orden superior, o como queramos: el caso es que los adultos mayores tienden a tener mayor capacidad de ver las cosas desde una perspectiva más amplia, asumir soluciones de compromiso, sopesar múltiples puntos de vista y aceptar que el conocimiento tiene sus límites. Cuando se afrontan problemas en un ámbito familiar, los cerebros más viejos son más rápidos a la hora de detectar las pautas y los detalles que abren la puerta a encontrar una posible solución. Cuando las empresas establecen buzones de sugerencias, el personal de mayor edad suele generar más y mejores ideas que sus colegas más jóvenes; y las mejores propuestas tienden a venir de los mayores de 55 años.[8] Tras revisar montones de estudios, un equipo de investigadores de la Universidad de Harvard concluyó que hay cuatro aptitudes clave que no maduran por completo hasta alrededor de los 50 años: la aritmética, el vocabulario, el conocimiento general y la comprensión de cómo funciona el mundo.[9]

Hay más buenas noticias. Diversas investigaciones muestran que el envejecimiento tiende a potenciar nuestra inteligencia emocional.[10] Mejora nuestra capacidad de conocer a la gente, de manera que en un primer contacto somos capaces de recopilar más información sobre ella: extracción social, temperamento, deseos, motivaciones implícitas...[11] La mayor riqueza de nuestro vocabulario nos ayuda a hablar, a escribir y a comunicarnos mejor, y asimismo mejora nuestra capacidad de cooperar y de negociar. También somos más capaces de ponernos en el lugar de otras personas, encontrar soluciones de compromiso y resolver conflictos.[12] Diversos estudios han mostrado que, cuando se pide a varias generaciones distintas que respondan a las cartas enviadas a un consultorio sentimental profesional, son los encuestados de mayor edad, especialmente los mayores de 60 años, los que tienden a dar mejores consejos.[13] Otra investigación sugiere que el envejecimiento incluso hace que nuestro sentido del humor resulte más agradable: preferimos las bromas que unen a las personas, en lugar de las que se hacen a expensas de otros.[14] También nos hace menos propensos a los cambios de humor bruscos y más capaces de afrontar los sentimientos negativos como la ira, el miedo y la envidia.[15] En otras palabras, nos resulta más fácil mantener la cabeza en su sitio cuando todos a nuestro alrededor pierden la suya.

De ahí que las compañías de autobuses en Bangkok actualmente alienten a sus conductores a seguir trabajando después de la edad de jubilación tradicional, los 60 años. La capital de Tailandia es un auténtico caos circulatorio, un batiburrillo de ciclomotores y motocicletas, viejos cacharros traqueteantes, vehículos todoterreno con los vidrios tintados, camiones y autobuses antediluvianos, bicicletas, taxis, peatones imprudentes y triciclos. Los límites de velocidad y otras leyes de tráfico se ignoran con total impunidad. En mi primera noche aquí, un autobús se precipita contra un carrito de comida en Chinatown, desparramando por el asfalto los *woks*, los *dumplings* (bolas de masa hervida) y el agua hirviendo. Una camarera de un puesto cercano se limita a encogerse de hombros y dice: «¡Gajes del oficio!».

A la mañana siguiente me subo a un autobús a pocas calles de distancia. Es uno de esos días calurosos y húmedos en los que escasean la paciencia y la buena voluntad. Wichai Boontum está al volante. Tiene 56 años, cabello entrecano, la mirada atenta y unas maneras geniales. Conducir por la misma ruta durante treinta y seis años le ha proporcionado un asiento de primera fila en las vidas de sus pasajeros: los ha visto crecer, enamorarse, iniciar carreras profesionales, arruinarse, tener hijos, morir... Cierto niño con tendencia a quedarse dormido en el asiento trasero es hoy un exitoso maestro de escuela. En Año Nuevo, los pasajeros de Boontum le obsequian con calendarios y dulces.

Mientras permanecemos detenidos en un semáforo en rojo, con el autobús vibrando y resoplando como un dragón con cólicos, le pregunto cómo ha evolucionado su conducción a lo largo de los años. «¡Bueno, estoy mucho, mucho mejor ahora que soy mayor —me dice—. Mis reflejos siguen siendo buenos y puedo manejar el autobús como siempre, pero tengo mucha más calma y mucho más cuidado, que es justo lo que necesitas para sobrevivir en Bangkok».

Boontum no está solo. A la larga, muchos de nosotros llegaremos a un punto en que nuestra visión, nuestros reflejos, nuestra fuerza y nuestra capacidad para evaluar la velocidad se habrán deteriorado tanto que nos convertiremos en una amenaza para la seguridad vial. De ahí viene el estereotipo del conductor chocho. «Nunca hay que conducir ebrio o utilizando un teléfono móvil —dice bromeando mientras recorre Bangkok—: es casi tan peligroso como conducir sobrio a partir de los sesenta». Pero el estereotipo es engañoso, y la broma, errónea. Al igual que ocurre con muchas otras habilidades en la vida, la mayoría de nosotros podemos seguir conduciendo más allá de nuestro sexagésimo cumpleaños en la medida en que encontramos formas de compensar lo que el envejecimiento nos arrebata. Nos volvemos más cautelosos al volante, lo cual, por irritante que resulte para los más impacientes de entre el resto de los conductores, nos hace más seguros: los archivos de la policía británica muestran que los conductores menores de 25 años tienen el doble de probabilidades de matar a un peatón que los que tienen más de 70.[16] El hombre que estrelló su autobús contra aquel carrito de comida china en Bangkok tenía unos veintitantos años. Boontum lleva más de una década sin verse involucrado en ningún accidente.

No mucho después de iniciado nuestro trayecto, nos detenemos en un concurrido cruce. Para proseguir su ruta tiene que atravesar tres carriles de tráfico incesante. En Bangkok, estos momentos suelen ser preludio de conciertos de bocinas, chirridos de frenos, gestos groseros y colisiones. Cuando se abre un pequeño hueco en el tráfico, Boontum menea la cabeza y dice: «Alguno de los chicos más jóvenes probablemente saldría y se arriesgaría ahora, pero yo no». En lugar de ello, espera, con el pie derecho suspendido pacientemente sobre el pedal del acelerador. Cuando se abre otro hueco en el tráfico, me sorprendo a mí mismo deseando que lo pise y pensando: «¡Venga, puedes hacerlo!». Pero Boontum se mantiene firme. Finalmente, cuando se abre un espacio considerable, pisa el gas y cruza tranquilamente los tres carriles. Unas manzanas después, cuando un taxi le corta el paso, Boontum suelta una risita y saluda irónicamente con la mano al agresor. «Los taxis son lo peor», comenta. La misma sangre fría que lo mantiene alejado de las discusiones de tráfico también resulta útil cuando hay que tratar con pasajeros iracundos. Hace unos días logró calmar una riña de amantes que amenazaba con volverse violenta. «Al hacerme mayor, he mejorado mucho en el trato con las personas —me dice—. Dado que controlo más mis propias emociones en el calor del momento, puedo mantener mejor la paz».

Cuando rodamos calle abajo por uno de los principales bulevares rozando el límite de velocidad oficial, mientras otros autobuses nos adelantan zumbando, miro a los pasajeros de Boontum para tratar de evaluar su estado de ánimo. ¿Se sienten frustrados por el pausado ritmo de viaje y el rato transcurrido? ¿O aliviados por no andar de sobresalto en sobresalto como en una montaña rusa? Parecen contentos, observando sus teléfonos móviles o mirando por la ventana.

Boontum me lee la mente y me da su propia respuesta: «En esta ciudad, todo el mundo tiene prisa —me dice—. Pero nadie quiere morir por una conducción imprudente». La prolongada carrera de Boontum como conductor de autobús en Bangkok debería reconfortarnos a todos. La paciencia, la calma y la empatía que ha adquirido en la tercera edad constituyen un activo en cualquier trabajo. De hecho, diversos estudios muestran que en los trabajos basados en las habilidades sociales la productividad mejora con la edad.[17] Cuando los investigadores compararon el rendimiento del personal en un centro de atención telefónica de la cadena hotelera Days Inn, encontraron que los empleados de mayor edad pasaban más tiempo hablando por teléfono con los clientes.[18] Podían hablar del tiempo, preguntar por los hijos si se les oía de fondo, o escuchar los planes de vacaciones sin interrumpir. Un derroche de tiempo para la empresa, ¿verdad? Pues no. Resulta que los agentes mayores formalizaban más reservas y generaban más ingresos, gracias a su paciencia y sociabilidad, según sugirieron los investigadores. Esto tiene perfecto sentido para Barbara Jones, una agente de seguros establecida en Prescott, Arizona. Desde el despacho de su casa, vende y gestiona seguros de vida, de salud y de propiedad para una agencia neoyorquina. Para cerrar un trato por teléfono o por correo electrónico, tiene que saber escuchar, leer entre líneas, fingir interés en cosas que le aburren, establecer una buena relación y utilizar siempre el tono y el lenguaje adecuados. Y a sus 69 años, lo hace mejor que nunca. «Siempre he sido muy perceptiva con la gente, pero eso ha mejorado muchísimo a medida que he ido haciéndome mayor», explica.

Jones atribuye la fina sintonización de sus antenas sociales a dos cosas: en primer lugar, a sus años de práctica; y en segundo término, al hecho de que la desaceleración natural que acompaña al envejecimiento ha puesto freno a la impaciencia de su juventud. «Antes iba muy rápido a la hora de juzgar a las personas y descartarlas —me dice—. Ahora es más probable que en una conversación explore las motivaciones reales de las acciones o del pensamiento de una persona. En lugar de presumir de saber lo que quiere o necesita el cliente, escucho atentamente y le repito lo que yo entiendo de lo que me está pidiendo o preguntando. Cuando les dedicas tiempo a los clientes uno a uno, haces la venta, y obtienes su confianza y su lealtad constantes».

No hace mucho, Jones obtuvo una victoria laboral que debería servir para levantar la moral de las personas mayores de todo el mundo. Empezó cuando la agencia le asignó a uno de sus clientes más agobiantes. «Quería información, pero no escuchaba lo que yo le decía y no paraba de enviarme correos cortos y abruptos exigiendo esto y lo otro —me explica—. Siempre iba con prisas, y pasaba al siguiente tema antes de que yo pudiera decir palabra». Jones, como Boontum, mantuvo la cabeza fría. Después de tomarse un tiempo para reflexionar, redactó un correo electrónico donde abordaba de manera clara y concisa todas las preguntas y dudas del cliente. Utilizó frases o párrafos completos para cada respuesta, eligió con gran cuidado sus palabras, y adoptó un tono suave y conciliador. Y funcionó: el cliente firmó en la línea de puntos y la agencia exhibió su correo electrónico como modelo para todos sus agentes de atención al cliente.

El mundo pide a gritos personas con don de gentes. Hoy en día, la colaboración, el trabajo en equipo, el intercambio intercultural, la negociación, la persuasión y la capacidad de establecer contactos constituyen el alma del mundo laboral. Desde 1980, los sectores de la economía que dan prioridad a las habilidades sociales son los que han generado más empleos y salarios más altos.[19] Parece probable que esta tendencia continúe, o incluso se acelere, en la medida en que los puestos de trabajo que requieren menos interacción humana sean eliminados por la automatización y la inteligencia artificial. Todo esto significa que el mundo está cambiando de maneras que favorecen el tipo de inteligencia social que acompaña al envejecimiento, y que la revolución de la longevidad puede ser una bendición, en lugar de una carga.

Otro mito edadista al que hay que jubilar es el de que la ética del trabajo flaquea con la edad y que solo los jóvenes tienen «hambre» de progresar. Towers Perrin, una firma de servicios profesionales, encuestó a 35.000 empleados de medianas y grandes empresas estadounidenses, y encontró que los mayores de 50 años estaban más motivados para «superar las expectativas» que sus colegas más jóvenes.[20] L. L. Bean, un minorista de ropa, emplea en gran medida a trabajadores mayores por dos razones: para empezar, su perspicacia social ayuda a mantener la excelente reputación de la empresa en cuanto a servicio al cliente; y en segundo lugar, su sólida ética de trabajo representa un modelo para el personal más joven.[21]

Cuando realizan un trabajo con un auténtico significado, las personas mayores muestran una especial iniciativa.[22] Mac se mantiene en plena forma. Además de su trabajo con las viñetas, está dando los últimos toques a un libro infantil y tiene entre manos otros planes de publicación para el futuro. «Pese a tener ochenta y un años, todavía albergo muchas ambiciones insatisfechas que tengo muchas ganas de realizar», explica. Lejos de hacerle pensar en retirarse a tomar piña colada junto a la piscina, la visión de los dibujantes más jóvenes pisándole los talones le incentiva a trabajar con más intensidad. «Todavía sigo queriendo competir con ellos —comenta con una amplia sonrisa—. Cada día que voy a la oficina, intento hacerlo siempre lo mejor que puedo». En un mundo en el que la gente cambia de trabajo con el menor pretexto, los trabajadores mayores también pueden representar una inteligente inversión a largo plazo, en la medida en que tienen menos probabilidades de abandonar el barco que los más jóvenes. Mac lleva dibujando viñetas en el *Mail* desde 1971.

Pero ya es hora de abordar la cuestión que más nos preocupa. ¿Qué consecuencias tiene la pérdida de velocidad de procesamiento que acompaña al envejecimiento en el ámbito laboral? ¿Es acaso el beso de la muerte? La respuesta es no. Es cierto que los cerebros más viejos tardan más en recuperar ciertos recuerdos, en absorber información y en resolver problemas basados en las matemáticas. Sin embargo, por más que esto se traduzca en obtener puntuaciones más bajas en las pruebas de laboratorio, el perjuicio causado en el mundo real es insignificante. Ello se debe a que, a pesar de toda esa chulesca retórica del «yo soy más rápido que tú» que impregna muchos lugares de trabajo, en la mayoría de los empleos la velocidad no lo es todo: con frecuencia, ser el que acierta es mejor que ser el primero. De manera similar, la mayoría de las tareas laborales implican múltiples formas de cognición, lo que significa que el cerebro más viejo puede recurrir a sus puntos fuertes —como una mayor capacidad de precisión— para compensar el déficit de velocidad.

Cuando se dan órdenes de tráfico aéreo en un entorno de laboratorio, los pilotos más jóvenes las recuerdan mejor que los mayores.[23] Sin embargo, en una cabina de pilotaje real, son estos últimos quienes aplican dichas órdenes de manera más eficaz. ¿Cómo? Escribiéndolas primero con lápiz y papel, y luego aprovechando toda su experiencia de vuelo. Cuando un equipo de economistas del Instituto Max Planck de Derecho y Políticas Sociales estudió el rendimiento de 3.800 trabajadores durante un periodo de cuatro años en una cadena de montaje de Mercedes-Benz, descubrió que los trabajadores de mayor edad se mantenían a la par que sus colegas más jóvenes a la hora de cometer menos errores graves.[24] En una encuesta similar realizada a mecanógrafas de 19 a 72 años de edad, los investigadores descubrieron que las mayores tenían velocidades de mecanografiado más lentas, pero que, aun así, seguían terminando sus tareas en los mismos plazos que sus compañeras más jóvenes.[25] Al igual que un atleta veterano

que aventaja a los jugadores más jóvenes y rápidos gracias
a su capacidad para leer las pautas y recovecos del juego, las
mecanógrafas más experimentadas sabían leer el texto con
mayor antelación, lo que les permitía escribir con más fluidez
y cometer menos errores. Como asevera un viejo dicho militar: ir despacio es ir fluido; ir fluido es ir deprisa.

«El cerebro
humano es bastante ingenioso a la hora de compensar los
cambios que comporta el envejecimiento —explica Ursula
Staudinger, quien, como ya hemos dicho, es directora y fundadora del Centro de Envejecimiento Robert N. Butler de la
Universidad de Columbia en Nueva York—. Y eso significa
que podemos mantener nuestro rendimiento cognitivo hasta
una edad muy avanzada».

Algunas personas incluso disfrutan de un aumento de velocidad en la última etapa de su vida. Judith Kerr es la escritora
e ilustradora de uno de mis libros infantiles preferidos, *El tigre
que vino a tomar el té*; debo de habérselo leído mil veces a mis
hijos, y nunca pierde nada de su encanto ni de su chispa. Actualmente, Kerr ronda los 95 años y está trabajando en su trigésimo cuarto libro. Un problema de rigidez de cadera le causa
dificultades al caminar, pero en el aspecto cognitivo no siente
que haya perdido ligereza en absoluto. «Dicen que cuando te
haces mayor pierdes velocidad, pero en mi caso parece ocurrir lo contrario: me estoy volviendo más rápida —comenta—.
También creo que estoy mejorando en eso».[26]

Cuando se lo menciono a Bascome, esta asiente con la cabeza: «Ahora soy mejor tejedora porque domino mucho más
el punto —me dice—. Siempre he sido lo bastante rápida como
para adelantarme a los plazos de entrega, pero ahora aún lo
soy más».

Incluso en los casinos de Las Vegas, donde un ingenio vi-
vaz puede marcar la diferencia entre darse a la gran vida
y perder hasta la camisa, a los cerebros de mayor edad se les
está dando cada vez mejor. En 2017, John Hesp, un vendedor
de caravanas inglés de 64 años, vino a la ciudad para partici-

par en el torneo de póker más prestigioso del mundo, tradicionalmente dominado por jugadores jóvenes. Tras vencer a miles de rivales, algunos de ellos profesionales, quedó en cuarto lugar y se llevó 2,6 millones de dólares en premios. De manera similar, los casinos de la ciudad albergan a legiones de repartidores de cartas y crupieres de sienes plateadas. A sus 51 años, Michael Barlow lleva dieciséis trabajando en las mesas de dados de uno de los principales hoteles-casino del Strip, la calle principal de Las Vegas. Cuando me reúno con él, está en plena supervisión de una partida. Hay ocho jugadores agrupados en torno a la mesa, fumando, bebiendo y gritando palabras de aliento a la joven que arroja los dados, mientras suena una pieza machacona de rock clásico como música de fondo. Cada vez que los dados se detienen, Barlow calcula todas las apuestas que hay en la mesa, recoge las fichas perdedoras y paga a los ganadores. También tiene que entablar relación con los jugadores y asegurarse de que nadie hace trampas moviendo las fichas después de que hayan rodado los dados. «En los dados suceden muchas cosas a la vez, y tienes que estar alerta todo el tiempo», me dice.

La buena noticia para Barlow —y para el resto de nosotros— es que la experiencia incrementa el rendimiento. Mientras no nos alejemos demasiado de nuestro ámbito de especialización, mejoramos tanto a la hora de encontrar atajos como en la adquisición de nuevos trucos. Después de una década y media en la mesa de dados, Barlow es capaz de procesar muchas apuestas de manera instantánea por la sencilla razón de que ya las ha visto antes. Su experiencia también hace que le resulte más fácil analizar las apuestas con las que no está familiarizado, y le ayuda a realizar sus propias «flexiones» cognitivas llevando un registro mental de todas las apuestas que ve en la mesa de dados y estudiándolas detenidamente en su tiempo libre. Con su pesada barriga, da la impresión de que sería la última persona en llegar a la salida si el casino se incendiara, pero su cerebro conserva toda su agilidad. «Más bien soy incluso un poco más rápido haciendo cálculos que cuando era más joven —me explica—. Si tengo salud, supongo que podré seguir haciendo este trabajo durante al menos otros veinte años. La idea de que a los 40 o 50 empiezas a ir cuesta abajo es ridícula».

Uno tras otro, todos los estudios están llegando a la misma conclusión con respecto a la mayoría de los trabajos. Peter Cappelli es profesor de administración de empresas en la Escuela Wharton de la Universidad de Pensilvania y experto en recursos humanos. Mientras investigaba para escribir su libro *Managing the Older Worker*, removió cielo y tierra buscando pruebas que demostraran que el envejecimiento erosiona nuestro rendimiento en el trabajo... y no encontró ninguna. «Yo creía que posiblemente los resultados serían confusos —explica—; pero no lo son: todos y cada uno de los aspectos del rendimiento laboral mejoran a medida que envejecemos».

Eso puede explicar por qué las personas mayores están pegando fuerte en el mundo de las empresas emergentes. Cuando escuché por primera vez el término *seniorpreneur*, o «emprendedor sénior»,* mi reacción fue mofarme. Al fin y al cabo, la cultura popular sostiene que el espíritu empresarial, como el aprendizaje y la creatividad, es patrimonio de los jóvenes, que la experiencia está sobrevaluada y que las personas mayores son alérgicas al riesgo. Pero eso siempre ha sido un disparate. Las empresas emergentes nunca han sido un monopolio de adolescentes y veinteañeros alimentados a base de productos energéticos. Jimmy Wales y Jan Koum tenían más de 30 años cuando fundaron Wikipedia y WhatsApp, respectivamente. Fueron cuarentones quienes crearon empresas como Intel, Zynga, Craigslist y Zipcar, mientras que los responsables

---

* Del inglés *senior + entrepreneur*. (*N. del t.*)

de catapultar al éxito otras como Coca-Cola y McDonald's eran cincuentones. Harland Sanders fundó Kentucky Fried Chicken mediada la sesentena.

La creencia de que el envejecimiento erosiona nuestro apetito por el riesgo se remonta a muy atrás en la historia. En el siglo IV, Juan Crisóstomo, un teólogo de la primitiva Iglesia cristiana, observaba: «La vejez nos hace pusilánimes». Pero ¿es eso cierto? Diversas investigaciones recientes muestran un panorama más heterogéneo. Algunos neurocientíficos creen que el descenso de los niveles de dopamina que se produce en el cerebro al envejecer nos hace menos propensos a arriesgar para obtener grandes recompensas. Un estudio realizado en Taiwán reveló que los jefes de mayor edad tienden a rehuir los cambios más radicales y perturbadores. En cambio, otro estudio llevado a cabo en Francia encontró que el envejecimiento *no* incrementa nuestra aversión al riesgo ni en el ámbito laboral ni en las pruebas de laboratorio.[27] Diversas encuestas llevadas a cabo en 104 países por el proyecto Global Entrepreneurship Monitor (GEM) sugieren que el grupo de edad más dispuesto a arriesgarse a montar una nueva empresa es el de las personas de 65 a 80 años,[28] mientras que otra investigación ha revelado que la tolerancia al riesgo varía de una persona a otra, pero, en cambio, se mantiene constante al envejecer.[29]

Lo que resulta evidente es que la edad no convierte automáticamente a todo el mundo en un gallina. Cristóbal Colón tenía cincuenta y tantos cuando emprendió su viaje a través del Atlántico. Tras la fusión del reactor de la central nuclear de Fukushima, en 2011, cientos de ancianos japoneses se ofrecieron como voluntarios para realizar los peligrosos trabajos de limpieza. Betty Bromage, que vive en una residencia de ancianos en Cheltenham, Inglaterra, demostró poseer ese mismo espíritu cuando a sus casi 90 años decidió empezar a practicar *wing-walking*, una actividad que consiste en caminar y realizar diversos movimientos acrobáticos sobre las alas de un aeroplano en pleno vuelo. Cuando un periodista le preguntó si no le asustaba el riesgo, ella respondió: «Bueno, a los 88 años ¿qué más da?».

Por otra parte, los jóvenes son menos atrevidos de lo que solemos creer. Cuando el proyecto GEM encuestó a una serie de jóvenes de 18 a 29 años de edad que habían identificado una oportunidad de negocios, dos de cada cinco declararon que el temor al fracaso les impedía dar el siguiente paso y montar una empresa.[30] No está claro si esto se debe a la creciente deuda que deben asumir los estudiantes para pagarse la carrera, a las consecuencias de la última crisis financiera, a la escasez de ahorros para la jubilación o al hecho de tener unos padres sobreprotectores. Pero lo que sí lo está es que las personas mayores están recogiendo el testigo. Según la Fundación Kauffman, un grupo de expertos especializado en educación y emprendimiento, actualmente en Estados Unidos la década de la cuarentena representa «la edad en la que se registra el punto máximo de formación de empresas», mientras que en Gran Bretaña los mayores de 50 años montan negocios con mayor rapidez que ningún otro grupo de edad. Por otra parte, en Corea, empresas como Hyundai están creando programas para ayudar a los empleados mayores a dar el salto a la actividad empresarial. Tampoco es que los empresarios de edad avanzada se limiten a actuar por inercia: en todas partes están convirtiendo las ventajas que les proporciona la edad —destreza, visión social, ahorros, équilibrio emocional, contactos, experiencia, capacidad de pensar con una perspectiva global, energía creativa, perspicacia para resolver los problemas— en nuevas y prósperas empresas emergentes. Un estudio realizado sobre los 2,7 millones de nuevas empresas iniciadas en Estados Unidos entre 2007 y 2014 llegó a una conclusión que debería servir para levantar la moral de todos los que ya hemos cruzado la «línea roja» de la cuarentena: «No encontramos prueba alguna que sugiera que los fundadores [de empresas] veinteañeros tengan una especial propensión al éxito —escribían los autores—. Lejos de ello, todas las pruebas apuntan a que los fundadores especialmente exitosos montando empresas son los de mediana edad o mayores».[31] En Australia, los fundadores de más edad obtienen más del doble de beneficios que sus rivales más jóvenes.[32]

Un ejemplo es Jenny Holten. En 2017, a la edad de 69 años, participó en la versión australiana del programa *Negociando con tiburones* con la intención de obtener una considerable inversión para su empresa de panadería. Los «tiburones» vieron a una mujer mayor con una dulce sonrisa y una actitud amable, y decidieron que era una ilusa... hasta que se enteraron de que sus panes sin gluten se venden por más de siete veces el precio de coste. Holten salió del estudio con una inversión de 350.000 dólares australianos a cambio de una participación del 25 % en su empresa.

Incluso en el mundo de la tecnología, un mundo que rinde culto a la juventud, cada vez hay más gente que se burla del tópico de que «a los 40 estás acabado». Considere el caso de Yosi Glick. Mientras trabajaba como ingeniero de *software* para una empresa israelí que creaba guías de televisión digital, se fue sintiendo cada vez más frustrado por la escasa precisión de los motores de búsqueda de vídeos. Escriba una palabra clave como «extraño», y aparecerán todas las películas o series de televisión que incluyan dicha palabra en el título; nada más. Glick soñaba con construir un motor de búsqueda más preciso que considerara el estilo, la atmósfera, el tono, el argumento y la estructura del contenido. En otras palabras: que uno pudiera escribir, por ejemplo, «sexy acción histórica» o «similar a *Big Bang Theory*» y obtuviera títulos que encajaran con esas descripciones.

Como muchos empresarios cuando tienen algo metido entre ceja y ceja, Glick dejó su trabajo y pasó un año puliendo su idea y montando un equipo para desarrollar y poner en marcha la tecnología necesaria. Fue una tarea extenuante. Todos hacían largas jornadas, y el dinero era terriblemente escaso.

Casi todas las semanas, Glick recorría medio mundo en avión en clase turista para reunirse con potenciales inversores y socios. Pero a la larga el trabajo dio sus frutos: en 2011, Glick inauguró Jinni, el primer motor de búsqueda del mundo «basado en los gustos», que actualmente utilizan grandes proveedores de contenidos que van desde Comcast y Xbox hasta Telus y Telefónica.

Cuando tuvo su brillante idea, Glick estaba muy lejos del estereotipo de empresario emergente. En lugar de un veinteañero en chanclas, era todo un señor barrigudo de 49 años con una familia de cinco miembros y aficionado a los trajes oscuros. Tampoco formó su equipo con jovenzuelos: ningún empleado tenía menos de 30 años, y el director científico era ya un cincuentón. «Éramos una empresa de gente vieja y gorda», comenta riendo Glick. Ahora, a sus 59 años, vuelve a sentir la necesidad de zambullirse de nuevo en la piscina de las empresas emergentes, y la edad es la última de sus preocupaciones. Aquí va su consejo para cualquiera que se sienta desalentado por la «doctrina Zuckerberg»: «Ser mayor no es un obstáculo para ser un empresario de éxito».

Cuando le pregunto a Glick qué cree que le dio ventaja frente a sus rivales más jóvenes, él responde con una sola palabra: experiencia. Los años que pasó trabajando para una empresa que creaba guías de televisión le enseñaron los entresijos del sector. Sabía cómo funcionaban las bases de datos de videocontenidos, sus puntos fuertes y débiles, y qué resultados habían dado los anteriores intentos de mejorarlas. Tenía los contactos y la confianza en sí mismo que proporciona el hecho de conocer tu oficio. «No basta con despertarse una mañana y decir: "Quiero crear una empresa" —explica—. Yo no podría montar una empresa de barcos de pesca porque nunca he puesto el pie en ninguno».

¿Eso significa que la edad es una ventaja?, le pregunto.

«Sin ninguna duda —me responde—. Mi teoría es que hay algunos problemas empresariales que no puedes resolver si no tienes el conocimiento profundo y la experiencia de un experto en la materia; y es más probable que lo tengas si eres mayor y más sabio».

La experiencia nunca envejece. En una crisis, suele marcar la diferencia entre tomar la decisión correcta o incorrecta en una fracción de segundo. En 2009, un avión de la compañía US Airways chocó con una bandada de barnaclas canadienses poco después de despegar del aeropuerto de LaGuardia, en las afueras de Nueva York. La colisión inutilizó los dos motores. Dado que no había ningún aeropuerto lo bastante cerca como para realizar un aterrizaje de emergencia, la tripulación amerizó el avión en las aguas del río Hudson, en lo que los oficiales calificarían más tarde como «el amaraje de mayor éxito de toda la historia de la aviación». El piloto, Chesley Burnett Sullenberger III, no era precisamente un as de la aviación recién titulado: tenía 58 años. En palabras del informe final, el llamado «Milagro del Hudson» fue un «testimonio de la experiencia». Seis años después, Japón aumentó la edad legal máxima para tripular aviones comerciales a 67 años.

Alargar la edad de jubilación, obviamente, es bueno para las personas que desean o necesitan trabajar más tiempo, pero ¿qué ocurre con todos los demás? ¿La revolución de la longevidad tiene consecuencias negativas para los jóvenes que buscan trabajo? Afortunadamente, no. La creencia popular de que los trabajadores mayores les quitan el empleo a los jóvenes es errónea. El empleo no es un juego de suma cero, puesto que la economía no tiene un número fijo de puestos de trabajo. Cuando las personas —independientemente de su edad— trabajan, gastan una parte de lo que ganan, y, en consecuencia, crean trabajo para otros. El evento de presentación en Shoreditch del que hablábamos anteriormente es solo un ejemplo de cómo el creciente grupo de consumidores mayores está impulsando la innovación en tecnología, productos y servicios. De hecho, la OCDE ha revelado que en los países donde las personas mayores trabajan más también hay un mayor número de jóvenes ocupando puestos de trabajo.[33] La mayoría de nosotros tendremos que trabajar más tiempo que nuestros padres o abuelos, pero no está claro cuánto tiempo más. ¿Por qué? Pues porque intervienen muchas variables, incluida la forma en que evoluciona nuestra salud, nuestra productividad y nuestra cultura del ahorro. Pero las perspectivas no parecen tan alarmantes como cabría pensar. En el marco del proyecto National Transfer Accounts (NTA), un grupo de economistas de más de 50 países está tratando de predecir el impacto del envejecimiento de la población en las finanzas públicas. Una de las previsiones que se ha hecho es la de que los estados desarrollados podrían cubrir los costes de la revolución de la longevidad retrasando la edad de jubilación entre 2 y 2,5 años cada década hasta 2050. Dado que actualmente en los países ricos el ciudadano medio de 65 años puede esperar vivir hasta mediada la ochentena, no se puede decir precisamente que esta solución nos obligue a seguir al pie del cañón como estajanovistas hasta nuestro último aliento.

A fin de que el hecho de trabajar más años resulte lo más indoloro posible, hay que adaptar los puestos de trabajo para hacerlos más acogedores para las personas de la tercera edad; y eso es algo que ya está empezando a ocurrir. Las empresas con visión de futuro están tratando de contratar con criterios menos edadistas. Algunas utilizan algoritmos que descartan cualquier sesgo; otras entrevistan a los candidatos a puestos de trabajo por teléfono, en lugar de hacerlo cara a cara. Credit Suisse, Morgan Stanley, JPMorgan Chase, Goldman Sachs y otras compañías financieras han establecido programas de recapacitación o de prácticas para personas con unos cuantos kilómetros a sus espaldas. Barclays ha abierto sus planes de aprendizaje a los mayores de 50 años, basándose en el argumento de que los empleados en prácticas de mayor edad tienen la experiencia vital y las habilidades sociales necesarias para hacer un buen trabajo en la sección de préstamos. La banca también se ha unido a otras empresas líderes británicas, como Co-op y Boots, para firmar el compromiso —respaldado por el Gobierno— de hacer públicos los datos relativos a la edad de su personal e incrementar la cantidad de personas mayores de 50 años en nómina en un 12 % en 2022.

En la medida en que las cosas están empezando a cambiar en favor de los trabajadores de mayor edad, en todo el mundo surgen empresarios que proponen formas innovadoras de hacer más atractivo el trabajo en la tercera edad. Actualmente, bancos como el Santander, Heritage y Westpac permiten a sus empleados pedir excedencias para cuidar de sus nietos o parientes ancianos. En Estados Unidos, CVS tiene un «programa golondrina» que permite a los empleados mayores de los estados —más fríos— del norte pasar los meses de invierno trabajando en sucursales situadas en los estados —más cálidos— del sur. La cadena de hoteles Marriott anima a sus empleados mayores a pasar a asumir funciones que resulten físicamente menos exigentes: para reducir el trabajo pesado, por ejemplo, un ingeniero podría dedicar un día a la semana a hacer papeleo de oficina. Atlantic Health Systems, una firma con sede en Morristown, Nueva Jersey, dispone de un club de antiguos empleados que permite a los jubilados volver al redil hasta un máximo de mil horas al año. En Japón, un creciente número de empresas, incluida la mayor constructora de viviendas del país, Daiwa House Industry, está aumentando o incluso aboliendo la edad de jubilación obligatoria: «Creemos que es nuestra responsabilidad corporativa considerar la planificación de la vida de nuestros empleados en el futuro —afirma Yoshio Saeki, director general de recursos humanos—. Tratamos de aumentar las opciones para los trabajadores».

También están surgiendo nuevas formas de trabajo que encajan con las aptitudes y aspiraciones de las personas mayores. Por ejemplo, la denominada «economía de ocupaciones transitorias» o «economía del trabajo esporádico» (*gig economy* en inglés) ofrece precisamente lo que muchos de nosotros buscamos en la tercera edad: trabajo flexible a tiempo parcial donde la progresión profesional no es una prioridad y donde se puede ganar dinero explotando un activo como un automóvil o una vivienda. Hoy, una cuarta parte de los conductores de Uber tiene más de 50 años, mientras que el grupo de edad de más rápido crecimiento entre los anfitriones de Airbnb es el de mayores de 60. Uno de cada cuatro estadounidenses que afirman trabajar en la denominada «economía colaborativa» tiene más de 55 años.[34] Es cierto que actualmente muchos de quienes trabajan en la economía del trabajo esporádico se llevan a casa tan solo una porción muy pequeña del pastel, pero, si podemos hacer que el reparto sea más justo, esta alternativa laboral podría ser una verdadera bendición para las personas de todas las edades.

Otro cambio que está resultando favorable es el auge de la «prejubilación». Hace una década, cuando dirigía su propia correduría de seguros en Estados Unidos, Sharon Emek advirtió que se estaba produciendo una fuga de cerebros. Cada vez había menos jóvenes que se incorporaban a su sector, prefiriendo en cambio probar fortuna en Wall Street o en Silicon Valley. Paralelamente, las rígidas prácticas laborales empujaban a muchos empleados a jubilarse antes de lo que deseaban, llevándose consigo su destreza, ímpetu y experiencia. La solución de Emek: facilitar que el personal de más de 50 años pasara a trabajar como autónomo desde casa.

Para ello, en 2010 fundó Work At Home Vintage Experts (WAHVE). Hoy en día, las compañías de seguros pueden elegir entre su lista de 1.800 agentes con más de veinticinco años de experiencia en ámbitos que van desde la calificación de pólizas hasta los reaseguros, pasando por la investigación de siniestros. Todo el mundo sale ganando. Los miembros de WAHVE se olvidan de los desplazamientos diarios para ir al trabajo y los trapicheos de oficina, y pueden trabajar desde

cualquier sitio: su casa, la playa, un banco en el parque...
Pueden trabajar cincuenta horas a la semana, o simplemente
conectarse algunas horas de vez en cuando. Aunque es bienvenida a cualquier edad, esta flexibilidad resulta especialmente atractiva para quienes encuentran que en la tercera edad su
centro de gravedad se aleja del trabajo. Muchos combinan
su trabajo en WAHVE con el cuidado de un ser querido, tras-
ladándose a un clima más cálido o dedicando más tiempo
a sus propios proyectos.

A las empresas les gusta contratar a miembros de WAHVE
porque estos apenas necesitan formación o no la necesitan en
absoluto. Como autónomos, tienen menos incidencia en la
nómina, pero son tan productivos y eficientes como sus colegas más jóvenes, y a veces incluso más. Asimismo, poseen una
habilidad especial para dar con soluciones innovadoras. «Son
más creativos a la hora de resolver problemas porque tienen
muchos más conocimientos y experiencia en los que basarse
—explica Emek, que actualmente tiene 71 años—. También
disponen de increíbles contactos, y no les incomoda llamarles
para pedirles información o comentar un problema». Recientemente, WAHVE se ha expandido más allá del ámbito de los
seguros para incorporar a mayores de 50 años procedentes
del sector de la contabilidad a su lista de agentes.

En vez de trasladar al personal mayor fuera de su sede,
otras empresas reorganizan el lugar de trabajo para que le
resulte más agradable. BMW es un destacado ejemplo de ello.
En 2007, el fabricante de automóviles alemán se propuso
crear una cadena de montaje adaptada al envejecimiento en
su fábrica insignia de Dingolfing, en Baviera. El resultado fue
un total de setenta ajustes introducidos en diversos puestos
de trabajo. La empresa puso sillas ergonómicas para permitir
que algunas tareas pudieran realizarse sentados; mesas que se
regulan verticalmente para coincidir con la estatura de cada
trabajador y que, por lo tanto, evitan la tensión de la espalda;
suelos de madera y calzado adaptado al peso para proteger las

articulaciones; y lentes de aumento flexibles para ayudar a las personas con visión más débil a manejar piezas pequeñas. La empresa también modificó las prácticas laborales, de modo que el personal rotara entre distintos puestos de trabajo para evitar el agotamiento causado por el trabajo repetitivo y participara en sesiones regulares de ejercicio para mantener la fuerza y la flexibilidad, que a menudo disminuyen con la edad.[35]

Al principio, el experimento provocó las burlas de los trabajadores más jóvenes de la planta, que bromeaban sobre la «cadena de montaje de los pensionistas». Pero BMW hizo exactamente lo que hay que hacer para superar el edadismo en el ámbito laboral: siguió adelante, y a la larga los resultados acabaron convenciendo a los escépticos. En el plazo de tres meses, los puestos de trabajo adaptados al envejecimiento alcanzaron el objetivo de calidad de 10 defectos por millón; más tarde, la cifra bajó a cero. El absentismo por razones de salud descendió por debajo de la media de la planta, al tiempo que la productividad se disparó. Incluso los jóvenes escépticos querían trabajar en la nueva cadena, y BMW pasó a realizar cambios similares en sus plantas de Alemania, Austria y Estados Unidos.

Todavía queda mucho por hacer para que el mundo laboral sea un lugar mejor donde envejecer. Hay que renovar las leyes laborales, las normativas que rigen las pensiones y los sistemas de asistencia social, todo lo cual se basa actualmente en la jubilación total y absoluta a los sesenta y pico. Gracias a los cambios introducidos en los paquetes de remuneración y prestaciones, la diferencia del coste de contratar a trabajadores más jóvenes o más mayores se está reduciendo. Pero hay que ir mucho más allá. Un buen comienzo sería abolir las gratificaciones relacionadas con la edad, como el salario y los ascensos basados en la antigüedad, para que las personas sean recompensadas por el trabajo que realizan y no por el tiempo que llevan haciéndolo. Para que sea más fácil cambiar de trabajo a cualquier edad, hay que hacer que el aprendizaje permanente sea la norma. Asimismo, los empresarios deben aprender a ser más comprensivos con las empleadas que atraviesan la menopausia o con los trabajadores que padecen aquellas enfermedades crónicas que resultan más frecuentes en la tercera edad.

También tenemos que liberarnos de la constricción de los cinco días laborables semanales. Carlos Slim, un multimillonario mexicano del sector de las telecomunicaciones, y Richard Branson, fundador de Virgin, abogan ambos por una semana laboral de tres días en la tercera edad, para permitir que la transición a la jubilación completa resulte más gradual. Eso tiene sentido, pero ¿por qué restringirlo a la tercera edad? ¿Por qué no seguir el ejemplo de Islandia y facilitar el trabajo a tiempo parcial a cualquier edad?

De hecho, dado que algunos expertos predicen que en 2030 la automatización podría absorber a más de una tercera parte de toda la población activa, es un buen momento para hacer un replanteamiento radical del ámbito laboral en nuestras vidas.[36] Aparte de poner comida en la mesa y mantener un techo sobre nuestras cabezas, el trabajo presenta numerosas ventajas a cualquier edad. Diversos estudios han revelado que hacer un trabajo que proporcione la cantidad adecuada de estrés y estimulación incrementa la salud y el bienestar, mientras que ser despedido después de los 58 años puede llegar a reducir hasta tres la esperanza de vida.[37] Freud situó el trabajo, junto con el amor, como uno de los pilares de la salud mental.[38] Muchas personas, incluyéndome a mí mismo, obtienen un inmenso placer y atribuyen una gran importancia a su trabajo. «No puedo envejecer: estoy trabajando —decía el cómico y actor estadounidense George Burns, que siguió actuando hasta casi cumplir los cien años—. Era viejo cuando tenía veintiún años y estaba sin trabajo. Mientras trabajas, te mantienes joven».

¡Ojalá fuera así de fácil! Pero no todos los trabajos son iguales. Muchos de ellos resultan bastante menos satisfactorios que hacer chistes o escribir libros. ¿Cuándo fue la última vez que vio a alguien entusiasmado por trabajar en un centro de distribución de Amazon? Muchos trabajos resultan demasiado exigentes físicamente para poder realizarlos en la tercera edad; de ahí que no haya muchos George Burns cavando zanjas.

Hoy, sin embargo, el trabajo nos está fallando en un sentido más general. Para empezar, está mal repartido: algunos tienen demasiado; otros, demasiado poco. Y una misma persona puede tener que trabajar en exceso un día y tener muy poco trabajo al siguiente. Incluso aquellos a quienes les encanta lo que hacen a menudo encuentran que su trabajo es pesado. La cultura laboral moderna está haciéndonos a muchos de nosotros infelices y enfermos a causa de las largas jornadas, el estrés, la inseguridad, la distracción tecnológica y las interminables reuniones.

Pero la acusación más grave que puede hacerse al trabajo moderno es que este ya no cumple con su promesa básica de meter suficiente dinero en nuestros bolsillos. El incremento de la productividad está renqueando en todo el mundo desarrollado, a pesar de los enormes esfuerzos por exprimir cada vez más la producción de los trabajadores, al tiempo que en muchos países el salario medio se ha estancado. Casi dos terceras partes de los niños que viven por debajo del umbral de la pobreza en el Reino Unido pertenecen a hogares cuyos miembros trabajan. El trabajo ya no es el motor de movilidad social que era antaño. En todas partes, los graduados universitarios luchan por encontrar un trabajo digno de su título, y hay millones de adultos jóvenes viviendo en casa de sus padres, o postergando el momento de formar sus propias familias, porque el único trabajo que encuentran está demasiado mal pagado como para poder apañárselas por su cuenta. Según Benjamin Hunnicutt, profesor de estudios de ocio en la Universidad de Iowa, los jóvenes estadounidenses están perdiendo por completo la fe en el trabajo: «No esperan que su trabajo les proporcione satisfacción o ascenso social».

Este problema no existe en la isla de Okinawa, una «zona azul» situada en el sector más meridional del archipiélago de Japón. Allí los lugareños no disponen de un término apropiado para referirse a la «jubilación» porque al llegar a la tercera edad no pasan repentinamente de ser productivos a improductivos, de creadores a receptores. Lejos de ello, a lo largo de toda su vida están motivados por lo que ellos llaman *ikigai*, un concepto japonés que podría traducirse más o menos como «una razón para levantarse por las mañanas». Esa razón puede ser cualquier cosa —trabajo, arte, familia— y puede variar en las diferentes etapas de la vida.

Deberíamos seguir el ejemplo de Okinawa y alentar a todo el mundo a encontrar su propio *ikigai*. ¿Cómo? Pues concediéndonos plena libertad para combinar trabajo, voluntariado, aprendizaje, descanso, paternidad, diversión, creación, trabajo en prácticas y cuidado de los seres queridos de la forma que mejor nos convenga a cada edad. Imagine cómo transformaría eso nuestras vidas; cómo aliviaría la presión para elegir carrera profesional o cónyuge antes de que aparezca la primera arruga o la primera cana; cómo liberaría el potencial de cada generación.

Pero, sobre todo, imagine de qué manera tan radical cambiaría nuestra imagen del envejecimiento.

5

IMAGEN: EL ENVEJECIMIENTO SE MAQUILLA

> Quien controla los medios,
> las imágenes, controla la cultura.
>
> ALLEN GINSBERG

Permítame que le explique una broma de cámara oculta que se hizo viral en todo el mundo árabe.

Una mujer anciana, de aspecto frágil y vestida con una bata de flores, entra en una farmacia de Beirut, la capital del Líbano. Se acerca al mostrador del fondo y pide Viagra. El farmacéutico, que está en el ajo, la mira con fingida incredulidad.

—¿Viagra? —pregunta.

—Sí, Viagra —responde la mujer, con el tono prosaico de quien pide un tubo de dentífrico.

—¿Para quién es? —le pregunta el farmacéutico.

—Para mi hombre —contesta la mujer—. Es mayor que yo.

El farmacéutico parece divertido y algo alarmado. Pregunta a la mujer si su amante tiene problemas de salud o toma algún otro medicamento, y esta le responde:

—No, está hecho un toro.

Ella quiere la dosis más potente de Viagra, y pregunta si su novio puede tomarse cuatro de las pastillitas azules a la vez.

—¡Por supuesto que no! ¿Es que quiere matarlo? —exclama el farmacéutico.

Ella responde con voz inexpresiva:

—No, no quiero matarlo: todavía es bueno en la cama.

Al ver el vídeo, aunque uno no sepa árabe, entiende por qué acumuló millones de visitas en las redes sociales tanto en el Líbano como en otros países. Las reacciones de los clientes reales de la farmacia no tienen desperdicio. Se sienten violentos, sonríen por lo bajo, sueltan alguna risita nerviosa o se ríen abiertamente a carcajadas. Intercambian miradas de incredulidad, de desaprobación o de disgusto. Uno de ellos cierra los ojos con fuerza como si tratara de borrar de su mente la imagen de dos octogenarios entregándose a una actividad sexual químicamente mejorada. Otro, una mujer, se persigna y murmura: «¡Que Dios nos ayude a todos!». Cuando la anciana le pregunta a un joven si de verdad la Viagra es tan buena como dicen, este le responde, tronchándose de risa:

—¿Y cómo voy a saberlo? ¡Tengo veinte años!

El clip proviene de un exitoso programa de televisión libanés llamado *Ich Ktir*, o «Larga vida». Su premisa es simple: filmar en secreto a personas de setenta y tantos u ochenta y tantos años gastando bromas que juegan con los estereotipos de la edad. En los 30 episodios emitidos desde su lanzamiento en 2016, han aparecido personas mayores comprando pruebas de embarazo, adquiriendo ordenadores portátiles de alta gama o haciéndose pasar por médicos de manos temblorosas encargados de tomar muestras de sangre a sus aterrorizados pacientes. En uno de los episodios aparecía una pareja de ancianos examinando lencería en un parque, algo revolucionario en un país donde la cirugía estética está a la orden del día y el mundo de la televisión está dominado por rostros jóvenes y lozanos.

La productora de *Ich Ktir* es May Nassour, una libanesa de 43 años con cierta predilección por las gafas de sol espejadas y los tacones altos. Cuando nos reunimos para tomar una limonada con menta en una cafetería de Beirut, me explica que el programa tiene un doble propósito: hacer reír a la gente y torpedear la estigmatización social del envejecimiento. «Cuando eres mayor, la gente piensa que ya no tienes ningún papel en la sociedad: eres ineficiente, no tienes nada que decir ni que aportar, eres aburrido, desdichado y poco atractivo; y eso es muy injusto porque no es cierto —explica—. Por primera vez en la televisión libanesa, mostramos a personas de setenta y pico y ochenta y pico que son divertidas y gastan bromas, y en situaciones en las que ejercen poder sobre otras personas; y eso cambia las percepciones».

Ese cambio es justo lo que hace falta. El envejecimiento tiene un grave problema de imagen, y no solo en el Líbano. En nuestro mundo, obsesionado por la juventud, envejecer es desaparecer. Los rostros sin arrugas y los cuerpos jóvenes monopolizan el paisaje visual, desde la publicidad y las redes sociales hasta el cine y la televisión. Para empeorar aún más las cosas, cuando las personas mayores obtienen algo de tiempo en antena, a menudo se las presenta como aburridos clichés. Los personajes mayores complejos y llenos de matices, especialmente los femeninos, rara vez han tenido un papel destacado en las películas de Hollywood. A sus sesenta y pocos años, Juliet Stevenson, una actriz inglesa con una gran cantidad de trabajo a sus espaldas, observa que el camino que tiene por delante se va haciendo más estrecho: «A medida que avanzas en la vida, esta se vuelve cada vez más interesante y compleja, pero los papeles que te ofrecen son cada vez más simplones y menos complejos».[1] En 2016, cuando Getty Images, una de las principales agencias de fotografía de *stock* del mundo, utilizó la tecnología de rastreo web para explorar imágenes de personas mayores en la red: encontró que, por regla general, se las representaba más solas, menos felices y más sedentarias que el resto, o bien realizando actividades estereotipadas como hacer punto, abrazar a un nieto o tomar té en la cama. Rebecca Swift, directora de ideas creativas en Getty, extrajo una lección de aquellos hallazgos: «Quedó patente que no visualizamos a las personas mayores con la misma riqueza y diversidad que utilizamos para visualizar a la gente más joven —explica—. En lugar de representar el envejecimiento con autenticidad, estamos reforzando los estereotipos».

Esto no afecta únicamente a los responsables del manejo de imágenes como Swift. Lo que vemos en las películas y la publicidad, en la televisión y en Internet, determina lo que sentimos con respecto a nosotros mismos y a nuestro lugar en el mundo. Cuando se ignora a las personas mayores, o se las presenta como caricaturas, el envejecimiento se convierte en anatema para todo el mundo. Y también se ejerce un efecto de coacción en quienes ya han llegado a la tercera edad. Si uno observa de manera rutinaria como su generación se ve reducida a estereotipos simplistas y poco atractivos, su inclinación a envejecer de una manera activa y enérgica disminuye. Hacer *puenting*, montar un nuevo negocio, enamorarse, recorrer Asia con una mochila a la espalda, o incluso ser feliz: cualquier cosa que se salga del guion preestablecido de lo que ha de ser una persona mayor parece fuera de lugar.

Los estereotipos edadistas incluso pueden convertirse en una de esas profecías que entrañan su propia realización. Está bien documentado que la exposición a prejuicios racistas y sexistas hace que las minorías étnicas y las mujeres respectivamente obtengan peores rendimientos en las pruebas de laboratorio. El edadismo tiene un efecto similar. Diversos estudios han demostrado que la exposición a prejuicios discriminatorios basados en la edad puede hacer que las personas mayores caminen, hablen y piensen más despacio. En un experimento realizado en la Facultad de Kinesiología y Ciencias de la Salud de la Universidad de York, la investigadora Rachael Stone pidió a sus sujetos de prueba de edad avanzada que subieran un tramo de escaleras. Más tarde les hizo repetir el ejercicio después de que hubieran leído un falso artículo en el que se explicaba que el envejecimiento erosiona la capacidad de subir escaleras. Su rendimiento empeoró en todos los indicadores, desde la velocidad hasta la precisión y el equilibrio.

Algo similar puede ocurrir con la memoria. El mensaje que nos llega de todos lados es que la vejez es una desconcertante sucesión de olvidos «típicos de la edad». Resultado: al envejecer, con frecuencia asimilamos la idea de que nuestra memoria es peor de lo que realmente es.[2] Eso nos lleva a depender sin necesidad de diversos objetos que actúan como «recordatorios», como un libro de cocina al preparar una de nuestras recetas favoritas o el GPS al conducir por una ruta familiar. Y eso nos perjudica en un doble sentido: para empezar, nos frena innecesariamente, reforzando el mito de que el envejecimiento lleva aparejado el deterioro cognitivo; y además puede hacer que nuestra memoria realmente se degrade por falta de uso.

Por suerte, no obstante, la influencia de la mente sobre la materia también puede actuar en sentido inverso. La ciencia revela que el mero hecho de creer que hemos dormido bien no solo nos hace sentir más descansados, sino que también genera un estímulo cognitivo. Los expertos lo llaman «sueño placebo».[3] Algo parecido puede ocurrir con el envejecimiento. Diversos estudios demuestran que las personas que tienen una imagen más optimista del envejecimiento tienden a cuidarse más. Logran mejores resultados en las pruebas de memoria y de control motor. Pueden caminar más deprisa y tienen mayor capacidad para recuperarse de una discapacidad. Y también viven una media de 7,5 años más.[4] «Si podemos hacer que la gente conciba el envejecimiento de una manera mucho más positiva y no como una inevitable cascada de declive, podríamos empezar a ver logros funcionales realmente impresionantes en las personas mayores que ya no serían meras excepciones de la regla, sino simplemente: "Bueno, eso es lo que hacen ahora las personas mayores"», sostiene Joe Baker, el kinesiólogo al que conocimos anteriormente.

Lo importante aquí es que, hasta cierto punto, podemos influir de forma favorable en nuestro propio envejecimiento. Esto puede aplicarse incluso a la prevención de las enfermedades más aterradoras. Cuando un equipo de investigadores de la Universidad de Yale estudió a personas con una variante genética relacionada con la demencia, descubrió que quienes exhibían una visión favorable del envejecimiento tenían un 50 % menos de probabilidades de desarrollar la enfermedad que las que exhibían una visión pesimista. Becca Levy, profesora de epidemiología y psicología y principal autora del estudio, presentó los resultados como un llamamiento a la acción: «Esto ayuda a defender la necesidad de llevar a cabo una campaña de salud pública contra el edadismo».[5]

¿Cómo podemos renovar la imagen del envejecimiento? Pues compartiendo el paisaje visual de manera más equitativa entre las distintas generaciones; representando la tercera edad con todos sus matices, riqueza y diversidad; centrando la atención en aquellas personas que están sacando el máximo partido a la revolución de la longevidad y redefiniendo lo que significa ser «más viejo». La buena noticia es que eso ya está ocurriendo en todo el mundo.

Ich Ktir ha mejorado el prestigio del envejecimiento en el Líbano. Después de dos temporadas de éxito, ahora sus actores son tan famosos que les resulta difícil gastar bromas en público sin que los reconozcan. «La gente se acerca todo el rato a pedir un autógrafo o una selfi —explica Nassour—. Muchos fans les dicen que el programa ha cambiado su percepción del envejecimiento». Para aprovechar ese cambio, diversas marcas comerciales están recorriendo el Líbano en busca de personas de edad avanzada para que aparezcan en sus anuncios, mientras que las productoras libanesas están buscando a mayores para presentar programas de televisión en géneros que van desde la comedia hasta la cocina.

El modelo que tienen *in mente* es la estrella de 86 años del episodio de la Viagra. Se llamaba Jeanne d'Arc Zarazir, aunque todos en el Líbano la conocían simplemente como *Jaco*. Era una bromista de gran talento, capaz de mantener una expresión seria incluso cuando todo el mundo a su alrededor se desternillaba de risa. Los espectadores la vieron hacerse pasar por toda clase de personajes, desde una rapera hasta una comando armada con un AK-47. La alegría de vivir era su tarjeta de presentación, y tenía una habilidad especial para hacer que la tercera edad pareciera algo envidiable. Cuando murió, en 2017, los noticiarios le rindieron un cariñoso tributo y volvieron a emitir sus episodios más destacados de *Ich Ktir*. Un obituario la describía como «la mujer más divertida del Líbano».

Casualmente, fui la última persona en entrevistar a Jaco antes de su muerte. Cuando llegué a su casa en Beirut, su estado de salud era más frágil que en la época de *Ich Ktir*. Tenía la piel casi transparente, las piernas llenas de llagas y caminaba apoyada en un bastón. Pero, aun así, me recibió con la misma sonrisa —irónica, traviesa, de fingida inocencia y mediada por el hueco de un diente— que la había convertido en una estrella de la televisión. Aquel día hacía un calor agobiante, y sus tres gatos dormitaban en el sombreado patio. Tras sentarnos en un sofá al aire libre, mi primera pregunta provocó un destello de ingeniosa coquetería. Cuando intenté confirmar su edad, me respondió: «¿Cuántos años cree usted que tengo?». A mitad de nuestra charla se acercó un médico para revisar las úlceras de las piernas. Mientras las contaba en voz alta —uno, dos, tres—, Jaco sonrió dulcemente y le preguntó: «¿Está contando mis costras o mis gatos?».

Jaco llegó al estrellato televisivo a los ochenta y pico, después de una vida de lo más corriente. Aparte de un breve periodo en el que trabajó como dama de honor para la esposa de un presidente libanés, a principios de la década de 1960, se ganaba la vida alquilando el último piso de su casa. No se casó, no tuvo hijos, no hizo carrera. Pero la semilla de *Ich Ktir* siempre estuvo ahí: a lo largo de toda su vida, Jaco se negó a dejarse encasillar por la edad. «Nunca he pensado si era joven o vieja —me dijo—. He estado contenta toda mi vida porque he aprovechado al máximo la edad que tenía en ese momento». Ese mensaje se extendió más allá de la pequeña pantalla. Durante su breve carrera televisiva le llovieron correos de fans de todo el mundo árabe. Una joven de Trípoli, en el norte del Líbano, le escribió: «Me ha enseñado a dejar de preocuparme por mi edad. Ahora voy a disfrutar de hacerme mayor. ¡Gracias!». Cuando le pregunté a Jaco —cuyo nombre real se traduce como Juana de Arco— si era un modelo que seguir, asomó una sonrisa irónica en su rostro. «Si lo soy, es solo por accidente», afirmó. Sea como fuere, ella entendió claramente el efecto tóxico del edadismo y la capacidad de programas como *Ich Ktir* para diluirlo. «Cuando ves que solo los jóvenes viven la vida plenamente, sospechas que envejecer debe de ser horrible, y si sospechas que envejecer es horrible, entonces será horrible —me dijo—. Hicimos algo bueno al mostrar otra forma de envejecer».

Ich Ktir no es un caso excepcional a la hora de tratar de presentar un retrato más audaz de la tercera edad. Bajo la dirección de Swift, hoy Getty Images está presionando a los fotógrafos para que suban más imágenes de personas mayores haciendo cosas que rompan con los estereotipos del «abuelito sabio» y la «abuelita tejedora». Quiere más fotos en las que se los vea utilizando nuevas tecnologías, montando empresas, haciendo ejercicio y practicando deporte, bailando y coqueteando, o incluso simplemente riendo. Quiere más imágenes de mujeres de mediana edad haciendo algo más que ser madres. «Como empresa, estamos empezando a darnos cuenta de que tenemos una poderosa voz y que deberíamos utilizarla para representar la asombrosa diversidad y posibilidades del envejecimiento —afirma Swift—. Queremos tener imágenes con más color, más dinamismo y más actividad para cuestionar los viejos estereotipos y dar a las personas el coraje de envejecer a su manera».

Los fotógrafos que pretenden cumplir esas expectativas harían bien en relacionarse con Paulina Braun. Después de una década trabajando en proyectos sociales y artísticos, esta joven de 34 años y voz dulce se convirtió en la principal luchadora polaca contra el edadismo. Al igual que Nassour en el Líbano, ha hecho suya la misión de ayudar tanto a los jóvenes como a los adultos a sacar el máximo partido de nuestras vidas más longevas. «Me propongo cuestionar la idea de que el envejecimiento es un problema e implica volverse inútil e invisible —me explica—. Y mostrar a personas mayores haciendo cosas que normalmente no se asocian a la gente mayor es una buena manera de hacerlo».

Para ver lo que eso significa, cojo un avión a Varsovia, donde Braun está organizando una fiesta a orillas del lago que hay en el parque Wilanów. Hacia el final de la noche, cuatro raperos polacos montan un espectáculo que más tarde será calificado de «épico» en las redes sociales. Sujetando el micrófono muy cerca de la boca y zigzagueando entre la pequeña multitud allí congregada con el característico pavoneo del hip-hop, disparan las letras de sus canciones como balas. Los fans, estimulados por los tragos de cerveza y de vodka, se funden en una especie de monstruo extático global, con los brazos alanceando el aire al unísono y sus bocas disparando a su vez las letras a los artistas. Dado que la lluvia se filtra a través de las goteras del techo, todos están empapados, pero a nadie le importa.

Si el lector se había formado la imagen de un mar de jóvenes, se equivoca. El tío que hace de *disc-jockey* anda por los ochenta y tantos, y muchos de los juerguistas tienen el cabello plateado. En la parte delantera, lo bastante cerca como para que les caiga la saliva que escupen involuntariamente los raperos al cantar, tres mujeres mayores se balancean al ritmo de los adolescentes y veinteañeros, riendo, hendiendo el aire y gritando palabras groseras de las canciones.

Es esta una escena surrealista que me deja desconcertado. Mi primera reacción es una explosión de belicoso edadismo: ¿qué demonios están haciendo esos vejestorios bailando a todo sudar delante del escenario a su edad? ¿Y si se caen y se rompen la cadera? Pero mi siguiente pensamiento pone las cosas en su sitio: se están divirtiendo como todos los demás; así que ¿por qué no habrían de estar aquí? Puedo imaginar fácilmente a Jaco en medio de esa multitud enloquecida. Cuando le cuento esta línea de pensamientos a Braun, ella asiente con aprobación: «Ese es exactamente el tipo de respuesta que busco —me dice—. Primero tienes la reacción edadista, y luego empiezas a cuestionarla».

Braun siempre está encontrando nuevas formas de poner a las personas mayores en el foco de atención de la opinión pública. Organiza bailes intergeneracionales como el del parque Wilanów en toda clase de sitios, desde escuelas y hospicios hasta plazas y clubes nocturnos. Gestiona eventos de citas rápidas para personas mayores y regenta una academia donde estas pueden aprender a hacer de *disc-jockeys*. También ha creado la primera agencia polaca de *casting* para mayores de 60 años. Todo lo que hace se difunde a través de las redes sociales y la prensa tradicional. A la mañana siguiente de la fiesta de Wilanów, una de las mujeres de ochenta y pico que bailaban delante del escenario aparece en la televisión nacional en una noticia sobre las cosas sorprendentes que hacen las personas mayores en verano. Gracias a la agencia de *casting* de Braun, cada vez aparecen con más frecuencia rostros maduros en clips musicales, anuncios, películas y vídeos de YouTube polacos; y lo hacen como personajes, no como caricaturas. En un reciente anuncio de cerveza de la marca Redd's, a una mujer de ochenta y tantos se le ocurre una descarada estratagema para saltarse una larga cola en un chiringuito de playa: finge desmayarse, lo que hace que todos se apresuren a rescatarla. La última escena la muestra bebiendo triunfante una cerveza helada en una tumbona; enseguida piensas que a Jaco le gustaría. Otro anuncio, filmado como una hermosa pieza de cine de autor, muestra a una pareja de ancianos burlando a la Parca con pinceles y pinturas comprados en Allegro, un importante minorista polaco que vende a través de Internet.

El campeón de Braun es un *bon vivant* de 80 años llamado Eryk Mroczek. La acompaña en las entrevistas que concede a los medios, y asiste a todas sus fiestas de baile, a menudo luciendo unas gafas de sol estilo Jack Nicholson. Recientemente, la agencia de *casting* de Braun le consiguió un importante papel en una película polaca. Aunque resulta manifiesto que le gusta llamar la atención, se considera un mero soldado de a pie en la guerra contra el edadismo. «Ver cómo me divierto puede cambiar la imagen que la gente tiene del envejecimiento —explica—. Puede inspirarle a sacar el máximo provecho de su vida sin importar la edad que tenga».

Gracias a Braun, hoy toda una serie de empleos antaño monopolizados por jóvenes se están abriendo a los que no lo son tanto. Un graduado de más de setenta años de su academia de *disc-jockeys* para mayores es hoy un habitual del circuito de discotecas de Varsovia. En mi juventud, habría salido pitando nada más ver a un pinchadiscos con edad de estar jubilado, pero parece que hoy los asiduos a las discotecas tienen una mentalidad más abierta. Y no solo sucede en Polonia. Ruth Flowers, una tendera inglesa retirada, aprendió a pinchar discos a la edad de 68 años, se puso el apodo de DJ Mamy Rock y pasó a actuar en las principales discotecas y eventos de Europa, como el festival de Glastonbury, hasta su muerte en 2014. Sumiko Iwamuro, alias DJ Sumirock, reina cada semana en una discoteca de moda en el barrio chino de Tokio. Tiene 82 años.

La fiesta del parque Wilanów cuenta con la participación de DJ Roman, un ingeniero electrotécnico jubilado que también es octogenario. Cuando hace girar los platos, la pista de baile se llena de gente de todas las edades que se contorsiona al ritmo de «Boys Boys Boys» y otros clásicos de las décadas de 1980 y 1990. La escena me recuerda a la del velódromo de Roubaix, donde era difícil adivinar la edad de los ciclistas cuando corrían. Lo primero que llama la atención en la pista de baile de una de las fiestas de Braun es la ropa de la gente, su estilo, su forma de reír y de moverse, mucho más que su edad, lo que causa una gran impresión en los jóvenes asistentes a la fiesta. Beata, una estudiante de 22 años, había venido al parque Wilanów por los raperos, pero está encantada con los mayores. «Siempre pienso que viejo equivale a aburrido, pero aquí las mujeres son muy elegantes, y todos están como locos y se lo pasan en grande —explica—. Me hace sentir que "viejo" no debería ser una palabra tan horrible».

Incluso los propios artistas están silbando la misma melodía. Después del último bis, mientras la multitud —joven, vieja y de mediana edad— se disuelve en la noche de Varsovia, yo entablo conversación con uno de los raperos. Su nombre artístico es Ero, y esta noche lleva el típico uniforme de hip-hop: gorro y pantalones holgados. Tiene 36 años.

¿Se hace raro rapear lanzando una ristra de palabras groseras a un público lleno de gente parecida a tus abuelos?, le pregunto. ¿Transmite eso un mensaje equivocado a tus fans? ¿Se carga tu imagen?

Él echa un trago de una botella de cerveza y reflexiona un momento. Luego menea la cabeza. «No, en absoluto, porque la edad es una cifra que hoy en día le importa cada vez menos a la gente —responde—. Da igual que tengas dieciocho años u ochenta: lo que de verdad importa es lo que aportas».

Una de las cosas que actualmente aportan las personas mayores es dinero. Tras haber acumulado ahorros, y respaldados por una buena pensión y al aumento de los precios de las propiedades, muchos de ellos disponen de dinero para gastar. No todos, obviamente: hay otros muchos que apenas se las apañan para subsistir o que viven en la más absoluta pobreza. Sin embargo, en términos generales, la generación de los mayores de 50 años está bien provista. En el Reino Unido, por ejemplo, constituye una tercera parte de la población, pero en cambio posee casi el 80 % de la riqueza del país.[6] En 2020, los hogares cuyo cabeza de familia tiene más de 60 años podrían llegar a gastar hasta 15 billones de dólares en todo el mundo.[7] Aunque las perspectivas financieras para las generaciones futuras parecen menos optimistas, este momento de la historia resulta idóneo para reevaluar el envejecimiento desde una perspectiva más favorable. ¿Por qué? Pues porque el dinero infunde respeto. Otorga poder. El dinero habla.

Y el mundo escucha. Dondequiera que miremos, la cultura popular está abriendo cada vez más espacios libres de caricaturas para las personas mayores. El desfile del Día Nacional de Singapur cuenta ahora con una «sección de plata» para artistas mayores de 60 años. El vídeo de la canción «Younger Now», de Miley Cyrus, parece una fiesta de las que organiza Braun, con parejas de todas las edades bailando en plena tormenta. Un canal de televisión de los Países Bajos está preparando la primera versión para mayores de 60 años del programa concurso *La voz*, un duelo musical que está conquistando a todo el mundo.

También el cine y la televisión están cediendo más espacio a personajes mayores que rompen los clichés de antaño (piense, por ejemplo, en la típica rebeca). Desde Silver Screen en Europa hasta Legacy en Estados Unidos, florecen los festivales que exhiben películas sobre todos y cada uno de los aspectos del envejecimiento. En 2018, la película francesa *50 primaveras* fue aclamada en todo el mundo por su enfoque innovador al retratar a una cincuentona que luchaba de manera tan audaz como divertida con el envejecimiento, el sexismo y la menopausia. Ese mismo año se estrenaba en la televisión británica la serie *Girlfriends*, con tres actrices de sesenta y tantos interpretando el tipo de papeles jugosos por los que suspiraba Juliet Stevenson. También hay más actores que interpretan papeles de héroes de acción en la madurez. Los personajes de *Tormenta*, *Lobezno* y *Black Lightning* han sido interpretados por actores de cuarenta y tantos años; Tom Cruise sigue aceptando misiones imposibles a los 50, y Liam Neeson despliega su peculiar conjunto de habilidades a los 60. Algunas series de películas de acción se basan

en personajes aún más mayores, con estrellas como Helen
Mirren, Bruce Willis, Sylvester Stallone y Arnold Schwarze-
negger liándose a puñetazos con los malos en las diferentes
entregas de RED y Los mercenarios.

En la última década, la media de edad de los ganadores de
los premios Oscar ha aumentado en todas las categorías. En
2018, los galardonados con el premio al mejor actor y la mejor actriz tanto principales como secundarios tenían entre 49
y 60 años. Frances McDormand se llevó el premio a la mejor
actriz por su descarnada interpretación de una madre afligida
y malhablada en Tres anuncios en las afueras. McDormand
calificó de «servicio público» el hecho de prestar su rostro de
60 años y libre de bótox a la gran pantalla. «Me interesa mucho interpretar papeles de mi edad —declaró—. Me gusta tener mi edad. Tengo una especie de política al respecto». En
los premios Oscar de ese mismo año, Lesley Manville, de 61,
y nominada a mejor actriz de reparto por su papel en El hilo
invisible, celebró que se haya producido un cambio radical en
la descripción que la cultura popular hace de la tercera edad.
Según dijo: «Puedes tener un amante a los sesenta. No tienes
que verte apartada en un rincón con una rebeca haciendo
punto. Ello se debe a que quienes hacen cine y televisión son
conscientes de que hay una enorme audiencia de mujeres que
quieren ir al cine o encender la tele y ver cosas que no las
ofendan, que las tengan en cuenta, que no vayan solo de los
maravillosos veintitantos o treinta y tantos, que representen
sus vidas».

Para atraer el dinero de la tercera edad, las marcas
comerciales tienen que encontrar nuevas formas de abordar
y retratar a los consumidores mayores. No es tarea fácil. La
publicidad y el marketing están dominados por veinteañeros
y treintañeros, y muchos consejos de administración siguen
aferrados a la creencia de que el único mercado que merece
la pena conquistar es el juvenil. También existe la persisten-
te sospecha —cuya falsedad han demostrado diversos estu-

dios— de que los consumidores mayores tienen costumbres tan arraigadas que son insensibles a la publicidad. Según la firma Boston Consulting Group (BCG), menos de un 15 % de las empresas tienen una estrategia comercial específica para los mayores de 60 años,[8] y casi un 70 % no tienen en cuenta el incremento de la longevidad en su planificación de ventas y de *marketing*.[9]

El resultado de ello es una gran cantidad de publicidad que trata con condescendencia o que ignora lisa y llanamente a cualquier persona mayor de 40 años. Incluso las campañas dirigidas a los consumidores mayores están llenas de modelos y actores jóvenes. Resulta que los mayores de 50 años compran muchos más automóviles —recuerde lo que veíamos sobre el traje de envejecimiento—, pero ¿cuándo fue la última vez que vio a alguien con canas en un anuncio de coches? Este edadismo puede resultar contraproducente para las marcas. En mi caso, cada vez que veo a un adolescente anunciando prendas de vestir que van claramente dirigidas a personas de mi edad, siento un arrebato de ira. Cuando su pasta de dientes para mayores de 50 años fue un fracaso comercial, la marca de dentífricos Crest descubrió que nada molesta más a los consumidores mayores que verse confinados a un gueto.[10] Bridgestone aprendió una lección similar cuando sacó al mercado palos de golf especialmente diseñados para jubilados.[11]

Por fortuna, no obstante, las marcas están empezando a ponerse las pilas y avanzar con los tiempos. Hoy Amazon y Netflix realizan los perfiles de sus clientes en función de sus gustos y no de su edad cronológica. En una reciente campaña, Kiehl's, una marca internacional de cosmética especializada en productos para el cuidado de la piel, cuestionó la idea de definir a las personas por la edad que tienen según su fecha de nacimiento. Su eslogan era «Actúa a cualquier edad», y en el vídeo aparecían personas de varias generaciones distintas bailando alegremente junto a unos globos de color púrpura en los que aparecía la edad que sentían por dentro.

Otras marcas están experimentando con un tipo de publicidad que no tenga en cuenta la edad en absoluto. Un reciente anuncio de Virgin Holidays presenta a personas de todas las edades lanzándose al océano en una playa tropical. La campaña «Yo. Por mí mismo» del minorista de ropa TK Maxx muestra a compradores de varias generaciones probándose prendas en la soleada Ciudad del Cabo.

Saga, una marca británica especializada en proporcionar una amplia gama de servicios a las personas mayores de 50 años, ha cambiado por completo su estilo. En 2017, la empresa, que durante mucho tiempo fue el blanco de toda clase de chistes poco lisonjeros sobre el envejecimiento, relanzó su revista insignia (*Saga Magazine*) con el eslogan: «No somos una marca para personas mayores; somos una marca para personas que siguen con su vida después de los 50». Los anuncios de alimentos triturados y de salvaescaleras se trasladaron del cuerpo de la revista a un folleto extraíble independiente y se reemplazaron dotando de un contenido más ambicioso al ejemplar. La línea editorial es ahora más optimista, con artículos sobre ejercicio, viajes, profesiones, compras, amor y sexo. El artífice de ese cambio fue Matt Atkinson, un apuesto cincuentón que participa en las competiciones de triatlón Ironman y corre 100 kilómetros por semana. «En el pasado, contribuíamos a reforzar los estereotipos negativos sobre el envejecimiento —declaró en aquel momento—. Hoy nuestro objetivo es hablar del envejecimiento de una forma que inspire a nuestros lectores a considerarse más grandes, en lugar de más pequeños».

Incluso las marcas de belleza y moda, que suelen parecer genéticamente enganchadas a los jóvenes, están empezando a tener en cuenta a los habitantes del planeta Tercera Edad. Hoy muchas de ellas utilizan a mujeres mayores para anunciar cosméticos, inundando el paisaje visual con los curtidos rostros de Charlotte Rampling, Helen Mirren, Twiggy, Jane Fonda, Ellen DeGeneres y Diane Keaton. Los modelos mayores también se están convirtiendo en un elemento fijo en los catálogos y pasarelas de moda. H&M, un gigante mundial de las prendas de vestir, contrató a una mujer de 60 años para que hiciera de modelo en sus anuncios de trajes de baño, mientras que el rostro de la cadena española Mango también es una mujer de sesenta y tantos. La principal atracción de la Semana de la Moda de Londres de 2017 fue una modelo de 72 años de cabello corto y plateado. La escritora Joan Didion, que tiene diez años más, ha hecho de modelo para Céline. Tampoco son únicamente las mujeres mayores las que acaparan la atención. Mi ejemplo favorito de la tendencia actual a utilizar modelos de la tercera edad es un actor y artista chino llamado Deshun Wang. En 2015, a la edad de 79 años, se hizo viral en Internet y fue calificado como «el abuelo más *sexy* del mundo» tras pavonearse por la pasarela sin camisa en la Semana de la Moda China. En sus vídeos de YouTube, se le ve seguro de sí mismo, sexualmente atractivo y dando la impresión de que está pasando el mejor momento de su vida: todo lo que yo espero tener a los 79 años.

Aparte de su deslumbrante aspecto, todos estos modelos mayores tienen algo más en común: no fingen ser jóvenes. Se sienten cómodos con el hecho de parecer mayores, lo que significa que se les puede ver como un modelo que imitar tanto por parte de sus coetáneos como de las personas más jóvenes que buscan una visión tranquilizadora de su propio futuro.

Cuando se trata de renovar la imagen del envejecimiento, las redes sociales resultan ser una bendición. Hoy la Web está llena de representaciones de la tercera edad concebidas, diseñadas y gestionadas por personas que realmente están viviéndola. Mary, Josie y Teresa, las protagonistas del programa de telerrealidad estadounidense *Golden Sisters* («Las hermanas de oro»), han acumulado millones de visitas en YouTube, especialmente en los vídeos en los que aparecen charlando animadamente sobre diversos temas de cultura popular durante la comida. Desde que su pasión por la ropa más marchosa le llevara a alcanzar la popularidad en la Red a sus 85 años, Helen Ruth van Winkle ha acumulado más de tres millones de seguidores en Instagram, ha protagonizado un anuncio de vodka Smirnoff y se ha convertido en la musa de la marca de maquillaje Urban Decay. En Asia, la gente está utilizando las redes sociales para cargarse la visión tradicional de que la tercera edad debe implicar forzosamente irse a vivir con los hijos y dedicar todo el tiempo a cuidar de los nietos. A sus setenta y tantos años, la Señora Q, una maestra de escuela jubilada, está recorriendo su China natal con una mochila a la espalda. «¿Por qué los ancianos chinos tienen que dedicarse a hacer tareas domésticas y a cuidar de sus hijos y nietos? —se pregunta—. Debemos tener nuestra propia vida». Con un mayor dominio de la tecnología que muchos miembros de la generación del milenio, narra sus viajes en Internet y se mantiene en contacto con su familia mediante videollamadas. Una breve filmación sobre su viaje a Quanzhou, una ciudad situada en el sureste de China, atrajo más de 11 millones de visitas y contribuyó a suscitar un debate nacional en torno al envejecimiento. Muchos chinos se han aficionado a las redes sociales para poder seguir a la Señora Q como un modelo que imitar en su tercera edad. «Una mujer independiente y encantadora... Su edad no es un problema», escribía uno de ellos. «Espero poder ser como ella cuando sea viejo», decía otro.

En la vecina Japón, Tsuyoshi y Tomi Seki, una pareja de sesenta y tantos a los que se conoce con el apodo de *Bon y Pon*, están usando Instagram para darle un nuevo giro a la tercera edad. Más de 700.000 seguidores de todas las edades disfrutan con las extravagantes fotografías de la pareja vistiendo sencillas prendas de vestir de colores y estilos a juego. Gracias a su popularidad en la Red, adornada con *hashtags* como #greyhair («cabello gris») y #over60 («más de 60»), la pareja también ha publicado libros sobre las alegrías de la tercera edad y lanzado una gama de ropa y accesorios. En una línea menos comercial, Kimiko Nishimoto está conmocionando la visión japonesa del envejecimiento con una serie de extravagantes selfis que se están haciendo virales. Una de mis fotos favoritas muestra a esta japonesa de ochenta y tantos años colgada en un tendedero como si se hubiera puesto a secar. En otras aparece difuminándose en una bicicleta; metida en una bolsa de basura; atropellada por un coche a toda velocidad mientras lee tranquilamente el periódico, o sonriendo a través de los barrotes de una jaula vestida de gorila.

¿Existe el peligro de que con todo esto se esté renovando la imagen de las personas mayores solo para divertir a los jóvenes? Es posible que a veces suceda tal cosa. En la mayoría de los vídeos de YouTube en los que salen personas mayores fumando hierba por primera vez o tratando de adivinar cómo se utilizan determinados juguetes sexuales aparece un entrevistador joven que es quien formula las preguntas más importantes y, en consecuencia, adopta un tono condescendiente. Sin embargo, en muchos otros, no ocurre tal cosa. Es evidente que las personas como Nishimoto, la Señora Q o las Hermanas de Oro no son el chivo expiatorio de nadie. Solo se lo pasan en grande, y absolutamente en sus propios términos.

Al mismo tiempo, millones de personas mayores anónimas están llenando las redes sociales con imágenes de sí mismas haciendo cosas que reducen a escombros los estereotipos edadistas de antaño: salpicándose de barro en una carrera de obstáculos, vistiendo ropa moderna, regentando un camión restaurante, arreglando una moto, jugando con una videoconsola, haciendo voluntariado en África, estudiando para un examen importante o bailando durante toda la noche. Solo un puñado de seguidores pueden ver cada una de estas imágenes; pero las cifras son irrelevantes: lo que importa es que cada una de ellas —incluso las imágenes tradicionales abrazando a los nietos o haciendo punto— viene a añadir una pincelada a un retrato de la tercera edad que es a la vez rico, preciso y lleno de texturas; y, por ello mismo, digno. Un retrato que dice: «Ser más joven no siempre es mejor, y envejecer a mi manera puede resultar bastante maravilloso». Los papeles se han invertido. Cuando le pregunto a Swift en qué se basa el replanteamiento de Getty sobre el envejecimiento, ella responde con una sola palabra: Instagram. «Hoy en día, las personas mayores están tomando el mando de su lenguaje visual como nunca antes —me dice—. Vemos cómo quieren que se les visualice, y cómo ellas se visualizan a sí mismas, y eso nos da pistas muy buenas acerca de cómo producir nuestras propias imágenes».

A la hora de renovar la imagen del envejecimiento, haríamos bien en recordar las palabras de la escritora australiana Germaine Greer: «No todo el mundo envejece igual». No todos pueden ser Wang o Jaco. Puede que no tengamos el aspecto, el talento, el temperamento, los contactos o la salud necesarios para seguir su ejemplo. Para evitar retratar el envejecimiento como un juego de ganadores y perdedores, debemos representarlo en todos sus matices. Y eso significa brindar por los «superabuelos» sin tener que convertirlos por ello en un patrón oro inalcanzable. Quienes trabajan para redefinir lo que significa ser «más viejo» lo entienden muy bien. Incluso cuando Braun hace oír su voz en los medios de comunicación polacos, sazonando su discurso con expresiones como «cuanto más viejo, mejor» y «ser viejo es guay», tiene buen cuidado de saber reconocer los escollos de la vejez. «Junto con las cosas buenas también está la pérdida, la enfermedad, la muerte o las situaciones difíciles —comenta—. Envejecer no es solo bailar y divertirse».

Producir una imagen honesta e inclusiva del envejecimiento implica describir el declive, la discapacidad y el sufrimiento de una forma que tranquilicen y dignifiquen —en lugar de culpabilizar— a quienes lo sufren. También implica dar mayor realce a los momentos cotidianos y rutinarios que conforman la vida en cada etapa. Al fin y al cabo, el envejecimiento no constituye en absoluto una opción binaria entre deslumbrar y babear, entre ser una estrella en Instagram y languidecer en una residencia de ancianos. «Lo que de verdad necesitamos son muchas más imágenes de la cotidianidad situada entre esos extremos —explica Lorna Warren, una socióloga y experta en envejecimiento que trabaja en la Universidad de Sheffield—. La mayoría de nosotros pasamos la mayor parte de nuestras vidas siendo prosaicos, y debemos aceptarlo. A veces solo me apetece ser una Lorna prosaica de cincuenta y tantos haciendo el vago en chándal. No es aburrido; no es vergonzoso: es de lo que va la mayor parte de nuestras vidas. Deberíamos tener espacio para ser prosaicos al envejecer».

Lo cierto es que apenas estamos empezando a renovar la imagen del envejecimiento. En cada broma de *Ich Ktir*, Jaco y sus amigos son siempre quienes tienen la sartén por el mango y quienes ríen los últimos, lo cual representa un bienvenido salto adelante. Pero, aunque se mofen de los supuestos edadistas, también transigen con ellos; en otras palabras, al jugar con los estereotipos sobre las personas mayores —no tienen vida sexual, son analfabetas en materia de tecnología o les tiemblan las manos—, el programa nos trae a la mente esos mismos estereotipos. En un mundo edadista como es el nuestro, la línea divisoria entre reírse *con* Jaco o reírse *de* ella sigue siendo muy fina.

Sin embargo, estamos en el camino correcto, sobre todo porque muchos de quienes están actualizando nuestra forma de ver el envejecimiento lo hacen con sentido del humor. La risa constituye una potente herramienta para cambiar las mentes, derribar estereotipos y socavar el *statu quo*; de ahí que las personas autoritarias y los dictadores odien que se rían de ellos. A veces el envejecimiento es un asco, y encontrar un poco de alegría en medio de la oscuridad puede aliviar la carga. Cuando la actriz y comediante estadounidense Phyllis Diller bromea diciendo: «Estoy en una edad en la que mi espalda sale más que yo», todos reímos, y quizá podamos sentirnos algo menos preocupados por envejecer.

Esa es la razón por la que la revolución de la longevidad está impulsando un auge en el humor basado en el envejecimiento. En Japón, el decano de esta tendencia es Yoshihiro Kariya, un hombre de 66 años que realiza su monólogo de alto voltaje vestido con un abrigo rojo y luciendo una desenfadada cola de caballo.[12] Sus fans, principalmente sesentones y setentones, disfrutan de sus crueles bromas sobre toda clase de cosas, desde la muerte hasta la enfermedad pasando por la disminución de la libido.

Mi ejemplo favorito de humor negro sobre la tercera edad es obra de Diane Hill. Trabajando en colaboración con un artista en Coventry, Inglaterra, a los 56 años ideó una serie de emoticonos irónicos que muestran los aspectos más desagradables del envejecimiento. Uno de ellos representa a una mujer haciendo una mueca a causa del dolor de espalda; otro es un frasco de pastillas para la memoria; un tercero es un llamativo personaje que representa el concepto de «gastarse la herencia de los hijos». Puede que el lector no tarde en ver estos dibujos, conocidos como *emoldjis* (o «viejoticonos»),* en algún teléfono móvil que tenga cerca.

Tener sentido del humor incluso puede ayudarnos a envejecer mejor. La risa refuerza el sistema inmunitario, reduce el dolor y combate el estrés.[13] Un estudio realizado por un equipo de psicólogos de la Universidad de Akron, Ohio, reveló que las personas con sentido del humor viven unos ocho años más que sus hermanos más gruñones.[14] Como dijo George Bernard Shaw: «No es que dejes de reír cuando te haces viejo; te haces viejo cuando dejas de reír».

---

* *Emoldji* es un juego de palabras con el término japonés *emoji*, que suele traducirse como «emoticono», y el inglés *old*, «viejo». (*N. del t.*)

Lo que hacía tan convincente a Jaco era el hecho de que nunca dejaba de reírse. Sacaba el máximo partido del envejecimiento aceptando sus muchos aspectos positivos, al tiempo que asumía sus inconvenientes con ecuanimidad y con su característico ingenio. Ni siquiera su shakespeariano declive en la última vuelta pudo atenuar su ligereza de espíritu. La visión del cuerpo humano al final de su vida puede resultar penosa, y ver el de Jaco de manera tan cercana y personal me conmocionó más de lo que esperaba. Aunque disfrutaba de su compañía, no podía evitar sentir cierta inquietud, e incluso rechazo, ante su estado físico. Cuando estaba a punto de terminar nuestra reunión, Jaco me sorprendió echando una mirada furtiva a una costra que tenía en la espinilla. Me aguantó la mirada con expresión tierna e indulgente. Puso su mano sobre la mía. «El envejecimiento sucede. *C'est la vie.* Solo tienes que superarlo y abrazar todo lo bueno que puede brindarte el hecho de estar vivo a cualquier edad», me dijo. Luego, por un instante, volvió su famosa sonrisa: «Y si eso no funciona, solo tienes que ir a la farmacia y pedir una dosis doble de Viagra».

Quiero irme de este mundo como Jaco: riéndome mientras se apaga la luz. Ya sea en el cine, la televisión, las redes sociales o la publicidad, ver a un número cada vez mayor de personas floreciendo en la tercera edad hace que resulte más fácil hacerlo.

Cuando recogí mis cosas para dejar su patio bañado por el sol en Beirut, Jaco se dispuso a unirse a sus gatos para dormir la siesta. Le hice una última pregunta antes de irme: ¿qué elemento del mundo moderno ha hecho que el envejecimiento sea mejor para usted? Se quedó pensativa un momento, y luego señaló el teléfono móvil que yo llevaba en la mano. «Ahí tiene la respuesta —me dijo—. No estaría aquí sentada con usted si no fuera por toda esta nueva tecnología».

Un buen motivo de reflexión en un mundo que nos dice que la tecnología es patrimonio de los jóvenes.

6

TECNOLOGÍA: iEDAD

La tecnología es la fogata en torno
a la cual contamos nuestras historias.

LAURIE ANDERSON

Shirley Curry empieza cada mañana de la misma forma: dirigiéndose briosa y directamente desde su cama hasta la sala de estar. Allí, en un rincón de su pequeño apartamento de Rocky Mount, Virginia, tiene montado un auténtico santuario consagrado a los juegos en línea.

Están presentes todas las herramientas necesarias para tal actividad: un teclado, dos monitores, un disco duro externo y un *router*, un micrófono con auriculares y una videocámara, un reloj temporizador de cuerda y un teléfono móvil. Amontonados entre estos artilugios hay también algunos curiosos objetos analógicos: una esfera que representa a Júpiter, una casita de cerámica y un perro rosado de peluche para limpiar pantallas. Por todas partes se ven notas adhesivas de color rojo y blanco con mensajes de sus fans, dispersas como banderitas en una feria de verano. Tras conectar la alimentación, Curry se dispone a iniciar un turno que puede durar hasta 18 horas.

Su primera escala es YouTube. Para entrar en calor, mira vídeos de otros jugadores en acción, seguidos de sus propias hazañas del día anterior. Luego empieza a jugar. Su juego preferido es *Skyrim*, que se desarrolla en un mundo imaginario de monjes guerreros y pergaminos esotéricos en un planeta llamado Nirn. Su avatar es un joven comerciante itinerante cuyo nombre es Katamet. Curry se enganchó al juego desde su primera sesión. «Es como estar en una película donde puedes hacer lo que quieras e ir a donde quieras —explica—. Es tan hermoso que me enamoré de inmediato».

En la época de su luna de miel, jugaba al *Skyrim* hasta 12 horas seguidas, desconectada por completo del mundo exterior. «Era como un zombi», me dice. Hoy en día, su juego está mucho más reglamentado, dado que el mundo exterior siempre está esperando su último envío desde Nirn. Juega en periodos de 40 minutos o de una hora (de ahí el reloj temporizador), registrando cada escaramuza y ataque, cada tesoro descubierto, cada caminata a través de la maleza, junto con sus propios comentarios en tiempo real. Luego crea un vídeo y lo sube para ponerlo a disposición de sus 250.000 suscriptores que tiene en YouTube. Aunque de vez en cuando se levanta para ir al baño o realizar alguna tarea doméstica, pasa la mayor parte del día pegada a la silla. Incluso come delante del teclado. Para alguien sin la menor afición a jugar como yo, su rutina parece un nuevo círculo en el Infierno de Dante. Pero para las personas como Curry es maná caído del cielo. «¡Bueno, me encanta! —afirma—. Soy completamente adicta».

Hagamos una pausa para un experimento mental: ¿qué imagen de Curry se ha formado el lector en su mente? ¿Una adolescente con *piercings* faciales? ¿Una veinteañera que pasa de devolver su préstamo estudiantil? ¿Una programadora de treinta y tantos años que se ha echado a perder? Pues nada de todo eso. Curry no tiene *piercings* faciales, ni debe ningún préstamo estudiantil, ni sabe nada de programación. Y, además, tiene 81 años.

Curry empezó a jugar a los sesenta y tantos, y en todo este tiempo ha tenido que afrontar un montón de actitudes edadistas. Cuando reveló por primera vez en Internet su condición de persona mayor, la reacción fue tan inmediata como despiadada. Otros jugadores la acusaron de ser una impostora y hacerse pasar por adolescente. Un ingeniero de sonido incluso afirmó que utilizaba un dispositivo para alterar su voz. Cuando al final quedó claro que era realmente una persona mayor, los *trolls* se volvieron aún más corrosivos: «Hubo muchos comentarios groseros y desagradables sobre mi edad —explica Curry, haciendo una mueca de disgusto al recordarlo—. La gente me decía: "¡Lárgate, aquí no pintas nada, eres demasiado vieja!"».

Pero con el tiempo los enemigos fueron desvaneciéndose, y su edad se convirtió en uno de sus rasgos distintivos. Sus fans pasaron a denominarla «la Abuela», autocalificándose a sí mismos como sus «nietos». Los medios de comunicación hacían cola para entrevistar a la «abuelita jugadora». Curry, que tiene el ingenio y la calidez de un *disc-jockey* de radio nocturno, se mostró encantada de seguir el juego, y actualmente cuenta con un número de seguidores en la Red por el que muchos videojugadores se dejarían cortar un dedo. Recientemente, uno de sus fans publicó un mensaje en el que expresaba la opinión de muchos de ellos: «Gracias, Abuela, tus vídeos son alucinantes y son como un regalo diario».

La ascensión de Curry al estrellato de YouTube es una prueba más de que estamos entrando en una edad de oro del envejecimiento. La tecnología nos iguala a todos, entre otras cosas porque la única destreza física necesaria consiste en ser capaz de sentarse frente a una pantalla y empuñar un teclado o un mando de videojuegos. Aunque el hecho de tener un aspecto juvenil sigue siendo la divisa más valorada en los rincones de Internet donde imperan las selfis, muchas de las interacciones que se producen en la Red se basan únicamente en el texto, y, en consecuencia, realzan precisamente aquellos rasgos que tienden a mejorar con la edad: el conocimiento, la perspicacia social y el dominio de la palabra. El mundo digital también nos ofrece la oportunidad de reinventarnos de maneras que no existían en el pasado, lo que encaja con el deseo de desplegar las alas o de volver a empezar que a menudo sentimos en la tercera edad. Además de ser cincuenta años más joven que Curry, Katamet también es un hombre.

La ralentización que experimentamos a medida que envejecemos también puede ser un arma secreta en la Red, incluso en el mundo de los videojuegos. Aunque su edad tiene el valor de lo novedoso, la verdadera base de la celebridad de Curry en YouTube es su estilo de juego pausado. Dirige a sus fans a través de los fuertes abandonados y los bulliciosos mercados de Nirn como un amable y genial Virgilio. En comparación con los vertiginosos vídeos que suben los jugadores más jóvenes, sus clips son largos, y algo lentos y pesados. «Juego despacio, observo cualquier pequeño elemento del juego, y hablo de lo bonita que es tal cosa o tal otra, y a la gente le gustan mis comentarios porque suenan muy naturales —explica—. Creo que para muchas personas mi lentitud es un soplo de aire fresco».

Curry representa solo la punta de un iceberg en constante crecimiento. A medida que la tecnología se va haciendo cada vez más importante para la vida moderna, el ciberespacio envejece junto con la población. A pesar de haber crecido en la era anterior a Internet, actualmente los miembros de mi generación pasamos casi tanto tiempo conectados como nuestros hijos. Desde 2010, la proporción de estadounidenses mayores de 65 años que utilizan las redes sociales ha aumentado en más del triple, y muchos de ellos las usan para bastantes más cosas que mirar fotos familiares en Pinterest: juegan, imparten y hacen cursos, buscan el amor, colaboran en tareas colectivas, lideran campañas en pro de reformas sociales, presionan a los gobiernos, montan empresas emergentes, invierten en bolsa, escriben blogs, venden o exhiben sus obras de arte...[1] Mi madre, de 77 años, lleva consigo su iPad a todas partes.

Quizá debido al hecho de que la edad cronológica todavía importa menos en la Red que fuera de ella, tanto los jóvenes como los mayores comparten la misma relación de amor-odio con la tecnología. En una reciente encuesta en línea realizada en Gran Bretaña, el 89 % de los jóvenes de 18 a 24 años declaraba que Internet constituía una parte indispensable de sus vidas. No tiene nada de extraño; pero adivine cuál era la cifra para los mayores de 65 años: pues nada menos que el 84 %.² Cuando mi madre viene a vernos, se pasa más tiempo delante de la pantalla que mi hija adolescente. La misma encuesta reveló también que jóvenes y viejos se sienten igualmente abrumados por el rápido ritmo de renovación de las nuevas tecnologías.

Sin duda, Curry percibe las desventajas de ser una celebridad digital con la misma intensidad que cualquier miembro de la generación del milenio. Actualmente, tiene que dedicar más tiempo a interactuar con sus fans que a jugar a su querido *Skyrim*. «Antes solía entrar en mi juego y jugar durante horas y horas —explica con nostalgia—. Ya no tengo tiempo de jugar sola, y lo echo mucho de menos». Todo ese esfuerzo dedicado a la Red también le ha quitado tiempo para hacer ejercicio. Curry ya no usa la cinta rodante del pequeño gimnasio que tiene montado en el otro extremo de la sala. Ya no pasea por el barrio. Algunos días ni siquiera sale de casa. «He caído en la misma trampa que mucha gente —suspira—. Puede ocurrir a cualquier edad».

El estereotipo de la persona mayor que se siente desbordada por la tecnología en su puesto de trabajo también lleva camino de quedar obsoleto. Una encuesta realizada a más de 4.000 profesionales de tecnología de la información realizada por Dropbox reveló justamente lo contrario: los mayores de 55 años estaban menos estresados por la tecnología que sus colegas más jóvenes.³ Un equipo de investigadores de la Universidad Estatal de Carolina del Norte ha mostrado que los programadores mejoran sus conocimientos y habilidades con el tiempo, y que los cincuentones suelen saber tanto o más sobre las últimas plataformas de *software* que sus rivales veinteañeros.⁴ Cuando Jean Pralong, profesor en la Escuela de Negocios de Ruan, en Francia, analizó el rendimiento laboral de 400 personas con una formación similar de entre veintitantos y sesenta y tantos años de edad, descubrió que los trabajadores mayores dominaban las nuevas tecnologías con la misma rapidez que los más jóvenes.[5]

Ron Ayers es un buen ejemplo de ello. Después de una larga carrera diseñando bombarderos y misiles, pasó a canalizar sus conocimientos de aerodinámica en la construcción de automóviles disparatadamente rápidos. Una de sus creaciones estableció un récord de velocidad terrestre con motor diésel al alcanzar los 560 kilómetros por hora en 2006. Actualmente está diseñando un automóvil capaz de viajar sobre el asfalto a 1.600 kilómetros por hora. Su lanzamiento está programado para 2019, el año en que Ayers cumplirá 87. Al preguntarle cómo consigue estar al día de las nuevas técnicas y artilugios, responde simplemente: «He evolucionado junto con la tecnología».

Barbara Jones, la agente de seguros a la que conocimos anteriormente, hace lo mismo. A sus 69 años es una auténtica «nativa digital» por derecho propio, activa en Facebook y rápida en recurrir a Google para responder a cualquier pregunta que surge en su vida diaria. Su iPhone está lleno de aplicaciones y le muestra constantemente los resultados de su deporte favorito, el fútbol americano universitario. Utilizó el sitio web de anuncios Craigslist para comprar el escritorio de dos plazas en el que actualmente tiene instalado su ordenador, con doble pantalla, en su apartamento de Arizona. Y le encanta que la tecnología le sirva asimismo para estar más unida a su nieto, aficionado a los videojuegos. «Yo no tengo ni idea de videojuegos —explica—. Pero sé lo bastante como para que podamos hablar de ordenadores, ya sabe, de lo que nos gusta y de lo que no».

Para conseguir trabajo en el despiadado mundo de la correduría de seguros, Jones tiene que mantenerse al tanto de la última tecnología en el sector. Cuando vuelvo a ponerme en contacto con ella, va camino de dominar un nuevo y complejo sistema de gestión llamado Epic. «Es realmente un programa increíble, muy avanzado, pero eso no es problema para mí —afirma—. El técnico de la agencia le diría que voy muy adelantada en la curva [de aprendizaje] y que lo estoy aprendiendo más deprisa que algunos de mis colegas más jóvenes».

Jones tiene la ventaja de llevar ya muchos años lidiando con las novedades tecnológicas. Cuando tenía veintitantos, el que entonces era su marido llenó su casa de artilugios, incluido el primer ordenador Mac de Apple. Luego, sus años de trabajo en el mundo de las ventas y el comercio minorista la expusieron a una oleada tras otra de tecnología. Como veíamos antes, el cerebro humano se las apaña bien cuando en una etapa posterior de la vida se le pide que aprenda nuevas habilidades en un ámbito similar al que ya conoce. Pero ¿y si tienes que hacer frente a la tecnología cuando eres mayor y no tienes el pedigrí de alguien como Jones? ¿Es una causa perdida?

Por supuesto que no.

Arianna Huffington tenía cincuenta y pocos años cuando empezó a soñar con aprovechar los recursos de la Web para difundir noticias y opiniones. Por entonces era una escritora con un conocimiento limitado de la tecnología, pero eso no la detuvo. Descubrió qué tecnología necesitaba aprender y compensó sus déficits contratando a los genios informáticos adecuados. En 2005, a sus 55 años, lanzó el *Huffington Post*, actualmente uno de los blogs de noticias y comentarios de mayor éxito mundial.

Vale. Seguramente, el lector estará pensando que tener cincuenta y pico tampoco supone tanto problema para ponerse al día de la tecnología. Al fin y al cabo, Steve Jobs supervisó el lanzamiento del iPhone a la misma edad en la que Huffington creaba su blog de ámbito mundial. Pero ¿qué ocurre en otras edades más tardías?

Para descubrirlo, decido pasarme por Senior Planet, en la zona oeste de Nueva York. Anunciado como el primer «centro comunitario independiente dedicado a aprovechar el poder de la tecnología para mejorar la forma en la que envejecemos», esta entidad ofrece información y consejos en línea sobre toda clase de cosas, desde salud y citas hasta viajes y moda. También enseña informática para principiantes. Cuando asisto a una de las clases, una tarde, descubro precisamente el tipo de escena que tan rara resulta en el archivo de Getty Images: una docena de estudiantes, con edades comprendidas entre los 62 y los 83 años, disponiéndose a crear sitios web en ordenadores iMac. El aula bulle como una colmena. De vez en cuando, alguien pide silencio, pero en vano: la gente está demasiado excitada. Un alumno ansía construir un sitio web que permita exhibir obras de arte sin tener que acudir a una galería. Otro tiene el proyecto de vender joyas en línea. Un tercero aspira a crear un sitio de noticias dedicado a la agricultura en África. La mujer que se sienta ante el ordenador que hay junto al mío tiene 80 años y desea hacer crecer su negocio de *coaching* llevándolo a la Red. «A mi edad busco la mejor forma de aportar mis talentos al mundo, y eso significa dominar la tecnología que hay —me dice—. Y además es divertido aprender algo nuevo: ¡es como volver a la escuela!».

Aparte de mí, la única persona menor de 60 años presente en la sala es el profesor, Kin Chan. Tiene 26 años y lleva una camiseta roja con el eslogan de Senior Planet: «Envejecer con actitud». A pesar de que lo explica todo con gran claridad y sin un ápice de condescendencia, la clase tiene un comienzo vacilante. A algunos alumnos les cuesta entender lo básico. Uno no es capaz de encontrar un simple botón de Inicio. Otro hace doble clic con el ratón cuando se requiere un solo clic. Cuando se les pide que abran una cuenta en una plataforma en línea, un tercero se queda bloqueado.

—¡Por favor, apunten sus contraseñas en sus cuadernos! —exclama Chan, con cierta exasperación en la voz.

Sin embargo, al cabo de un rato, todos empiezan a avanzar, y se me ocurre pensar que quizá los contratiempos que han sufrido los alumnos al comienzo de la clase no se debían a limitaciones propias de la edad, sino al sencillo hecho de que no estaban familiarizados con la tecnología. Hace unos días vi un programa de televisión donde se invitaba a unos adolescentes a manejar diversos aparatos antiguos... y se quedaron perplejos. Algunos no fueron capaces de descubrir el modo de reproducir un vinilo en un giradiscos, levantando e inspeccionando la aguja como si fuera el tallo de una planta exótica. Otros palidecieron cuando se les pidió que sintonizaran una radio manual. El tono general del programa era ligero e informal, en la línea de: «¡Vaya!, ¿a que es divertido ver a los nativos digitales deslumbrados por la tecnología analógica?»; en ningún momento se extraían consecuencias sobre los posibles fallos cognitivos de todo un grupo de edad. En cambio, cuando alguien mayor de 50 años tiene problemas para manejar cualquier tipo de dispositivo, el edadismo alza enseguida su fea cabeza: chasqueamos la lengua, intercambiamos miradas de complicidad y nos apresuramos a echar la culpa a su avanzada edad.

Eso es un error. Lo cierto es que, a la hora de afrontar una tecnología con la que no está familiarizado, todo el mundo tiene que seguir una determinada curva de aprendizaje. Lo bien que remonte esa curva dependerá más de su actitud y sus aptitudes que de su edad. Eso es lo que revelan los estudios sobre el aprendizaje. Y también es lo que Chan ha observado en los dos años que lleva enseñando en Senior Planet. «Cuando se trata de aprender nuevas tecnologías, la edad realmente es solo una cifra —afirma—. La personalidad y la capacidad intelectual, junto con el interés que tengas en los ordenadores, son mucho más importantes que tu edad».

¿Recuerda el lector a Kimiko Nishimoto, la reina japonesa de las selfis extravagantes? Pues no cogió una cámara hasta que tuvo 72 años. Su compatriota Masako Wakamiya, una banquera jubilada, empezó a usar ordenadores a los sesenta y pico, y más tarde aprendió a escribir código de *software* mediante tutoriales en línea. Frustrada por la escasez de videojuegos para móviles destinados a personas mayores, a la larga diseñó el suyo propio. Basada en un festival tradicional de muñecas japonés, y desarrollada y narrada a un ritmo pausado, su creación, *Hinadan*, le valió una invitación a la conferencia anual de desarrolladores de Apple cuando tenía 82 años. Wakamiya es hoy una ferviente activista en favor de sacar partido de la tecnología en la tercera edad, y recorre el mundo de un lado a otro concediendo entrevistas y dando conferencias. En su sitio web publica videoblogs de sus viajes y tutoriales acerca de cómo hacer arte utilizando Excel.

Saber de personas como Wakamiya y pasarme por Senior Planet me está haciendo sentir más optimista con respecto a mi propio envejecimiento en un mundo en el que la tecnología está cambiando constantemente. Chan piensa lo mismo. «Para mí, una de las principales lecciones es que, por muy "atrasado" que estés en algo en comparación con el resto del mundo, si lo intentas *te pondrás* al día —afirma—. Y eso resulta muy tranquilizador».

Sin embargo, ese mensaje necesita tiempo para cuajar. Incluso en Senior Planet —donde todos los carteles, correos electrónicos y folletos remachan la idea de que hay que aceptar el envejecimiento—, a veces los propios alumnos culpan a su avanzada edad cuando se encuentran con que el aprendizaje les lleva más tiempo del que les gustaría. Pero lejos de pasar por alto ese edadismo autoinfligido, Chan contraataca mencionando a un hombre de 92 años con párkinson que completó sus cursos de informática básica y avanzada con excelentes notas: «¡No pude por menos que asombrarme de lo mucho que aprendió!».

La tecnología puede darnos alas en la tercera edad, posibilitando que interactuemos con el mundo de forma que trascienda nuestro envejecimiento corporal. Jaco utilizó Facebook y YouTube hasta el último momento para crearse su propia audiencia en todo el mundo árabe. En Nightingale House, una residencia de ancianos de Londres, John Rich, de 93 años, se mantiene al tanto de los acontecimientos mundiales navegando por diversos sitios de noticias en su iPad. También viaja cibernéticamente a lugares distantes. Utilizando Google Earth, ha visitado las calles de Steglitz, el barrio de Berlín donde creció, y ha recorrido las carreteras secundarias de Somerset, el condado inglés que durante muchos años fue su hogar. Encabezan su lista actual de lugares pendientes de visitar las Seychelles, el Caribe y varios campos de golf de Estados Unidos. «Google Earth es increíble —afirma—. Puedo estar aquí sentado en mi silla y viajar a cualquier parte del mundo».

Ida White utiliza sus alas para ayudar a otros. Nacida en Nueva York, pasó la mayor parte de su vida adulta en las islas Vírgenes de Estados Unidos, trabajando como maestra de escuela, orientadora, locutora de radio y activista política. Ahora, a sus ochenta y tantos, vive en Orlando, Florida, pero se mantiene en contacto con su país de adopción a través de las redes sociales. En Facebook ofrece consejos a sus casi 700 amigos, muchos de ellos antiguos alumnos que la llaman «profesora» o «señorita White». Cuando los huracanes devastaron las islas en 2017, utilizó su experiencia en gestión de catástrofes para dar consejos acerca de cómo afrontar las consecuencias. «La edad no es lo primero en lo que la gente se fija en Facebook, y eso puede resultar liberador —explica—. En lugar de preocuparme por la edad que tengo, puedo limitarme a ser yo misma».

El mundo de Internet todavía está muy lejos de ser una utopía en la que la edad no cuente para nada. Al igual que el sexismo, la homofobia y el racismo, el edadismo acecha constantemente en el ciberespacio. A veces las publicaciones de Paulina Braun en Facebook y YouTube son objeto de comentarios desagradables sobre las personas mayores. Muchos videojugadores de edad avanzada todavía se esconden detrás de perfiles falsos para evitar la bilis edadista. Curry solo decidió «salir del armario» cuando empezó a charlar cada vez más con sus fans. «Quería que la gente me conociera porque yo deseaba conocerlos a ellos —explica—. No tiene sentido estar ahí charlando con gente si no sabes quién es el otro, es absurdo». Y no le falta razón. Experimentar con personajes en línea puede resultar divertido y liberador, pero no si te sientes obligado constantemente a fingir ser más joven de lo que eres. Para aprovechar plenamente el potencial del ciberespacio, todo el mundo debe sentirse igualmente acogido en él.

Tras conversar con Curry, descubro otra forma sorprendente en la que la tecnología podría ayudarnos a envejecer. Resulta que ahora puedes hacerte un autorretrato artificialmente envejecido en tu teléfono móvil o pasar el rato con un convincente avatar de una versión más vieja de ti mismo en una simulación de realidad virtual. Aunque esto parece poco más que una inofensiva diversión, diversos estudios demuestran que puede ayudarnos a reducir la «desconexión emocional fundamental» que existe entre nuestro yo presente y nuestro yo futuro; y eso puede servirnos de inspiración para planificar mejor nuestra tercera edad, hacer más ejercicio, dejar menos cosas para mañana e incluso comportarnos de manera más ética.[6]

Cuando le pregunto a Curry si le gustaría pasar un rato agradable con una versión virtual de su futuro yo, ella ríe: «A mi edad, creo que ya soy mi futuro yo —me responde—. Me siento feliz y contenta con quien soy ahora y con donde estoy». Escuchar esas palabras de cualquier persona, joven o vieja, siempre me levanta el ánimo. Pero escucharlas de Curry, que es treinta años mayor que yo, me hace pensar en una cuestión que lleva dando vueltas en el fondo de mi mente desde aquel torneo de hockey en Gateshead: ¿ha encontrado la felicidad a pesar de su edad, o gracias a ella?

7

FELICIDAD: PREOCUPARSE MENOS, DISFRUTAR MÁS

¡Envejece junto a mí!
Lo mejor está por venir…

ROBERT BROWNING

En un soleado domingo por la mañana de principios de primavera, una docena de mujeres se abren paso por las calles de Sagunto, una tranquila ciudad portuaria de la costa valenciana. Hace una generación, sus madres habrían acudido a la iglesia para permanecer allí un par de horas en compañía de un sacerdote y rodeadas de cuadros de la Virgen María. Pero estas mujeres, de entre 50 y 70 años de edad, van a participar en un ritual muy distinto: pasarán la mañana haciendo grafitis en las paredes del centro de la ciudad.

La expedición recuerda a una despedida de soltera: ruidosa, festiva y de espíritu travieso.

—¿Y si nos ve algún conocido? —pregunta a voz en grito una de las grafiteras con fingida preocupación.

—A mí me preocupa más la policía: soy demasiado vieja para pasar la noche en un calabozo —dice otra.

Cuando una tercera anuncia que su familia la ha bautizado como la «Abuelita Grafitera», todas ríen a carcajadas.

Estas mujeres participan en un taller de arte callejero para personas mayores del que también yo formo parte. Ayer aprendimos la historia del grafiti en todo el mundo y vimos fotografías de obras de grafiteros famosos como Banksy, ROA y Escif. Hemos diseñado nuestras propias firmas, o «etiquetas»; y también hemos hecho plantillas de flores, gatos, castillos, ropa y vasos de precipitados.

Vestidos con batas, monos o prendas de segunda mano desparejadas, finalmente llegamos a una pared a orillas del lecho seco del río Palancia. Amplia, limpia y de color crema, constituye el lienzo ideal para cualquier grafitero. Utilizando cinta adhesiva, creamos marcos rectangulares sobre la superficie uniforme de hormigón. Luego nos ponemos las mascarillas y empezamos a rociar la pared con un auténtico caleidoscopio de colores: rosa, azul verdoso, canela, cobalto, verde, amarillo, naranja, blanco, rojo, negro... Pintamos nuestras manos, firmas y plantillas, junto con eslóganes como «¡Viva Sagunto!». Al poco rato, nuestros murales parecen una caótica colaboración entre Jackson Pollock y Jean-Michel Basquiat.

—¡Esto es mucho más divertido que ir a misa! —exclama una de las mujeres, provocando vítores y más risas.

Aunque Sagunto, como muchas otras ciudades españolas, está llena de grafitis, muchos de ellos de contenido político, y algunos algo rudos, los transeúntes se agrupan para contemplar nuestros anárquicos murales. Dos mujeres jóvenes que llevan una gigantesca paella vacía se detienen a sacar fotos, y lo mismo hace un ciclista de mediana edad vestido de licra.

—Deberíamos decirle a la abuela que haga esto alguna vez —le dice un padre a su hijo—. Parece mucho más divertido que ver telenovelas.

Una anciana que vuelve de misa vestida con sus mejores galas se pasea de un lado a otro de la acera, inspeccionando la obra de arte, haciendo preguntas, tocando la pintura y cogiendo algún que otro *spray* del suelo para evaluar su peso.

—Es todo muy bonito, especialmente con este sol de primavera —afirma—. Siempre había pensado que los grafitis eran para los jóvenes, pero viendo esto me dan ganas de probarlo yo también.

El taller es una idea de Lara Seixo Rodrigues, una arquitecta portuguesa de treinta y tantos años. Tras observar a personas mayores fascinadas por un festival de arte callejero celebrado en su país de origen, decidió enseñarles a pintar las paredes de su ciudad. Desde entonces ha dirigido talleres de grafiti para mayores de 50 años en todo el mundo, desde Portugal y España hasta Brasil y Estados Unidos. Muchos de los participantes tienen alguna discapacidad física. Algunos vienen con andadores. Otros sufren demencia. Hasta ahora el récord de edad está en 102 años.

Mientras arrojamos pintura a aquella pared de Sagunto, Seixo Rodrigues me explica que su objetivo no es descubrir a un nuevo Banksy de cabello plateado. «Este proyecto va de mucho más que de arte —afirma—. Va de romper los estereotipos edadistas haciendo que las personas mayores salgan a la calle, donde a menudo no se sienten bien recibidas. Va de vivir la vida al máximo y no preocuparse por lo que piensan los demás».

Antes veíamos que el envejecimiento puede hacernos socialmente más hábiles, hacer que nos sintamos más cómodos en compañía de otras personas. Bueno, pues hay otra buena noticia: también puede hacer que nos sintamos más cómodos con nosotros mismos. Al envejecer, tendemos a sentirnos más a gusto en nuestra propia piel, a reconciliarnos con nuestros puntos fuertes y nuestras debilidades, a sufrir mejor los tiros de la fortuna adversa.[1] Al final nos damos cuenta de que ya nunca vamos a ganar el torneo de Wimbledon, ni viajaremos en el transbordador espacial ni obtendremos un doctorado *honoris causa*, y el hecho es que nos parece bien. El miedo a decir o hacer algo incorrecto, tan común y tan paralizante en los años más jóvenes, empieza a desvanecerse. Lo que los demás piensan de nosotros pasa a importar menos que vivir a nuestra manera. Ann Landers, una legendaria «Elena Francis» estadounidense, presentó este cambio en blanco y negro: «A los 20 años nos preocupa lo que los demás piensan de nosotros. A los 40 nos da igual lo que piensen de nosotros. A los 60 descubrimos que en realidad no han pensado en nosotros para nada».

No todo el mundo sigue esa pauta. Algunos se sacuden el yugo de las opiniones de los demás en una fase temprana de su vida. John Lydon, por ejemplo, ofendió alegremente a todo el mundo, desde la monarquía británica hasta los medios de comunicación pasando por sus propios compañeros, al liderar los Sex Pistols a sus veintipocos años. En cambio otras personas, independientemente de la edad que tengan, nunca dejan de preocuparse por cómo los ven los demás. Si lo permitimos, no obstante, el envejecimiento puede convertirnos en maestros del sutil y satisfactorio arte de preocuparnos menos.

A veces practicar ese arte saca de quicio a la gente. Hace veinticinco años, no se puede decir precisamente que la contundente evaluación que mi abuela hacía de mi ropa, mi cabello y mis primeras decisiones profesionales me entusiasmara demasiado. Hoy mis propios hijos se avergüenzan de mis chistes malos y mis escasas dotes de bailarín. Pero este parece ser un escaso precio que pagar cuando se considera cuán deliciosamente liberador puede resultar preocuparse menos.

Los grandes pensadores siempre han tenido esto muy claro. Dos mil quinientos años antes de que Facebook inventara el botón de «me gusta», Lao Zi, el fundador del taoísmo, proclamaba: «Preocúpate por la aprobación de la gente, y serás siempre su prisionero». Virginia Woolf hizo una observación similar a principios del siglo xx: «Los ojos de los demás son nuestras prisiones; sus pensamientos, nuestras celdas». Incluso el doctor Seuss, el célebre autor estadounidense de libros infantiles, se unió a este coro de voces: «Sé quien eres y di lo que sientes, porque esas personas a las que les preocupa no importan, y porque a esas personas que importan no les preocupa». Gran parte de la industria de la autoayuda se basa en ese mismo principio.

Adoptar la actitud de preocuparse menos ofrece una grata liberación de la obsesión por las pequeñas cosas. Fue eso lo que animó a Albert Einstein a vestirse como le apetecía. «He llegado a una edad —comentó en cierta ocasión— en que, si alguien me dice que tengo que llevar calcetines, no tengo por qué hacerle caso». También puede facilitarnos hacer cosas más importantes, como salir de un mal matrimonio, dejar un prestigioso trabajo o poner fin a una amistad tóxica. En una charla para la organización TED (de la que ya hemos hablado antes), la novelista Isabel Allende, que entonces tenía 70 años, expresó de manera algo poética el hecho de que ya no se sentía obligada a responder a las expectativas de los demás: «Ya no tengo que demostrar nada —declaró—. He dejado de estar aferrada a la idea de quién era yo, de quién quiero ser o de lo que los demás esperan que sea. Me siento más ligera».

Esa ligereza sin duda hace que ser dibujante resulte más fácil para Mac. Algunos de sus trabajos, como la postura editorial del periódico donde aparecen, molestan a la gente, y de vez en cuando es ridiculizado en las redes sociales. Pero a estas alturas todas esas pullas le resbalan. «Antes deseaba agradar a todo el mundo, de modo que, si recibía una carta de un lector que decía: "¡Joder!, ¡menudo derroche representas para el periódico!, ¿por qué no vuelven a poner al tipo de antes, que era mucho mejor?, y bla, bla, bla", yo solía tomármelo como algo personal y me sentía tremendamente dolido por ello —explica—. Ahora me lo tomo con calma porque sé que no puedes complacer a todos, y eso me vale».

Obviamente, la tendencia a preocuparse menos también puede llevarse demasiado lejos. No preocuparse en absoluto por lo que piensan los demás puede conducir a un comportamiento egoísta e hiriente. Cuando la demencia u otras formas de deterioro cognitivo grave erosionan el control de los impulsos de las personas, los resultados pueden ser mortificantes. Sin embargo, si se aplica en la dosis correcta, la actitud de preocuparse menos representa un billete para vivir la vida que uno quiere vivir. Cuando se le pidió que señalara qué era para ella lo mejor de envejecer, la célebre Oprah Winfrey respondió: «... la libertad de ser y hacer lo que quieras».

Dicha libertad puede ser una bendición en aquellas culturas que dan una gran importancia a «guardar las apariencias» y encajar en el grupo. O si no que se lo pregunten a Park Dae-Hyun, que pasó casi treinta años realizando un trabajo de contabilidad que detestaba, en Seúl. Cuando nos reunimos para comer en un restaurante de la capital surcoreana, destaca a la legua de entre los pulcros asalariados de traje oscuro que nos rodean. Vestido con unos pantalones chinos de color gris y una camisa de cuello abierto, da la impresión de no haberse peinado desde hace un par de días. Cuando nos acomodamos ante dos boles calientes de *bibimbap* dignos de figurar en Instagram, me explica por qué pasó tanto tiempo haciendo un trabajo que odiaba.

Dado que fue el primer miembro de su familia que asistió a la universidad, se sintió obligado a renunciar a su sueño infantil de regentar un restaurante a cambio de un sueldo fijo. Lo que le hizo volver a la oficina un mes tras otro y un año tras otro fue el temor a contrariar a otras personas; un temor profundamente arraigado en muchas culturas asiáticas. En Corea, diferenciarse de la multitud está tan mal visto que las palabras «mío» y «yo» a menudo se utilizan como sinónimos de «nuestro» y «nosotros». A Park se le revolvían las tripas al pensar en cómo reaccionarían los demás si cambiaba su calculadora por una tabla de cortar. «Me sentía paralizado por el miedo a contrariar a la gente —afirma—. A mis padres, a mi esposa, a mi hijo, a mis amigos, a mis colegas, incluso a los vecinos; me preocupaba mucho lo que pensaban todos ellos». Sin embargo, siguiendo la máxima de Ann Landers, ese temor empezó a disminuir a partir de los cuarenta y tantos. El punto de inflexión llegó un día en que se encontró a sí mismo mordisqueando un *bibimbap* de no muy buena calidad en su escritorio. «De repente pensé: "¿Sabes qué?, la verdad es que ya no me importa lo que piensen los demás —explica—. ¡Me niego a pasar el resto de mi vida haciendo un trabajo aburrido y engullendo comida mala!"». Al cabo de unos meses, poco después de su quincuagésimo primer cumpleaños, Park renunció a su puesto de contable, y actualmente está aprendiendo a preparar el *bibimbap* como Dios manda en una escuela de cocina local.

Embarcarse en una nueva carrera profesional en una fase tardía de la vida rara vez es pan comido. Park todavía sigue haciendo trabajos de contabilidad por su cuenta para llegar a fin de mes. Aunque su esposa y él han reducido sus gastos, es posible que tengan que mudarse de Seúl a una ciudad más pequeña para poder tener su propio restaurante. «Tienes que hacer sacrificios, pero te vale porque estás persiguiendo tu sueño —dice Park—. Mi consejo a cualquiera que esté pensando en cambiar de profesión es: hazlo. Encontrarás la forma de hacer que funcione».

Cuando le pregunto si la edad le ha convertido en una persona distinta, Park deja un momento sus palillos de metal para reflexionar y se acaricia la cicatriz que un reciente corte de cuchillo le ha dejado en el pulgar izquierdo. «No, en cualquier caso, ahora soy más yo mismo que nunca —afirma—. Hacerme mayor me ha dado confianza para vivir para mí, en lugar de para otros».

Adoptar la actitud de preocuparse menos también puede servir a un bien mayor. Algunas personas han cambiado el curso de la historia dando un paso adelante cuando ya tenían cierta edad para decir lo que no podía decirse o hacer lo que no podía hacerse. Rosa Parks tenía 42 años cuando se negó a dejar su asiento en aquel autobús en Montgomery, Alabama. Hoy necesitamos más que nunca esa voluntad de romper moldes y plantar cara al poder. ¿Por qué? Pues porque vivimos en un mundo gobernado por la sandez y las apariencias, donde la mentira triunfa sobre la sinceridad, donde la presión para rendir es implacable, donde las cámaras de resonancia digitales nos aíslan de aquellas opiniones que contradicen las nuestras, donde las turbas de Twitter vigilan las opiniones, los chistes y el lenguaje, donde se entregan las llaves del reino a quienes encuentran la forma más comercial de decir lo que todos los demás quieren oír. Un remedio para esta cultura de conformismo es tener a más gente por ahí que esté dispuesta a decir lo que piensa porque le importa poco lo que los demás piensen de ella, y eso es exactamente lo que puede ofrecer la revolución de la longevidad. Como decía Oliver James, un destacado psicólogo y psicoterapeuta británico: «Esa franqueza, esa refrescante autenticidad que se encuentra en las personas mayores, tiene un enorme valor».

Sagunto es una ciudad conservadora, y a las grafiteras les encanta provocar a la gente y hacerle fruncir el ceño. Los grafitis suelen ser patrimonio exclusivo de jóvenes alborotadores que pasan la noche jugando al gato y el ratón con la policía. Unas semanas antes de que se iniciara el taller, un adolescente de la localidad fue multado por pintar un vagón de tren. Aunque nuestra creación artística cuenta con la aprobación del ayuntamiento, la visión de un grupo de mujeres mayores haciendo de grafiteras a plena luz del día resulta desconcertante. «Es bueno que la gente nos vea aquí pasándolo bien y haciendo algo un poquito fuera de la ley —dice una grafitera—. Rompe el estereotipo de que las personas mayores son aburridas e invisibles». Otra se muestra encantada al ver que un colega no la reconocía detrás de su máscara. «Me conoce desde hace veintiséis años y está conmocionado», explica. Una tercera se complace en agitar las aguas en el frente doméstico: «Quería traer a mi nieto para que me viera pintar en la calle —comenta—. Pero su madre cree que sería un mal ejemplo para él».

¿Consideró la posibilidad de no asistir al taller para aplacar a su nuera?, le pregunto.

Ella menea la cabeza: «Para ser sincera, lo cierto es que no me importa lo que crea —me responde—. Mientras yo estoy aquí divirtiéndome, que ella se quede en casa preocupada por lo que pensarán los vecinos».

Hacia el final del taller aparece un marido y se queda en segunda fila entre la gente, frunciendo el ceño. «Esto no me hace ninguna gracia —me dice—. Cierto, puede que lo que mi esposa está haciendo aquí sea bonito, pero también es una provocación y una invitación a que otros se dediquen a hacer el tipo de grafitis que no son más que vandalismo gratuito». Señala una pared cercana, donde aparece la palabra *pene* pintada en color negro. Luego se acerca a su esposa, que se esfuerza en mantener una plantilla en su lugar, y anuncia que en casa la paella ya está lista. Sin volverse a mirarlo, ella murmura una respuesta que resume muy bien el espíritu despreocupado del taller: «¡Que espere la paella!».

España es tan conocida por sus fiestas como puede serlo por la paella, y lo cierto es que estas grafiteras están en modo fiesta total: está claro que preocuparse menos es divertido. Puedo imaginar fácilmente a Jaco cogiendo un *spray* de pintura y uniéndose al jolgorio. Pero las risas de Sagunto nos llevan a una cuestión más seria: ¿son estas mujeres siempre tan alegres como en esa soleada mañana de domingo en la que se dedican a romper estereotipos, o bien el taller representa solo unas minivacaciones en unas vidas por lo demás tristes? Todas las grafiteras a las que les hago esta pregunta me repiten la misma respuesta que me dio Shirley Curry: estoy contenta con mi vida. Algunas de las de mayor edad afirman que son más felices que nunca.

Mi primera reacción al escucharlo es preguntarme: ¿no será que han inhalado demasiada pintura? Al fin y al cabo, el envejecimiento suele venir acompañado de cosas que parecen ir en contra de la felicidad: la pérdida del vigor, de la fertilidad y de la apariencia juvenil; una mayor lentitud en cuestiones cognitivas; la muerte de los seres queridos; la enfermedad; el carro alado del tiempo acercándose cada vez más deprisa... Ciertamente, la cultura popular refuerza la idea de que viejo es igual a triste: pensemos en todas esas fotos de archivo de viejos taciturnos de la base de datos de Getty Images; o en todos esos personajes mayores gruñones que pueblan las series de televisión (el abuelo Simpson, sin ir más lejos). Sabemos que el lenguaje dispone de varios términos y expresiones poco halagüeños para referirse a los mayores malhumorados y de mal carácter, como «viejo cascarrabias», «viejo carcamal», «vieja bruja» o «vieja arpía», pero muy pocos para designar a los ancianos felices. En el ámbito médico, las personas mayores que sufren de mal humor tienen menos probabilidades de que se les ofrezca un tratamiento psicoterapéutico porque suele considerarse que la depresión es un componente natural de la tercera edad. En una encuesta realizada por la organización AARP (anteriormente conocida como Asociación Estadounidense de Personas Jubiladas), el 47 % de los encuestados de entre 18 y 39 años declararon que es «normal deprimirte cuando eres viejo».

Pero ¿de verdad lo es?

Todos conocemos a alguien que es desdichado en la tercera edad. Puede que a varias personas. Pero ¿son la norma? ¿Y realmente su infelicidad es un subproducto inevitable del envejecimiento? Por fortuna, la respuesta a ambas preguntas es no. El envejecimiento no es un viaje sin retorno al Planeta Tristeza. Nada más lejos. En la mencionada encuesta de AARP, solo el 10 % de los mayores de 60 años describieron la vejez como una etapa deprimente de la vida.[2]

Aunque el envejecimiento pasa factura a nuestro cuerpo, por regla general la salud mental mejora al hacernos mayores. La ansiedad, la depresión y el estrés subjetivo disminuyen, a la par que mejora nuestra capacidad de vivir el presente y aprovechar el momento, lo que lleva asociado un mayor bienestar.[3] Con frecuencia, incluso, a medida que aumenta la probabilidad de morir, nuestro temor a la muerte disminuye; y esto se mantiene hasta el mismo final.[4] Cuando un equipo de investigadores comparó entradas de blogs escritas por personas con enfermedades terminales con otras de personas sanas a las que se les pidió que imaginaran que estaban a punto de morir, descubrió que las primeras eran más optimistas.[5] Ser más honestos porque nos importa menos lo que los demás piensen de nosotros también puede reducir la disonancia cognitiva al sintonizar más nuestras acciones con nuestras creencias. «La mayoría de la gente piensa que la vejez no es más que tristeza y negrura —explica Dilip Jeste, un distinguido profesor de psiquiatría y neurociencias y director del Centro para un Envejecimiento Saludable de la Universidad de California en San Diego—. En realidad, no es así».

Diversos estudios lo confirman. Un equipo de investigadores de la Universidad de Chicago encontró que nuestras probabilidades de ser «muy felices» aumentan un 5 % cada diez años.[6] En varias encuestas nacionales del Reino Unido, quienes declaran tener niveles más altos de felicidad y satisfacción con la vida son los adultos de más de 60 años.[7] Hasta el propio Pete Townshend confesó sentirse más alegre a sus sesenta y pico de lo que lo era cuando escribió la famosa frase que mencionábamos al principio de este libro, una de las más edadistas de toda la música pop: «Espero morir antes de envejecer». Diversos estudios longitudinales realizados en todo el mundo parecen sugerir que la felicidad sigue una curva en forma de «U», tocando fondo alrededor de los cincuenta y tantos para volver a aumentar de nuevo a partir de esa edad.[8] Incluso las personas con mala salud y en situación de pobreza tienden a seguir esa misma pauta. Asimismo, los científicos han hallado pruebas de que los chimpancés y los orangutanes experimentan una curva similar en forma de «U», lo que sugiere que ese aumento de la felicidad en la tercera edad podría estar codificado en nuestros genes de primates. «Parece ser un fenómeno muy profundo —afirma Andrew Oswald, profesor de economía y ciencias del comportamiento en la Universidad de Warwick, en el Reino Unido—; uno de los grandes rompecabezas de las ciencias sociales».

Tenemos tan asumido el estereotipo de «viejo igual a triste» que para muchos de nosotros esto constituye una auténtica sorpresa. Goethe, que de joven fue un acérrimo edadista, no pudo por menos que asombrarse al descubrir más tarde que «lo que uno anhela en la juventud lo encuentra en la vejez». También Tolstói descubrió que la tercera edad estaba muy lejos de ser la masacre rothiana que había temido. «No te quejes de la vejez —escribió—. ¡Cuánto bien me ha traído, tan hermoso como inesperado! De ello he concluido que el final de la vejez y de la vida será igual de inesperadamente hermoso». La novelista estadounidense Ellen Glasgow se mostró perpleja al ver cómo la edad le levantaba el ánimo: «En los últimos años, he hecho un descubrimiento emocionante —escribió—. ... que hasta que uno no tiene más de sesenta no puede descubrir realmente el secreto de la vida. Entonces uno puede empezar a vivir no solo con la parte seria de sí mismo, sino con todo su ser». El arquitecto Frank Lloyd Wright, que vivió hasta los 91 años, observó en cierta ocasión: «Cuanto más vivo, más bella se vuelve la vida».

Lim Kyoung Sook conoce bien ese sentimiento. Actualmente, media la sesentena, y lleva once años trabajando como guía en la aldea *hanok* de Jeonju, una de las principales atracciones turísticas de Corea del Sur. Los visitantes acuden en tropel a la aldea para admirar las casas tradicionales de estilo *hanok*, rematadas con techos puntiagudos y aleros empinados. La última tendencia aquí es que los jóvenes coreanos se paseen por el vecindario vestidos con los ornados trajes de la dinastía Joseon. Incluso en un día de trabajo normal, las estrechas calles están abarrotadas de gente comiendo brochetas de pollo asado o posando para hacerse fotos. Me reúno con Lim en el palacio —un edificio de quinientos años de antigüedad— cuando termina su turno de siete horas. Vestida con una elegante túnica granate, es una mujer esbelta, enérgica y con una potente sonrisa digna del más alegre de los emoticonos.

Me explica que la edad le ha dado dos regalos inesperados: para empezar, una calma interior que le hace ser mejor guía turística; en segundo lugar, más felicidad de la que nunca había creído posible. «Cuando era joven, creía en el estereotipo de que las personas mayores son infelices, por lo que ha sido una sorpresa realmente deliciosa descubrir que ese estereotipo es completamente falso —me dice, dejando escapar su sonrisa—. Hoy soy más feliz que nunca».

Ni siquiera el hecho de saber que nos acercamos a la muerte tiene por qué desalentarnos si sabemos afrontarlo. Diversas investigaciones han revelado que afrontar la mortalidad —a cualquier edad— nos estimula a sacar el máximo partido de la vida que nos queda, sea la que sea. De ahí que las «meditaciones sobre la muerte» hayan tenido un papel tan importante en muchas culturas a lo largo de la historia: japonesa, china, islámica, budista, hebrea, egipcia, india, helénica, romana... Según un proverbio de Bután, el secreto de la felicidad reside en contemplar la muerte cinco veces al día. «Analizar la muerte no tiene como fin volverse temeroso —sostiene el dalái lama—, sino apreciar esta preciosa vida». Una idea similar subyace al Tikker, un reloj digital que calcula nuestra esperanza de vida y luego nos muestra en la muñeca el tiempo que nos queda. El eslogan de la empresa: «Haz que cada momento cuente».

Obviamente, es más fácil contemplar la muerte cuando tienes unas mínimas posibilidades de morir dignamente, y por fortuna dichas posibilidades son cada vez mayores. Actualmente, existe un movimiento en todo el mundo en favor de desmedicalizar y desinstitucionalizar el final de la vida, de arrancarlo de las manos de los expertos para devolvérselo a quienes son sus protagonistas. Eso implica dejarnos decidir, en la medida de lo posible, dónde, cuándo, cómo y con quién pasamos nuestros últimos momentos. Cuando eso sucede, el resultado suele ser una muerte cualitativamente mejor. Un estudio tras otro revela que, cuando las personas con cáncer terminal o una enfermedad cardiaca interrumpen el tratamiento médico y se mudan a una residencia para enfermos terminales, no solo sufren menos al final, sino que también viven más tiempo.[9]

Sin embargo, mucho antes de que llegue la muerte, la vida puede hacerse más limitada a medida que envejecemos, dejándonos con menos cosas que hacer y con menos personas con quienes hacerlas. Aunque esto pueda parecer una receta segura para la tristeza, a menudo es todo lo contrario. En nuestros años de juventud, la tendencia natural es lanzar una red lo más amplia posible con el fin de acumular contactos y relaciones y obtener experiencia y conocimiento. Pero diversos estudios muestran que más o menos a partir de los 50 años tendemos a reducir nuestras miras, centrando la atención en lo que realmente importa, lo cual puede suponer dejar de lado a personas, actividades y rutinas que ya no nos atraen.[10] Esto no constituye una pérdida; se trata más bien de podar, de racionalizar, de dar prioridad a la calidad por encima de la cantidad. Es posible que tengamos menos relaciones, pero las que tenemos son más satisfactorias. «Los adultos mayores normalmente explican que tienen mejores matrimonios, amistades más solidarias, menos conflictos con sus hijos y hermanos, y vínculos más estrechos con los miembros de sus redes sociales que los adultos más jóvenes», sostiene Karen Fingerman, profesora de desarrollo humano y ciencias de la familia en la Universidad de Texas, en Austin.

A veces esa poda va demasiado lejos y nos deja aislados en la tercera edad. El grupo de edad más solitario en el Reino Unido es el de mayores de 75 años, dos quintas partes de los cuales explican a los investigadores que la televisión es su principal compañía.[11] Una encuesta de AARP reveló que el 35 % de los estadounidenses mayores de 45 años se sienten solos. Pero aunque la soledad es triste, e incluso puede afectar negativamente a nuestra salud de la misma forma que la obesidad o el tabaco, no tiene por qué ser un corolario inevitable del envejecimiento.[12] Gran parte del aislamiento social observado en los últimos años de la vida no es tanto culpa del envejecimiento en sí como consecuencia de la vida moderna: los cambios en la estructura familiar, el consumismo, la desigual-

dad de renta, la cultura laboral, la vivienda, la tecnología...
De ahí que la soledad afecte a todas las generaciones. El segundo grupo de edad más solitario en el Reino Unido es el de las personas de entre 21 y 35 años, mientras que una de cada cinco jóvenes madres británicas se siente constantemente sola. La soledad es casi dos veces más común entre los estadounidenses de 45 a 49 años que entre los mayores de 70,[13] y el grupo de edad más solitario en Estados Unidos es el de las personas de 18 a 22 años.[14] Cuando, en fecha reciente, el Gobierno británico nombró a un ministro para abordar el problema del aislamiento social, el principio rector era: «joven o viejo, la soledad no discrimina».

Tampoco estar solo equivale siempre a no tener a nadie. Otra ventaja del envejecimiento es que aprendemos a disfrutar más de nuestra propia compañía, y, por lo tanto, sentimos un mayor deseo de soledad. Yo mismo lo noto en mi propia vida. Aunque me sigue encantando relacionarme con otras personas, cada vez me complace más pasar el rato solo. Cosas tales como comer solo en un restaurante o salir a caminar solo, que antaño me parecieron tristes, aburridas o extrañas, ahora me parecen una delicia. «La soledad constituye una gran fuente de placer para muchas personas —afirma el psicólogo Oliver James—. No hay que confundirla con el aislamiento». En otras palabras, una vida más «limitada» puede significar una vida más rica.

Cuando le pregunto a Lim si su vida se ha reducido, ella asiente con la cabeza, pero sin el menor rastro de tristeza. «Tengo más tiempo para mí, del que disfruto de verdad —me dice—. He encontrado el equilibrio adecuado entre estar sola y estar con otras personas».

¿Qué está ocurriendo aquí? Como directora y fundadora del Centro de Longevidad de la Universidad de Stanford, Laura Carstensen ha dedicado su vida a estudiar cómo nos cambia el envejecimiento. Sus propias investigaciones, junto con diversos estudios realizados por otros académicos, han revelado que la mente humana —independientemente del género, la renta, la clase social o la etnia— desarrolla cierta tendencia a ser más alegre en la tercera edad. Carstensen lo denomina el «efecto positivo» del envejecimiento.

Con la edad, nuestras amígdalas —dos pequeñas regiones del cerebro en forma de almendra que regulan la llamada «respuesta de lucha o huida»— reaccionan cada vez menos a los estímulos negativos. Eso significa que experimentamos menos emociones infelices. Otros estudios han demostrado que el envejecimiento nos lleva a decantarnos más por ver el lado bueno de la vida. Por ejemplo, cuando se les pregunta por una película que han visto, es más probable que las personas mayores respondan con elogios («la actuación fue maravillosa» o «la banda sonora era genial») que con críticas («la trama estaba llena de fallos» o «el final fue decepcionante»). Con la edad nos hacemos menos propensos a dejar que un contratiempo —una discusión con un amigo o un desaire en el trabajo— enturbie nuestra experiencia de toda una jornada. También los recuerdos se vuelven más agradables: a partir de los cuarenta y pocos años, la memoria empieza a dar prioridad a las imágenes más alegres por encima de las más tristes.[15]

Nada de todo esto implica que en la tercera edad nos dediquemos a esconder la cabeza bajo el ala. El envejecimiento no es un equivalente biológico del «soma», la droga milagrosa utilizada para adormecer a la ciudadanía en la novela *Un mundo feliz*. Todo lo contrario. Cuando se muestra a la gente un conjunto de imágenes, todo el mundo, independientemente de la edad, centra siempre su atención del mismo modo: dedicando más tiempo a observar las imágenes desagradables que las agradables. Tampoco perdemos nunca la capacidad de sentir aflicción, arrepentimiento, pena, envidia, vergüenza, ira o miedo. Al envejecer seguimos viendo las cosas malas; lo que ocurre, simplemente, es que se nos da mejor gestionar las emociones que estas provocan y detectar sus aspectos positivos. En otras palabras, nos volvemos más resilientes. Después de que el huracán *Katrina* devastara la costa del golfo estadounidense en 2005 dejando a millones de personas sin hogar, los investigadores que estudiaron las secuelas descubrieron que los supervivientes de mayor edad eran más capaces de afrontar emocionalmente la catástrofe que los más jóvenes.[16] Nadie sabe a ciencia cierta por qué se produce este efecto positivo. Podría ser la forma que tiene la naturaleza de ayudarnos a afrontar la perspectiva de la muerte. O puede que los abuelos optimistas mejoraran las posibilidades de supervivencia de nuestros ancestros en el pasado remoto. Otra teoría sostiene que, dado que el mundo es un lugar peligroso, merece la pena estar más atentos a su lado más oscuro cuando acabamos de salir del cascarón. «Cuando somos más jóvenes, nos inclinamos hacia lo negativo porque esa información es la que tiene más valor», explica Carstensen. Luego, cuando ya llevamos unos cuantos kilómetros a la espalda, podemos relajarnos un poco y empezar a prestar más atención al lado bueno de las cosas.

Otros piensan que llegar a la tercera edad proporciona una sensación de alivio y de haber cumplido nuestro objetivo. Eso podría explicar por qué la mayoría de la gente responde con un rotundo no cuando se le pregunta si presionaría un botón para retroceder unas cuantas décadas y revivir su juventud. Puede que perdamos el aspecto físico, las sensaciones y la capacidad de rendimiento que nuestro cuerpo tenía en nuestros días de juventud, pero pocos sacrificarían toda la vida que han vivido desde entonces, los secretos e historias, los triunfos y fracasos, las sonrisas y lágrimas, para volver a empezar. Escribir este libro me ha hecho darme cuenta de que yo siento lo mismo. Me encantó lo que viví a los veintitantos y a los treinta y tantos, pero no tengo el menor deseo de revivirlo: hacerlo sería como precipitarse por la serpiente más larga del famoso juego de *Serpientes y escaleras*; en parte, porque recuerdo bien la angustia de tratar de encontrarme a mí mismo y de dar con mi lugar en el mundo que viví de joven, pero también porque aprecio como un tesoro todas las experiencias —buenas, feas y malas— que me han hecho ser quien ahora soy. La autora Anne Lamott acertó de lleno cuando observó que una de las grandes ventajas de ser mayor es que «contenemos todas las edades que hemos ido teniendo».

La ralentización natural que entraña el envejecimiento también puede alimentar este rebrote de positividad. En el siglo XIX, el filósofo danés Søren Kierkegaard observó que «la mayoría de los hombres buscan el placer con tan ansiosa premura que a menudo lo pasan de largo». En la actual cultura contrarreloj, donde cada momento se percibe como una carrera contra el tiempo, esa prisa endémica constituye un factor que destruye el placer, lo que explica por qué hoy en día se está produciendo en todo el mundo una reacción contraria. Personalmente, he pasado más de una década recorriendo el globo para promover el llamado «movimiento lento» (o «movimiento *slow*»), que enseña que hacer las cosas más despacio suele implicar hacerlas mejor y disfrutarlas más. Adoptar un enfoque «lento» de la vida no significa retirarse del mundo, sino experimentarlo más vívidamente. Como observaba Mae West: «Cualquier cosa que merezca la pena hacer merece la pena hacerla despacio».

Poner esto en práctica no siempre resulta fácil. No solo es difícil renunciar al chute de adrenalina que proporciona vivir a un ritmo frenético, sino que además tenemos tan arraigado el tabú contra la lentitud que incluso en los momentos en los que anhelamos un ritmo más suave a menudo también nos sentimos demasiado culpables, avergonzados o temerosos para reducir la marcha. Sin embargo, quienes aceptan la desaceleración propia de la tercera edad acaban siendo más felices. Tomemos, por ejemplo, el caso de John Talbot, un profesor de química de secundaria que vive en Chicago. De natural atlético, se enorgullecía de vivir a tope, practicar un montón de deportes, divertirse de lo lindo y subir siempre las escaleras corriendo, en lugar de andando. Cuando ese vigor empezó a disminuir, a los cuarenta y tantos años, se rebeló. «Odiaba la idea de reducir la velocidad, la odiaba, la odiaba, la odiaba... —repite—. La primera vez que me sorprendí a mí mismo subiendo las escaleras andando en lugar de corriendo, subí disparado las que me quedaban saltando los escalones de dos en dos». Con los años, sin embargo, ha terminado aceptando su propia desaceleración, y ha aprendido a saborear sus beneficios. Hoy, a sus 58 años, se toma su tiempo para detenerse a observar. «Soy más feliz porque vivo con más presencia —afirma—. Cuando bajas la velocidad, empiezas a advertir todo lo que te pierdes cuando vas siempre con prisas».

Siempre hay más por descubrir en el mundo; y en nosotros mismos. Esa es la razón por la que en la tercera edad las personas más felices suelen cultivar una saludable inquietud. Obviamente, también miran atrás, saboreando los mejores momentos de sus recuerdos personales y sintiendo alguna que otra punzada de nostalgia; pero no están atrapados en el pasado ni en la rutina. Lejos de ello, siguen el consejo del filósofo francés Henri Bergson: «Existir es cambiar; cambiar es madurar; madurar es seguir creándose a uno mismo indefinidamente».

Nuestra actitud predeterminada al envejecer debería ser el eslogan que utiliza la marca The North Face para vender su ropa deportiva de abrigo de primera calidad: «Nunca dejes de explorar». Cada uno de nosotros es una obra en curso, y la búsqueda de nuevas experiencias acerca esa obra cada vez más a su plenitud. Con el espíritu adecuado, envejecer puede significar adquirir un vívido colorido en lugar de difuminarse. Como veíamos anteriormente, David Bowie nunca perdió su impulso de explorar y experimentar, ni siquiera cuando el cáncer le acercaba a la tumba antes de tiempo;

y eso iba unido a aceptar el envejecimiento: «Si añoras la juventud, creo que eso produce un tipo de anciano estereotipado, porque solo vives en el recuerdo, vives en un lugar que no existe —dijo en cierta ocasión—. Creo que el envejecimiento es un proceso extraordinario en el que te conviertes en la persona que siempre deberías haber sido».[17]

Me encanta la idea de convertirme en la persona que siempre debería haber sido. Visto a través del prisma de Bowie, de repente el envejecimiento parece más una gratificación que una carga. Deja de ser un lúgubre tobogán hacia la tumba para convertirse en una aventura o una búsqueda; como un videojuego donde siempre hay una sorpresa a la vuelta de la esquina, otro nivel que alcanzar, nuevos tonos y texturas por descubrir, un cofre lleno de tesoros aguardando en el corazón del laberinto. En lugar de pudrirte, maduras; en lugar de perder a la persona que fuiste, encuentras a tu verdadero yo. «¿Por qué es bueno ser viejo? —se preguntaba la poetisa May Sarton a los 70 años, para responderse—: Soy más yo misma de lo que nunca he sido».

Convertir el lema «Nunca dejes de explorar» en consejos vitales no es difícil: agarra el toro por los cuernos; sal de tu zona de confort; aprende cosas nuevas; mira hacia delante más que hacia atrás; frecuenta a personas que sean diferentes de ti; haz algún curso; lee mucho; mantente al día de las noticias y tendencias culturales; aprovecha tu experiencia en lugar de «dormirte» en ella.

Explorar puede dar miedo, pero sentir temor y hacerlo de todos modos compensa. Seixo Rodrigues observa cómo los participantes que acuden a su taller de grafitis cargan con la impedimenta de su propio edadismo, convencidos de que nunca llegarán a dominar el cúter o el estarcido. Al poco rato, no obstante, calcan, cortan y estarcen como consumados profesionales. «Cambian por completo en un par de horas —explica—. Dejan a un lado sus bastones y se ponen manos a la obra de un salto».

Hacia el final de nuestro taller en Sagunto, cuando los murales ya están casi terminados, un joven agente de policía se detiene en su coche patrulla. Las grafiteras lo aclaman y arman jolgorio como si fuera un *stripper*.

—¡Agente, agente! —murmura una de ellas—. ¿Ha traído las esposas?

Otra le ofrece sus muñecas en un gesto coqueto. Hasta el policía se une al coro de risas.

Este es el efecto positivo en acción, y es maravilloso. Pero entonces sucede algo que hace que mi ánimo caiga en picado. El desencadenante es una breve conversación con una adolescente que nos está haciendo fotos con su iPhone. Le pregunto si las imágenes pronto estarán en Instagram, pero ella menea la cabeza. «Son para mi abuela —responde—. Puede que quiera probarlo».

Cuando le pregunto por qué cree que nuestro taller no merece estar en Instagram, ella se queda en silencio, sintiéndose algo violenta. Reformulo la pregunta con más delicadeza, pero enseguida lamento haberlo hecho, porque su respuesta duele: «Tengo que seleccionar muy bien las fotos que cuelgo en Instagram porque estoy intentando conseguir más seguidores —explica—, y, ¿sabe?, no quiero ser ofensiva ni nada, pero las personas mayores no son tan atractivas».

Incluso en esta jornada de pública francachela en la que hemos destrozado estereotipos, hemos canalizado el efecto positivo y hemos cultivado el arte de preocuparnos menos, sus palabras son como un puñal clavado en mi corazón de mediana edad. ¿Por qué? Porque temo que quizá tenga razón.

8

ATRACTIVO: ¡ME GUSTA!

> A partir de los cuarenta nadie es joven,
> pero se puede ser irresistible a cualquier edad.
>
> COCO CHANEL

Donna McGuffie nunca fue una chica de concursos. Aunque creció en el sur de Estados Unidos, donde los concursos de belleza forman parte del panteón cultural junto a las biblias y las barbacoas, nunca soñó con ser coronada Miss Nada. No es solo que fuera demasiado baja para participar, incluso con tacones: es que la propia idea de imaginar a una serie de mujeres paseándose vestidas de gala o en bikini delante de un grupo de jueces la dejaba fría. «Nunca presencié ningún concurso, y mucho menos participé en uno —explica—. Me parecían muy tontos. Ya sabe, ¿para qué ibas a querer hacer eso? Si eres guapa, eres guapa; no necesitas desfilar por un escenario y que venga alguien a confirmártelo».

McGuffie me cuenta esto poco después de haber ganado un concurso internacional en Las Vegas, Nevada. Una reluciente corona ciñe su cabello perfectamente peinado; la banda que identifica a la ganadora adorna su vestido de gala, y a sus pies yace un trofeo como un perro obediente. Mientras las demás concursantes se acercan para abrazarla o hacerse una foto, ella ríe y se enjuga las lágrimas como una colegiala aturdida. «Esto no le pasa a alguien como yo —dice, exagerando el acento del sur para darle un tono cómico a su voz—. ¡Mido metro cincuenta de altura, y soy de Alabama!». Y además, tiene 65 años.

Ya hemos visto cómo la revolución de la longevidad está cambiándolo todo, desde Internet hasta el ámbito laboral.

Y lo mismo está ocurriendo con las pautas que rigen la atracción. Estamos en Las Vegas en 2017, y McGuffie acaba de ganar el primer concurso de Ms. Universo Sénior, superando a un grupo de rivales de 61 a 94 años. «En mi juventud, ser bella significaba ser la joven rubia de bonito bronceado y largas piernas, pero ahora nuestra definición de la belleza está ampliándose por completo —me dice—. La gente empieza a darse cuenta de que se puede ser bella y atractiva a cualquier edad».

Si eso es cierto, entonces Las Vegas todavía tiene mucho que aprender. Antes de ver a McGuffie ganar su corona, me doy un paseo por la legendaria Strip, la calle principal de la ciudad. Bajo el parpadeo de las pantallas gigantes que anuncian espectáculos de variedades y circos eróticos, destacan por sus colores estridentes varias furgonetas atascadas en medio del tráfico que ofrecen «Chicas para ti»; al mismo tiempo, el suelo está cubierto de tarjetas de *strippers* y prostitutas esparcidas por todas partes como hojas caídas en un bosque. Aquí y allá, mujeres tetudas en *topless* y chicas vestidas con poco más que unas correas y borlas en los pezones reparten folletos y posan para hacerse fotos con los turistas. Es un auténtico bufé libre de carne, toda ella joven, sin arrugas, sin manchas en la piel, sin canas, sin celulitis, sin varices, sin protuberancias antiestéticas y sin flacidez en la piel. Hasta las artistas de mayor edad, como Celine Dion, ven retocada su imagen en los carteles de los conciertos para hacerlas parecer sobrenaturalmente jóvenes. Cuando me instalo en mi asiento para presenciar el concurso de Ms. Universo Sénior, vuelven a mi mente las palabras de aquella adolescente de Sagunto: «Las personas mayores no son tan atractivas».

Esta no es una idea nueva. Los nambikwaras de Brasil tienen una palabra que significa a la vez viejo y feo, y otra que significa a un tiempo joven y hermoso.[1] En la Antigua Grecia, Aristófanes consideraba a las mujeres de cierta edad «sucias arpías» que solo podían ofrecer a los hombres «posos de vinagre, barba y mal aliento». Más de un milenio y medio después, Roger Bacon, un fraile franciscano que contribuyó a desarrollar el método científico, opinaba que los hombres empezaban a ver mermado su aspecto después de alcanzar su «punto culminante a los cuarenta años». En los *Cuentos de Canterbury*, de Chaucer, la comadre de Bath identifica la juventud como una condición *sine qua non* del deseo sexual: «la edad, que todo lo emponzoña, me ha despojado de mi belleza y de mi vigor».

Esforzarse en exceso en ocultar los efectos de la edad también podía suscitar el más severo desprecio. Racine, un dramaturgo francés del siglo XVII, se mofaba de uno de sus personajes, una mujer mayor, por intentar parecer joven y atractiva: «Tenía buen cuidado de pintar y adornar su rostro para reparar el irreparable agravio de los años».[2] En una línea similar, un grabado francés de 1800 muestra a dos mujeres mayores en su *toilette*.[3] Una se está poniendo un falso pecho, mientras la otra se maquilla para disimular las arrugas de los ojos; sus criadas, más jóvenes, nos miran con expresión de divertida lástima.

Con tanta hiel vertida sobre los rostros y los cuerpos de mayor edad, no resulta sorprendente que los textos más antiguos del canon de la medicina prometan preservar el aspecto de la juventud. El papiro Edwin Smith marcó la pauta hace ya casi 5.000 años con una «receta para transformar a un anciano en un joven». La combinación de los ingredientes recomendados producía un ungüento que debía guardarse en un cofre de piedra semipreciosa. Con sus grandilocuentes proclamaciones y su estilo entrecortado, el texto parece un moderno anuncio de cosméticos, incluida la poco precisa afirmación sobre su eficacia de la última línea: «Unge a un hombre con él. Elimina las arrugas de la cabeza. Cuando se unta la carne con él, actúa embelleciendo la piel y eliminando las manchas, todas las desfiguraciones, todos los signos de la edad, todas las fragilidades que hay en la carne. Mantiene su eficacia un sinnúmero de veces». En los 5.000 años transcurridos desde entonces, los seres humanos han ido mucho más allá de las lociones y pociones elaboradas a base de frutas y flores en su esfuerzo por parecer jóvenes. Cleopatra se bañaba diariamente en leche de burra agria; en la Inglaterra isabelina, las mujeres se ponían finas lonchas de carne cruda en la cara; en los años previos a la Revolución francesa, los aristócratas galos se lavaban la piel con vino tinto. Otros han intentado evitar el «irreparable agravio» del que hablaba Racine ingiriendo o untándose ingredientes dignos del brebaje de cualquier bruja: huevos de grulla, heces de cocodrilo, cerebro de mono, grasa de león, telarañas, lombrices de tierra, coral, huevas de rana, aceite de escorpión, orina, cera de abeja o lodo.

Algunos incluso sacrificaban su vida para aparentar ser jóvenes. En la Francia del siglo XVI, Diana de Poitiers, una de las amantes del rey Enrique II, era elogiada por su tez suave como de porcelana, y un cortesano incluso observó con admiración que a los 60 años seguía siendo «tan lozana y adorable» como una joven de 30, con una piel «de extrema blancura». ¿El secreto de su régimen de belleza? Tragarse una taza diaria de cloruro áurico y éter etílico que finalmente terminó matándola. ¡Para que luego digan que la belleza requiere sufrimiento!

Plus ça change... Hoy en día, hay hombres y mujeres que toman hormona del crecimiento humana con la esperanza de mantenerse vigorosos y lozanos, pese a las advertencias de que ello podría aumentar el riesgo de sufrir una afección cardiaca, diabetes tipo 2 y algunas clases de cáncer.[4] Dado que asimismo hay millones más que recurren a intervenciones químicas y quirúrgicas que van desde los estiramientos faciales y el bótox hasta la microdermoabrasión, las exfoliaciones químicas y los rellenos inyectables, es probable que la industria mundial antienvejecimiento no tarde en alcanzar un valor total de 300.000 millones de dólares anuales. El pánico a las arrugas también está afectando a personas cada vez más jóvenes.

Hace unos años empezaron a aparecer cosméticos «antienve-jecimiento» para adolescentes en las estanterías de la cadena estadounidense Walmart. Scarlett Johansson, una actriz fa-mosa por su tez de melocotón, ya utilizaba cremas antiarru-gas a los 20 años. «Es difícil no sentir presión —decía—. ¡En Hollywood, todo el mundo es tan jodidamente hermoso...!». Conclusión: la belleza y la juventud se hallan tan estrecha-mente vinculadas que no puedes tener la una sin la otra.

No es de extrañar, pues, que acojamos la aparición de nuestra primera arruga o cana con un escalofrío de temor existencial; o que utilicemos aplicaciones como Visage Lab para rejuvenecer nuestras fotos en la Red; o que nos ale-gremos cuando alguien cree que somos más jóvenes de lo que en realidad somos. Personalmente, soy tan susceptible a todo esto como cualquiera. Hace poco subí una foto de mi cara a uno de esos sitios web que calculan tu edad: cuando el algoritmo concluyó que parecía ocho años más joven de lo que era en ese momento, casi doy una voltereta. Ashton Applewhite, la activista antiedadismo a la que conocimos en la introducción de este libro, me responde con una sonri-sa compasiva cuando le cuento esta historia. La gente suele elogiarla por no aparentar los 65 años que tiene. «Es muy muy difícil no tomárselo como un cumplido debido a nuestro edadismo interiorizado —afirma—. No hay nada de malo en intentar tener el mejor aspecto posible, pero cuando tu pro-pósito es parecer joven tienes un problema. El objetivo es la salud, no la juventud».

Deshacer el vínculo entre «tener buen aspecto» y «parecer joven» posiblemente sea el reto más difícil que afronta la re-volución de la longevidad. Al fin y al cabo, estamos progra-mados para que la juventud, y la fertilidad que esta implica, nos resulten atractivas. El cosquilleo que sentimos ante un cuerpo ágil de piel hidratada, cabello brillante, labios carno-sos y dientes blancos constituye la forma natural de hacer que la raza humana siga existiendo. En palabras de Simone de

Beauvoir: «Toda sociedad tiende a vivir, a sobrevivir; exalta el vigor, la fecundidad, ligados a la juventud; teme el desgaste y la esterilidad de la vejez».[5]

Eso explicaría por qué el arte siempre ha celebrado la belleza juvenil; por qué Hipócrates quitó tiempo a su labor de sentar las bases de la medicina moderna para dedicarse a la actividad complementaria de desarrollar pociones antiarrugas, o por qué cuando llegas a los 50 años casi todos los menores de 30 te parecen más apuestos que tú. También podría explicar nuestra misteriosa habilidad para adivinar la edad de una persona por su apariencia o su olor.[6]

Pero existe una gran diferencia entre admirar la juventud y hacer de ella un requisito indispensable para resultar atractivo. Cuando caemos en el culto a la belleza juvenil, todo el mundo sufre: las personas mayores se avergüenzan por no estar a la altura, mientras que los jóvenes sienten que pierden valor de mercado con cada día que se va.

Un primer paso para desmantelar ese culto es declarar tabú avergonzarse de la edad; y el mundo está avanzando en esa dirección. En 2016, una «*playmate* del año» de la revista *Playboy*, Dani Mathers, acudió a un gimnasio de Los Ángeles para ejercitar su cuerpo juvenil (y fotografiado hasta la saciedad). Mientras estaba en el vestuario, vio a una mujer de 71 años desnuda junto a las duchas. El espectáculo le resultó tan cómicamente repelente que le hizo una foto con su teléfono móvil. Luego añadió la leyenda: «Si yo no puedo dejar de ver esto, tú tampoco»; incluyó al lado una foto de su propio rostro juvenil (entonces tenía 29 años) con los ojos muy abiertos en una fingida expresión de horror y la mano tapándose la boca como si ahogara una risita, y luego subió todo el montaje a Snapchat.

¿Qué pasaba por su mente cuando presionó el botón de «Enviar»? Tal vez se sintiera segura de sí misma, consciente de que su acto se enmarcaba en una tradición —la de avergonzar a las «viejas brujas»— cuyo origen se remontaba a personajes como Erasmo, Plauto, Ovidio, Homero u Horacio. Quizá creyó que su montaje provocaría las mismas risas y aplausos que suscitaron las obras de Aristófanes hace más de 2.000 años. Si es así, se equivocó. Y mucho. Cuando se publicó su foto en Snapchat, la reacción fue feroz e instantánea: «¡Esto constituye un delito de odio!», exclamó un usuario de Twitter; «¡Debería darte vergüenza!», protestaron otros. Muchos pidieron que despidieran a Mathers de sus trabajos como modelo, que le prohibieran ir a ningún gimnasio y que la metieran en la cárcel.

Al intensificarse la tormenta en las redes sociales, ella intentó limitar los daños: formuló una disculpa pública, declaró que había solicitado ayuda psicológica y se matriculó en un curso contra el acoso. Aun así, hubo de responder ante la ley. Para evitar ir a la cárcel por invasión de intimidad, finalmente llegó a un acuerdo por el que cumplió tres años de libertad condicional y treinta días de servicios comunitarios limpiando grafitis en Los Ángeles. Se le prohibió utilizar el teléfono móvil en cualquier lugar donde la gente pudiera quitarse la ropa y publicar cualquier imagen de otra persona en la Red sin su consentimiento expreso. También tuvo que pagar una nueva bolsa de deporte a la «mujer mayor duchándose» de la foto para reemplazar la que aparecía en la imagen.

¿Qué conclusiones podemos sacar de esta historia? Para empezar, que la actitud de la gente está cambiando a mejor. Aristófanes se habría quedado absolutamente perplejo de haber tenido que pagar el precio que pagó Mathers por su burla en Snapchat. Hoy, sin embargo, mofarse de los demás por tener un cuerpo más viejo, o por no parecerse a Mathers, se considera cada vez más inadmisible.

Incluso los sectores industriales que antaño fueron orgullosamente edadistas hoy tienen que vigilar sus pasos. En los primeros días de la aviación comercial, las aerolíneas contrataban a jóvenes auxiliares de vuelo y luego llenaban sus campañas de *marketing* con imágenes de atractivas «azafatas» (como se las llamaba entonces). Recuerdo el eslogan de una de esas campañas: «Soy Laura. Llévame directamente a Miami». Actualmente, muchas aerolíneas permiten que su personal de cabina trabaje hasta los cincuenta y tantos años o más; pero los viejos prejuicios son duros de roer: los modelos que utilizan en su publicidad siguen siendo jóvenes y sin arrugas. En 2017, mientras pronunciaba un discurso en una cena en Irlanda, Akbar Al Baker, director ejecutivo de Qatar Airways, se burló de la escasez de auxiliares de vuelo jóvenes y atractivas en las aerolíneas estadounidenses. Sus pasajeros —declaró— eran «atendidos siempre por abuelas», al tiempo que se jactaba de que «la media de edad de mi personal de cabina es de solo veintiséis años».

Una vez más, la reacción fue inmediata. Las principales figuras del sector se volvieron contra Al Baker. Como Mathers, este se vio obligado a humillarse pidiendo disculpas públicas —aunque no demasiado convincentes—, afirmando que sus comentarios habían sido «descuidados» y no reflejaban sus «auténticos sentimientos». «Para todo el personal de cabina que trabaja a bordo de todos nuestros transportes aéreos, las cualidades que importan son la profesionalidad, la capacidad y la dedicación —declaró—. Me equivoqué al dar a entender que otros factores, como la edad, son relevantes».

Obviamente, cuanto más escuchemos que la edad no es relevante, mejor; pero el calvario de Mathers y Al Baker no significa que el edadismo esté muerto y enterrado, ni mucho menos. Hoy en día, también están prohibidos los comentarios sexistas, homófobos y racistas, y, sin embargo, el sexismo, la homofobia y el racismo siguen vivitos y coleando. A menudo, lo que condenamos en público no coincide con lo que pensamos y hacemos en privado. Seguramente, Mathers no fue la única persona en el mundo que se rio de su montaje de Snapchat; y tampoco es difícil imaginar que otros compartieran en silencio su repugnancia ante la visión de una mujer de 71 años desnuda. De manera similar, Al Baker sin duda no es el único ejecutivo —o pasajero— de una aerolínea que se queja de que las auxiliares de vuelo son demasiado viejas.

Sin embargo, las cosas están cambiando.

Otro signo prometedor es el hecho de que el término *anti-envejecimiento* está siendo objeto de ataque como nunca antes. Desde hace cierto tiempo, consumidores y blogueros se muestran irritados por su uso. «Tratar la edad como algo que necesita "curarse" es algo que resulta absurdamente desmoralizante para cualquier persona mayor de treinta años —afirma Jane Cunningham, fundadora de la web britishbeauty blogger.com—. La belleza no es una sola cosa; son muchas».

Esa idea se generalizó en el año 2017, cuando *Allure*, la principal revista de belleza de Estados Unidos, anunció a bombo y platillo que iba a dejar de utilizar el término *antienvejecimiento* por completo. Ese mes, la modelo de portada fue la actriz británica Helen Mirren, que aparecía hermosa y radiante luciendo sus arrugas con un vestido blanco de Carmen March que no tenía ni una. En un editorial, la directora de la revista, Michelle Lee, defendió un concepto de envejecimiento que no se limitaba a reflexionar sobre lo que vemos en el espejo. «No voy a mentir y decir que todo lo que tiene que ver con envejecer es genial. No somos iguales a los dieciocho años que a los ochenta. Pero tenemos que dejar de ver nuestra vida como una colina por la que comenzamos a rodar sin control cuesta abajo a partir de los treinta y cinco —escribió—. Repita conmigo: envejecer es maravilloso porque significa que tenemos la oportunidad, todos los días, de vivir una vida plena y feliz».

Luego Lee pasaba a centrarse en el aspecto físico. «Espero que todos podamos llegar a un punto en el que reconozcamos que la belleza no es algo exclusivo de los jóvenes», escribía, argumentando asimismo que todos podemos aportar nuestro granito de arena para lograr ese cambio modificando nuestra forma de hablar: «El lenguaje importa —afirmaba—. Cuando se habla de una mujer de, pongamos por caso, más de cuarenta años, la gente tiende a añadir calificativos: "Está estupenda…, para su edad", o "Es muy guapa…, para ser una mujer madura". La próxima vez conténgase y considere qué ocurriría si se limitara a decir: "Está estupenda…"».

Tampoco es que Lee predique en el desierto. Cuatro meses antes de su llamamiento, la actriz Julia Roberts, de 49 años de edad, fue declarada «la mujer más bella del mundo» por la revista *People*. Las mujeres mayores están obteniendo cada vez más puestos de trabajo como maniquíes de pasarela y embajadoras de marcas de belleza. La actriz y modelo Carmen Dell'Orefice sigue acaparando portadas en *Vogue* y *Cosmopolitan* a sus casi 90 años, y en los eventos de «Primavera 2018» de Londres, París, Nueva York y Milán hubo una cifra récord de prendas de vestir exhibidas por modelos de cincuenta y tantos y sesenta y pico.[7] Hasta el legendario calendario Pirelli, durante tanto tiempo patrimonio exclusivo de jovencitas en cueros, se está moviendo en esa misma dirección. La edición de 2016, realizada por la célebre fotógrafa Annie Leibovitz, presentaba retratos de mujeres completamente vestidas —salvo en un caso—, ensalzadas por sus logros en campos que iban desde las artes y los negocios hasta los deportes y el periodismo, en la más heterogénea diversidad de complexiones físicas, etnias y edades. El mensaje era obvio: la juventud no es la única ruta al Planeta Atractivo; también se puede llegar a él a través de la presencia y la personalidad o teniendo una historia que contar. «Uno de los estereotipos que veo que se están rompiendo es la idea de que las mujeres mayores y ancianas no son hermosas», declaró entonces Leibovitz. Pirelli subió todavía más la apuesta en 2017 al presentar a mujeres vestidas y sin maquillar de 28 a 71 años, y situar la lucha contra el edadismo en el centro de su campaña promocional. «Como artista —explicaba Peter Lindbergh, el fotógrafo de ese año—, me siento responsable de liberar a las mujeres de la idea de la eterna juventud y la perfección». Una de sus modelos, la actriz Kate Winslet, insistió en mostrar el dorso de sus manos porque le gustaba la forma en que estas habían cambiado al entrar en la cuarentena. «La gente trata constantemente de hacer que parezcamos una versión más suave de los cuarenta, o una versión más joven y lozana de los cincuenta —explicaba—. ¿Es que no está bien tener simplemente cuarenta, cincuenta o sesenta años?».

Cada vez más, la respuesta a esta pregunta es: sí. Y lo es tanto en el caso de las mujeres como en el de los hombres. En la medida en que el impulso generalizado en favor de la diversidad sitúa bajo los focos a modelos no caucásicos, transgéneros, con discapacidades y de «talla grande», también están surgiendo por todas partes agencias de modelos especializadas en personas mayores. Un ejemplo es Oldushka, cuyo nombre es un juego de palabras formado con el término inglés *old*, «viejo», y el ruso *babushka*, «abuela». La empresa, con sede en Moscú, surgió de la afición del fotógrafo Ígor Gavar de fotografiar la forma de vestir de los jubilados de su ciudad natal, Omsk, en Siberia. Actualmente cuenta entre sus filas con 18 modelos masculinos y femeninos de entre 60 y 85 años, cuyos rostros adornan las revistas y las campañas publicitarias de toda Rusia. Gavar ha emprendido una cruzada para derribar los estereotipos edadistas y cambiar el propio significado del término *atractivo*. «Quería demostrar que las personas mayores pueden trabajar en el sector de la moda, y que pueden ser hermosas con sus arrugas y su cabello gris», afirma.

Muchos están reforzando ese mismo argumento al convertirse en *influencers* de estilo y belleza en las redes sociales. La cuenta de Instagram en la que Linda Rodin, de setenta y tantos años, publica fotos y vídeos en los que aparece vestida a la última moda paseando a su caniche, *Winks*, en Manhattan, tiene más de 100.000 seguidores. Entre sus rivales destacan Anna Dello Russo, de cincuenta y pico (con 1,4 millones de seguidores); Sarah Jane Adams, de sesenta y pico (con 157.000), y Helen Ruth van Winkle, de ochenta y tantos (con 2,3 millones). También los hombres mayores están atrayendo la atención en Instagram, desde Nickelson Wooster, de cincuenta y tantos (con 750.000 seguidores), hasta David Evans, de sesenta y pico (con 24.000). Todos estos «sultanes» de las redes sociales están contribuyendo a ampliar la definición de lo que significa ser atractivo por el hecho de sentirse completamente a gusto en su propia —y envejecida— piel. Rodin, por ejemplo, nunca se ha teñido el pelo, y pasa del bótox y de los rellenos inyectables. Wooster luce arrugas y canas. «No es tanto cuestión de edad como de espíritu», sostiene Gwen Flamberg, directora de la sección de belleza de la revista *Us Weekly*.

¿Es posible que todo esto solo sea una tormenta en un vaso de agua mediático? No, porque a todos nos importa tener modelos en los que inspirarnos. Cuando vemos ensalzar públicamente a personas como nosotros, nos resulta más fácil aceptar y celebrar quiénes somos. Y eso vale para la raza, el género, la sexualidad, el color, la complexión física y, por supuesto, la edad. Personalmente, me parece menos preocupante envejecer cuando veo fotos de Jeff Goldblum o Daniel Day-Lewis con un aspecto todavía tremendamente atractivo. McGuffie se siente estimulada cada vez que se tropieza con imágenes de personas como Mirren o Rodin. «Hacen que sea más fácil para el resto de nosotros tener y aparentar nuestra propia edad», explica. También hace que a los jóvenes el envejecimiento les parezca menos terrible. Cualquier joven de 24 años puede fijarse en Dello Russo o Deshun Wang y pensar: «Sí, yo podría ser así cuando tenga su edad».

En el mundo real, más allá de las pasarelas y los selectivos confines de las redes sociales, también la definición de *atractivo* se está ampliando. Hoy muchas mujeres levantan pesas porque ahora se llevan las flacuchas fortachonas, mientras que otras aspiran a igualar los curvilíneos traseros que lucen celebridades como las Kardashian, Nicki Minaj o Iggy Azalea. Conchita, una *drag queen* austríaca, ganó el Festival de

Eurovisión en 2014 con un vestido dorado y una poblada barba. Un año después, Internet se enamoró de los «hombres con cuerpo de papás» (*dad bod* en inglés). En 2018, en Alemania, apareció por primera vez un modelo transgénero en la portada de la revista *Playboy*. «La cultura hace mucho a la hora de entrenar la vista para encontrar determinadas cosas eróticas o atractivas —explica Alexander Edmonds, profesor de antropología en la Universidad de Edimburgo—. Y esas pautas varían a lo largo del tiempo».

Adriana Corte es de la misma opinión. Tiene 62 años y ha vivido toda su vida en la ciudad brasileña de São Paulo. Esbelta, elegante y dotada de una deslumbrante sonrisa, siempre suscitaba miradas de admiración en la calle, hasta que, a partir de los cuarenta y tantos, los cumplidos se desvanecieron. Dos décadas después, sin embargo, está empezando a detectar un cambio. «La gente ha comenzado a mirarme de nuevo —explica—. Ahora suelo encontrarme con gente más joven, hombres y mujeres, que me paran en la calle para elogiar mi indumentaria o mi cabello o mi aspecto general». Hace unos días, una adolescente le preguntó si podía hacerle una foto y subirla a su cuenta de Instagram. «Me dijo que yo era la mujer más atractiva que había visto en todo el día», explica Corte.

En lo que se refiere a la belleza femenina, el nuevo santo grial es tener un aspecto saludable antes que la piel perfectamente lisa de la juventud. «Las expectativas de las mujeres acerca de qué aspecto quieren tener con la edad han cambiado —sostiene Elisa Simonpietri, directora científica de los Laboratorios Vichy en L'Oreal—. Ya no nos obsesionan las arrugas». Rebecca Valentine ha observado ese mismo cambio en el sector de la publicidad. Su empresa Grey Model Agency, creada en 2012, cuenta actualmente entre sus filas con 300 hombres y mujeres mayores. «A todos nos encanta contemplar la belleza, y eso nunca cambiará, pero al aceptar a nuestra comunidad multicultural y maravillosamente diversa nuestro concepto de belleza está cambiando —explica—. Hoy se aspira a algo más que a ser joven y tener una piel perfecta: a la sabiduría, la experiencia y una vida plena. La visión de las arrugas está cambiando: hoy los clientes buscan rostros radiantes, y no les importan las arrugas».

Vale la pena repetir esta última parte: *no les importan las arrugas*. Aunque puede parecer algo superficial o prosaico, en realidad anuncia lo que Helen Mirren, en el lanzamiento del calendario Pirelli 2017, calificó como un «cambio cultural». Al fin y al cabo, aprender a vivir con arrugas, verlas —en palabras de Mark Twain— como recuerdos de «pasadas sonrisas», podría ser el primer paso para encontrarlas atractivas.

Lo mismo ocurre con las canas. Los intentos de evitar el blanqueamiento folicular se remontan a mucho tiempo atrás. Ya en el año 1500 a. C., los asirios dejaron constancia de diversos tratamientos para desterrar las canas, mientras que la henna se ha venido utilizando como cosmético en todo Oriente Próximo desde los tiempos del Antiguo Egipto. En la última parte del siglo XX, eliminar ese gris del cabello se convirtió prácticamente en una obligación para las mujeres occidentales. La mitad de las concursantes de la primera edición de Ms. Universo Sénior, incluida la propia McGuffie, se tiñen el pelo. Debora Price, la gerontóloga a la que conocimos anteriormente, considera que esa costumbre de teñirse el pelo refuerza el edadismo. «Ninguna mujer de cuarenta y tantos es canosa, cuando en realidad todas lo son —afirma—. Todas las mujeres de la tierra están involucradas en esta masiva conspiración para impedir que las jóvenes sean conscientes de que lo que les está ocurriendo es completamente normal. Las adolescentes creen que solo tienen canas las abuelas, de modo que, cuando les sucede a ellas a los treinta años, son presa del pánico». Pero parece que ahora las tornas están cambiando.

Recientemente, diversas famosas, desde Kim Kardashian hasta Rihanna pasando por Kate Moss, han decidido lucir sus cabellos grises. Sarah Harris, una mujer de treinta y tantos que dirige la sección de belleza de la versión británica de *Vogue*, no oculta sus canas, como tampoco lo hacen las *influencers* de Instagram de las que hablábamos antes. En todo el mundo, muchas mujeres de veintitantos, treinta y tantos o más años han dejado de teñirse el pelo, y luego relatan la transformación resultante en libros, blogs y vídeos de YouTube utilizando *hashtags* como #greyhairjourney («el viaje del cabello gris»). Recientemente, la periodista francesa Sophie Fontanel convirtió su viaje al «lado gris» en un libro acorde con el espíritu de los tiempos que tituló *Une apparition*. No mucho después de su publicación, Angela Buttolph, una columnista británica que escribía sobre temas en torno a la belleza, anunciaba que «... el cabello gris ya no es sinónimo de "descuidarse". Es moderno, elegante y viste mucho, sea cual sea tu edad».

No obstante, si Mirren está en lo cierto al afirmar que se está produciendo un cambio cultural, hay que decir que este apenas está en sus comienzos. La mayoría de las mujeres a las que se atribuye el mérito de redefinir la belleza en la tercera edad siguen encajando en una definición bastante limitada de la hermosura: todas son altas, delgadas, blancas, simétricas, sanas y vigorosas. También tienden a ser lo bastante ricas como para disponer de los mejores dermatólogos, entrenadores personales, nutricionistas, cocineros, maquilladores y fotógrafos. En algunos casos, sus imágenes se retocan para hacerles parecer más jóvenes. El peligro que ello entraña es que terminemos creando un nuevo conjunto de expectativas imposibles. Del mismo modo en que los superabuelos atletas pueden hacer que a los mortales comunes y corrientes se les quiten las ganas de hacer ejercicio por no poder igualarse a ellos, los mayores superatractivos pueden terminar desmoralizando al resto de nosotros. No todo el mundo puede envejecer como Mirren o Day-Lewis. «Me encanta que ahora exhiban a modelos mayores, pero todavía sigue habiendo una definición de belleza muy estricta que no hace sino ejercer presión sobre todas las demás personas que envejecen como la mayoría de la gente —afirma Shanthony Exum, una diseñadora gráfica y rapera de treinta y pico que vive en Nueva York—. No daremos un verdadero paso adelante hasta que empecemos a sacar a todo el mundo en los medios». Con este propósito, Exum creó Every Body Project, un blog de moda que abarca una gama mucho más amplia de formas, tamaños, razas y edades. Fotografía a personas que le resultan visualmente interesantes en Nueva York, y luego sube las fotos junto con un breve comentario suyo o una cita de la propia persona. Los hombres y mujeres mayores que aparecen en su blog son elegantes y llamativos, a uno le apetecería conocerlos, pero rara vez se parecen a los modelos convencionales.

El proyecto constituye un bienvenido recordatorio de que el aspecto físico es solo una parte de lo que hace atractiva a una persona. Los demás nos atraen también por su coraje, su elocuencia, su intelecto, sus logros, su amabilidad, su sabiduría, su carácter, su imaginación, su creatividad, su entusiasmo y su sentido del humor..., cualidades que en su mayoría mejoran con la edad. Lo que te hace atractivo no es tener a los 45, los 55 o los 65 exactamente la misma cara o el mismo cuerpo que tenías a los 25; lo importante es llenar los años intermedios con el tipo de ricas experiencias que te convierten en alguien con quien a los demás les apetece estar. En otras palabras: convertirte en la persona que siempre deberías haber sido puede ser el mejor modo de aumentar tu atractivo. O en palabras de Eleanor Roosevelt: «Los jóvenes encantadores son accidentes de la naturaleza, pero los viejos encantadores son obras de arte».

Ese es en gran medida el espíritu que impulsa el auge de los concursos de belleza para mayores. Sin embargo, antes de continuar, tengo que confesar algo: nunca he sido muy amigo de los concursos de belleza. Aunque los participantes digan todo lo que hay que decir sobre la paz mundial y el medioambiente, aunque tengan un alto nivel educativo, aunque insistan en que no se sienten en absoluto cosificados, a mí los concursos de belleza me parecen retrógrados. Convierten la belleza femenina en un arma, y a todos nosotros, en mirones con capacidad de juzgar. Estar sentado en un teatro de Las Vegas con capacidad para 5.000 personas observando a las participantes en el concurso Miss Universo 2017 (edad máxima: 28 años) exhibir sus cualidades en traje de baño en el escenario me hizo sentirme como un delegado en una convención de *voyeurs*.

Los concursos de belleza para mayores se esfuerzan en ir por otro camino: su objetivo es celebrar el carácter de una mujer por encima de los contornos de su cuerpo. En la edición inaugural del concurso Ms. Universo Sénior de Las Vegas, el manual de los jueces incluye una severa advertencia: «Recuerden, las mujeres tienen distintas tallas, estaturas y formas». Las 15 participantes se ajustan a esa descripción, y aquí no hay ningún «momento bikini». «¿Bromea? —exclama McGuffie, riendo—. ¡Los trajes de baño habrían sido un factor decisivo!».

Con un público de menos de cien personas, la mayoría de ellas familiares y amigos, la competición posee cierto encanto especial debido a su atmósfera relajada y *amateur*, como en una primera ronda eliminatoria de un concurso de talentos de la televisión. Vemos a las concursantes desfilar con trajes típicos nacionales, y luego con ropa formal. Las vemos cantar, bailar y recitar poesía. Oímos explicar a cada una de ellas su filosofía de la vida en 35 segundos. «Yo sueño en grande. Apunto alto. Actúo con audacia. Para soñar lo imposible, empiezo por hacerlo posible», declara una de ellas. También hay una saludable dosis de humor autocrítico. Una participante canta una canción irónica en la que dice haber olvidado dónde dejó sus llaves. Hacia la mitad del concurso sube al escenario una imitadora de la actriz y comediante estadounidense

Joan Rivers para contar una serie de chistes sobre vaginas flojas y vejigas con fugas.

Cada concursante ha vivido una vida plena, y eso se refleja en su brío y su alegría de vivir. Son mujeres con historias que contar, con mucho más que ofrecer al mundo que un tobillo bien torneado. Son mujeres con las que a uno le apetece estar. Tras coronar a McGuffie, y con todo el mundo exultante, una de las organizadoras anuncia desde el escenario que hoy hemos hecho historia y que, a partir de esos humildes comienzos, el certamen de Ms. Universo Sénior podría llegar a conquistar el planeta. «El mundo está cambiando —dice la señora China, de 61 años—. Ahora la gente está lista para considerar atractivas a las mujeres mayores».

Mi primer pensamiento al escuchar esto es: ojalá tenga razón. El segundo: ¿y qué pasa con los hombres?

Tradicionalmente, los tíos hemos sufrido menos presión para parecer jóvenes. Se dice que envejecer nos confiere un aspecto más grave y nos hace parecer más «distinguidos». Mientras que Hollywood arrincona despiadadamente a las actrices ya a partir de los treinta y tantos años, sus colegas actores, desde George Clooney hasta Pierce Brosnan, siguen desempeñando papeles de «maduritos atractivos» a los cincuenta y tantos y más. En toda la esfera pública, los hombres le sacan un partido a la edad con el que las mujeres apenas pueden soñar.

Eso no significa que los hombres seamos inmunes a la presión de parecer jóvenes. También nosotros podemos sentirnos desalentados por las canas o el debilitamiento del cabello, la piel flácida y el aumento de tamaño de la cintura. Internet está llena de fotos y vídeos míos de hace más de una década que constituyen un constante y doloroso recordatorio de que estoy envejeciendo en un mundo —y un sector— que premia la juventud. No tengo ninguna intención de pasar por el quirófano, pero, como haría un Romeo en la crisis de la mediana edad en Tinder, soy culpable de utilizar públicamente fotos que llevan ya varios años desfasadas.

Para explorar mi propio temor a ir haciéndome cada vez menos atractivo con cada cumpleaños, programé una reunión en Londres con David Evans, la estrella de 63 años del blog Grey Fox. Nos reunimos en la Royal Society of Arts, que tiene su sede en un hermoso edificio de estilo georgiano situado en las inmediaciones de Trafalgar Square. En las paredes cuelgan varias pinturas del siglo XVIII de hombres corpulentos con empolvadas pelucas. Evans, un hombre alto, esbelto y atildado, entra a grandes zancadas como si acabara de salir de una sesión de fotos para la revista *GQ*, con un atuendo que constituye la viva imagen del moderno hombre urbano: chaqueta de color caqui, camisa de rayas azules y blancas, pantalón de lino azul grisáceo y zapatos marrones. Uno podría imaginar fácilmente a un veinteañero con el mismo aspecto.

Evans hace que sus 63 años resulten atractivos porque se siente absolutamente cómodo no solo con su cabello gris y su rostro arrugado, sino con la propia idea de envejecer: «Cuando pienso en la palabra "viejo", me vienen a la cabeza viejos edificios y objetos hermosos, porque para mí no es un término peyorativo —explica—. No puedes vivir tu vida deseando tener diez, veinte o treinta años menos; esa es una situación muy triste, porque te estás perdiendo todas las ventajas de estar donde estás ahora. Si contemplas el envejecimiento de manera positiva, en lugar de añorar constantemente lo que fue o lo que podría haber sido, verás que la vida mejora a medida que envejeces».

¿Eso incluye tu aspecto?, le pregunto.

Evans asiente con la cabeza: «Yo no siento ninguna presión para parecer más joven. Estoy muy orgulloso de mi edad, de mis canas, de mis arrugas: para mí son signos de madurez, de distinción, de inteligencia». Luego añade, con una carcajada: «Y aunque no lo sean, así es como debemos verlos».

Pasar tiempo con personas como Evans, examinar fotos de modelos de más edad y asistir a concursos de personas mayores me está afectando. He dejado de evitar los espejos, porque lo que veo en ellos ya no me sume en el más profundo de los desánimos. En cierta ocasión, George Orwell dijo que a los cincuenta años todo el mundo tiene el rostro que merece. Ahora que he superado esa edad, estoy de acuerdo. Mi rostro parece más viejo que hace veinte años, y lo acepto. Es verdad que hay momentos, generalmente después de haberme acostado a altas horas de la noche, en que lo que veo en el espejo me recuerda demasiado a los retratos de Lucian Freud como para sentirme cómodo. Pero en general me satisface el rostro que me devuelve la mirada. A medida que envejecemos, cambiamos, y cada fase tiene sus pros y sus contras. Mi cara, marcada y esculpida por años de risas, amor y aprendizaje, me parece ahora más interesante, como si me estuviera convirtiendo en la persona que siempre debería haber sido.

La cantante Pat Benatar es más de diez años mayor que yo, pero el modo en que acepta aparentar su edad tiene cada vez más sentido para mí. «Cada línea de expresión, cada cicatriz, es una insignia que llevo para mostrar que he estado presente; son los anillos internos de mi tronco de árbol personal, que exhibo con orgullo para que todo el mundo los vea —explica—. Actualmente no quiero un rostro o un cuerpo "perfectos"; quiero lucir la vida que he vivido». Como Benatar, también yo disfruto de la historia que cuenta mi rostro a los 50 años, en lugar de añorar el aspecto que tenía a los 25. ¿Seguiré sintiendo lo mismo dentro de diez años? ¡Quién sabe! Lo que sí puedo decir es que en este momento anhelo evolucionar hacia mi propia versión de Evans a mis sesenta y pico, de Deshun Wang a mis setenta y tantos, y quizá de sir David Attenborough de nonagenario. Cuanto mejor acepte la idea de envejecer, mejor aceptaré el hecho de parecer mayor, y viceversa. Tampoco es que sea el único: resulta que el bótox es mucho más popular entre los menores de 40 años que entre los mayores de 60.

Al iniciar mi sexta década de vida, estoy descubriendo que me inquieta más mi guardarropa que mi papada. ¿Acaso mi futuro está lleno de rebecas y de pana? ¿Estoy condenado a llevar doblados los bajos de los pantalones? Tales preguntas solo están parcialmente motivadas por la vanidad, puesto que existen pruebas de que vestirse con ropa «de viejo» puede ser perjudicial para la salud. Un equipo de investigadores de la Universidad de Harvard ha demostrado que las personas mayores que utilizan ropa que juzgan «apropiada para su edad» en el trabajo declaran sufrir más lesiones y enfermedades relacionadas con la edad que quienes usan las mismas prendas que sus colegas más jóvenes.[8] Su conclusión: «La ropa puede ser un desencadenante de estereotipos asociados al envejecimiento».

¿Significa eso que todos los mayores de 40 años deberían dirigirse directamente a la sección de adolescentes de su tienda de ropa más cercana? Por supuesto que no. Algunas indumentarias pueden hacer que hasta los cincuentones con mejor aspecto parezcan vejestorios emperifollados. Pero el mundo está cambiando: nos proporciona muchas más opciones en materia de vestimenta en la tercera edad. Cuando le pregunto a Evans si todavía sigue habiendo reglas estrictas sobre lo que pueden llevar los hombres mayores, él menea la cabeza: «No veo ninguna razón por la que un hombre de ochenta y cinco años no pueda llevar unos vaqueros, una camiseta estampada y unas zapatillas Converse —me dice—. Lo que importa es el corte de la ropa y cómo la lleva». Lo mismo vale para las mujeres. A la hora de elegir una indumentaria o un accesorio, la única cuestión que les importa a las abuelas de Instagram a las que hemos conocido antes es: ¿me irá bien a mí tal como soy ahora? «Con el tiempo, llegas a conocer tu propio cuerpo, lo que te da un mejor aspecto y te hace sentir mejor», afirma Rodin. Iris Apfel, una diseñadora y modelo de moda de noventa y tantos años, es de la misma opinión: «Yo no creo que la edad deba dictar lo que llevas o cómo lo llevas —sostiene—. Creo que eso depende de la persona: hay personas que son viejas a los 35, y otras que son jóvenes a los 94».

Lo que nos lleva de nuevo a la idea de que la edad cronológica ya no constituye la auténtica medida de una persona, y que la actitud importa mucho más que la fecha de nacimiento. Queda por ver hasta dónde podemos llevar ese cambio, especialmente en relación con lo que consideramos atractivo; pero al menos ahora nuestra brújula apunta en la dirección correcta.

En Las Vegas, una vez finalizado el concurso de Ms. Universo Sénior, las participantes comparten triunfalmente una bebida en un bar dentro del casino de Planet Hollywood. Se sientan todas juntas en un colorido mar de coronas y vestidos. Aunque los transeúntes nos echan alguna que otra miradita, observo que nadie hace amago de unirse a la fiesta. Si se tratara de una reunión de concursantes de Miss Universo, esto estaría abarrotado de tíos intentando conseguir citas, fotos y números de teléfono. Atrapadas en su propio torbellino de risas, chismes y mofas, a las participantes sénior no parece inquietarlas lo más mínimo la falta de atención, lo cual me da que pensar. ¿Es posible que ser atractivo en la tercera edad no tenga tanto que ver con mejorar tus posibilidades en el juego del apareamiento? ¿Qué ocurre con el amor cuando envejecemos? ¿Qué implica el envejecimiento para el enamoramiento, el sexo y la libido?

9

AMORES: EL CORAZÓN NO TIENE ARRUGAS

> Los hombres se equivocan al pensar que dejan
> de enamorarse cuando envejecen, sin saber
> que envejecen cuando dejan de enamorarse.
>
> GABRIEL GARCÍA MÁRQUEZ

¿Qué le viene al lector a las mentes cuando piensa en una aventura ardiente y apasionada? ¿Una pareja de mediana edad retozando en una arenosa playa? ¿Una de sesenta y tantos practicando el *Kamasutra* entre sábanas de satén? ¿Una de ochenta y cinco metiéndose mano en la última fila del cine? Probablemente, nada de todo esto. Si alguien nos habla de enamoramientos con mariposas en el estómago o de sexo desenfrenado, la mayoría de nosotros pensaremos en jóvenes parejas de idealizada belleza. Desde la televisión hasta Hollywood pasando por la publicidad, el mensaje es siempre el mismo: la pasión es patrimonio exclusivo de los jóvenes. Cualquiera que rompa esa norma se enfrenta a un aluvión de chistes sobre «mujeres-puma» y Viagra.

Eso no es nada nuevo. Muchas culturas han considerado el sexo en la tercera edad inmoral y pecaminoso, una puerta de acceso a la ceguera y la locura, además de precipitar la muerte. En los poemas y obras de teatro de la Grecia y Roma antiguas, las personas mayores con ganas de seguir retozando eran objeto de despiadadas burlas. Aristófanes advertía de que acostarse con una mujer posmenopáusica era «como dormir con la muerte», mientras que Juvenal se burlaba de los septuagenarios que no eran capaces de funcionar sexualmente o que, por el contrario, eran incapaces de contenerse. Cuatrocientos años después, durante el Renacimiento, Erasmo se tomó un descanso de sus elevadas reflexiones sobre la condición humana para meterse con las mujeres mayores que «todavía siguen coqueteando». La literatura medieval, la comedia del arte italiana y las comedias de la Restauración inglesa se burlaban despiadadamente de los mayores obsesionados por el sexo. Hasta el propio Nicolás Maquiavelo dejó de pensar por un momento en cómo obtener y ejercer el poder político para unirse al coro. Una línea de *Clizia*, una obra que escribió en 1525, dejaba claro que las relaciones sexuales debían dejarse en manos de los jóvenes: «Un viejo soldado es algo repugnante; un viejo amante todavía lo es más».

Envejecer no solo eliminaba el sexo del menú: incluso el mero hecho de enamorarse en la tercera edad se consideraba antinatural. En el *Decamerón* de Boccaccio, escrito en el siglo XIV, el conde Guido se queda perplejo cuando su anciano rey se enamora perdidamente: «Me parece tan novedoso y extraordinario que vos, que ya sois viejo, os enamoréis apasionadamente, que casi parece un milagro». Tres siglos después, un proverbio italiano advertía de que «quien de viejo se enamora, entre otras penas, se merece grilletes y cadena».* Incluso el simple hecho de salir a divertirse estaba mal visto si superabas una determinada edad. En la antigua Europa eran ampliamente citadas estas palabras que el poeta romano Horacio escribiera en sus *Odas*: «A ti, vejestorio, te conviene hilar la lana de la noble Luceria, y no las cítaras, ni las rosas purpúreas, ni los festines donde se apuran hasta las heces los toneles de vino».[1] Dicho de otro modo: deja lo de retozar para los jóvenes.

La creencia de que con la edad dejamos atrás —o deberíamos dejar atrás— la pasión romántica todavía nos acompaña hoy. Yo mismo la percibo en mi interior. Cuando veo a una

---

* La frase exacta en italiano es: «A chi in amor s'invecchia, oltre ogni pena, si convengono i ceppi e la catena», y pertenece al canto 24 del *Orlando furioso*, de Ludovico Ariosto. (*N. del t.*)

pareja mayor compartiendo un momento tierno, mi corazón se llena de emoción: «¡Mira, qué bonito! —pienso para mis adentros—. Todavía siguen juntos después de tantos años». Nunca se me ocurre pensar que podrían estar reprimiéndose para no meterse mano, o en la luna de miel de una nueva aventura amorosa. Y no es de extrañar: aunque la gente siempre se ha enamorado y ha mantenido relaciones sexuales en la tercera edad, los tabúes al respecto están muy arraigados. Ese es el motivo por el que la broma de la Viagra de Jaco en la televisión libanesa se hizo viral. Y también es la razón de que el protagonista de la novela de Michel Houellebecq *La posibilidad de una isla* se refiera a sus propias maquinaciones sexuales como «la repugnante insistencia de un viejo cerdo que se niega a *pasar*».[2]

De forma muy similar a los poetas y dramaturgos de antaño, la moderna cultura popular refleja y refuerza la presión para cortarnos la coleta romántica a partir de una determinada edad. Aparte de todos esos viejos donjuanes que se dedican a acostarse con mujeres más jóvenes, ¿con qué frecuencia vemos películas u obras de teatro o leemos novelas donde aparezcan personas mayores viviendo un gran amor, por no hablar de disfrutar de un buen sexo? De manera similar, los programas de telerrealidad en los que participan solteros que buscan pareja raras veces suelen contar con concursantes que superen los 35 años. En los foros de Internet relacionados con uno de dichos programas, *Love Island* («La isla del amor»), que se emite en varios países anglohablantes, los indignados fans se dedicaron a meterse con varias participantes veinteañeras por parecer demasiado viejas. «La que lleva todos esos tatuajes parece una cuarentona», exclamaba uno de ellos. Cuando otro trató de imaginar cómo sería una «isla del amor» para mayores de 40 años, intervino un tercero: «¡No! ¡Puaj! ¡Se me revuelven las tripas solo de pensarlo!».

Insistir en que el sexo y los amoríos son solo para los jóvenes nos perjudica a todos: aumenta la presión para lograr el nirvana sexual o encontrar a nuestra «media naranja» en las primeras etapas de la vida; agudiza nuestro temor al envejecimiento al pintar los últimos años como un erial romántico y erótico; hace que resulte más difícil disfrutar de los frutos del amor a lo largo de toda nuestra vida, y restringe nuestra definición de lo que puede ser el sexo.

Lo bueno es que las cosas están cambiando. En la medida en que aumenta la esperanza de vida, los tabúes contra el amor y el deseo sexual en la tercera edad están empezando a verse cuestionados. Una de las razones es que ahora hay muchas más personas mayores en el «mercado» de las citas. ¿Por qué? Obviamente, porque muchos de nosotros vivimos más; pero también porque muchos, al ver las estadísticas relativas a la longevidad, se preguntan: «¿Quiero pasar todos los años que me quedan con esta persona?». A pesar de que en términos generales las tasas de divorcio han disminuido en muchos países, las separaciones de parejas mayores están alcanzado cifras récord. Desde 1990, en Estados Unidos, la tasa de divorcio entre los mayores de 60 años se ha duplicado, mientras que en Gran Bretaña se ha triplicado.[3] El sitio web de citas Match.com afirma que el grupo de edad que está experimentando un crecimiento más rápido entre sus clientes es el de 53 a 72 años, que ya representan más de una cuarta parte de sus miembros. La mayoría de estos corazones solitarios se zambullen de nuevo en la piscina de las citas sin el menor complejo; y a menudo con la bendición y el apoyo de familiares y amigos.[4]

Tomemos el caso, por ejemplo, de Inés Hidalgo, que regentó un pequeño estanco en Madrid junto con su esposo durante más de tres décadas. Cuando este la dejó viuda a la edad de 55 años, ella temió que habría de pasar el resto de su vida vistiendo de luto y haciendo voto de castidad. Al fin y al cabo, era lo que habían hecho su madre y su abuela. Y también es lo que se esperaba que hicieran las viudas en las culturas tradicionales de muchos países, desde España y Rusia hasta Grecia, Italia o México. Pero Hidalgo decidió darle la espalda al luto. Creía que podía vivir otros treinta años, y no quería pasar todo ese tiempo encerrada como una monja. «El mundo está cambiando, y ahora está mejor visto seguir disfrutando de la vida cuando eres mayor —explica—. El concepto tradicional de que a partir de cierta edad debes renunciar al placer hoy parece un poco ridículo». Poco más de un año después de la muerte de su esposo, y con la ayuda de sus hijos, Hidalgo subió su perfil a un sitio web de citas. Al poco tiempo, su bandeja de entrada estaba llena de mensajes de hombres ansiosos por charlar con ella.

Cuando nos reunimos, una sofocante tarde de julio, ella se está emperifollando para su primera cita con un ingeniero llamado Ernesto. Él le ha sugerido reunirse en un bar —concretamente, uno especializado en servir jerez— y luego pasear por la plaza Mayor. Una hora antes de su encuentro, el pequeño apartamento de Hidalgo, en las afueras de la ciudad, parece el escenario de una noche loca. El vapor de la ducha llena el cuarto de baño. Las prendas de vestir descartadas yacen esparcidas sobre la cama, y el tocador está lleno de tarros de maquillaje destapados. En una radio situada en algún lugar de la cocina suena la canción pop «Despacito» a todo volumen. «Cuando me reúno con un hombre por primera vez, como ahora, me pongo nerviosa, por supuesto, pero también me siento viva —me dice Hidalgo—. Y si no salta la chispa tampoco pasa nada: hay muchos otros hombres por ahí».

Cuando está lista para salir a la calle, se la ve elegante, contenta y segura de sí misma, con su vestido favorito de lunares y los labios pintados de rojo. ¿Qué habrían dicho su madre o su abuela sobre su coquetería en la tercera edad?, le pregunto.

Ella se toma un momento para reflexionar sobre mi pregunta. «Bueno, desde luego se habrían sorprendido, porque, para su generación, a partir de cierta edad se cerraban muchas puertas —responde, mientras revisa su cabello en el espejo del pasillo—. Pero también creo que sentirían envidia al ver que las cosas están cambiando; al fin y al cabo, la capacidad de amar nunca muere, así que ¿por qué no disfrutarla el tiempo que puedas?».

Mientras veo a Hidalgo alejarse taconeando en dirección a la parada del metro, trato de imaginar cómo debe de ser enamorarse en la tercera edad. Mi instinto me dice que debe de ser algo tierno, pero carente de toda la pirotecnia de los amoríos de juventud. Por fortuna, mi instinto resulta estar completamente equivocado.

Esto se hace evidente cuando me reúno con Lily Crawford y Jack Payton, dos ingleses divorciados que se conocieron en un sitio web de citas cuando se acercaban a la sesentena. Después de unas semanas intercambiando correos electrónicos y charlando por teléfono, acordaron comer juntos en un restaurante situado a medio camino entre sus respectivos hogares. Lo que sucedió a continuación solo puede calificarse como amor a primera vista: «Fue una experiencia de lo más extraño —explica Payton—. Nos bajamos de nuestros coches, corrimos el uno hacia el otro y nos abrazamos como si hiciera años que nos conocíamos. —Se detiene un momento, todavía maravillado por el recuerdo—. Cuando te haces mayor, piensas que este tipo de cosas son solo para los jóvenes, pero ahí estábamos, en aquel aparcamiento, mirándonos a los ojos y pensando: "¿Qué ha pasado?"».

Luego vino un vertiginoso cortejo digno de la mejor novela romántica o del mejor programa de telerrealidad, con cenas a la luz de las velas, baile hasta el amanecer, salidas al teatro, paseos a la orilla del mar, un viaje a Nueva York... y mucho sexo. Oyéndoles hablar sobre sus románticos fuegos artificiales, me sorprendo preguntándome: ¿será verdad? Esta pareja tenía casi 60 años cuando se conoció: puede que ya haya olvidado la intensidad del enamoramiento juvenil. Pero Crawford barre de un plumazo mi escepticismo con una risita cómplice: «Sé exactamente por qué cree eso, porque yo pensaba lo mismo —me dice—. Pero lo que he descubierto, y ha sido toda una revelación, es que conocer a alguien en la tercera edad es exactamente como conocer a alguien en la adolescencia o a los veintipocos —añade—. Todos esos sentimientos, las mariposas en el estómago, el estremecimiento, la emoción de prepararse para una cita, son iguales, y posiblemente aún mayores».

De acuerdo... Así pues, el corazón todavía puede seguir dando saltos a los sesenta y tantos. Pero ¿y más tarde? ¿Puede el amor alcanzar las mismas cotas a partir de los 70? Pues resulta que sí. Uno de los elementos que contribuyeron a animar a Crawford a volver a tener citas amorosas fue haber visto como su madre viuda se echaba novio a los 92 años y pasaba los últimos de su vida felizmente enamorada: «Se comportaba como una adolescente, y los dos se lo pasaban muy bien juntos —explica—. Yo pensé: "Si se puede tener eso a su edad, es que se puede tener a cualquiera"».

Persuadir a la gente de que el amor no tiene en cuenta la edad no resulta nada fácil en un mundo que es esclavo de la juventud. Y aquí es donde entran en juego personas como Marina Rozenman, una escritora afincada en París. Cuando ella era adolescente, su abuela, de 71 años, inició una apasionada aventura con un vecino de 81. Eso cambió para siempre su visión del amor: «Enamorarme a cualquier edad se convirtió para mí en la norma —explica—. Desde ese día entendí que, aunque el cuerpo envejezca, el corazón sigue latiendo igual hasta el final».

Rozenman se propuso hacer frente al culto al amor juvenil dentro de su propio círculo social. Para consolar a las amistades que sufrían por tener malas relaciones o temían que jamás podrían escapar del Planeta Soledad, explicaba la historia de su amada abuela. Su mensaje: nunca es demasiado tarde para encontrar el amor, ni siquiera el amor de tu vida. «La historia de mi abuela tenía una especie de poder, y todos la asimilaban como si fuera una poción mágica

—afirma—. Los animaba y tranquilizaba porque pensaban: "¡Buf! Si el amor puede surgir hasta el último momento, entonces aún tengo tiempo"».

A sus treinta y pocos años, Rozenman decidió compartir aquella poción mágica de forma más generalizada escribiendo un libro sobre la capacidad de enamorarse perdidamente en la tercera edad. Pasó dos años recorriendo Francia y entrevistando a septuagenarios, octogenarios y nonagenarios. Aunque el proyecto carecía del glamur de su trabajo diario, que consistía en escribir perfiles de famosos en la revista *Elle*, sirvió para consolidar su convicción de que el romanticismo nunca envejece. «Todas las personas a las que entrevisté hablaban del amor y la sensualidad de una manera que casi me hacía sentir envidia —explica—. Descubrí que, cuando inicias una nueva aventura amorosa, aunque sea en los últimos años de tu vida, es justamente eso: una aventura amorosa; y en realidad la edad no importa». Su libro, titulado *Le coeur n'a pas de rides*, causó un gran revuelo cuando se publicó en 2012. Rozenman concedió montones de entrevistas a medios de comunicación, a menudo acompañada de su abuela. Ambas declaraban a la opinión pública que había que ser audaz y vivir el presente sin importar la edad. «Aunque tengas ochenta años, si alguien te hace sentir mariposas en el estómago, lánzate —afirma Rozenman—. Aunque solo dure dos meses, merece la pena».

Por supuesto, en la tercera edad, no todo el mundo se lanza a la caza de nuevos amoríos, ya que muchos envejecen junto a su pareja. ¿Cómo afecta el envejecimiento a una relación a largo plazo?

Pues depende. Obviamente, muchas parejas se desmoronan con el tiempo; pero para las que permanecen juntas, el envejecimiento puede ayudar a que su relación se haga más madura. Con los años, las parejas tienden a discutir menos porque encuentran formas de resolver o sortear sus diferencias. Muchas descubren que envejecer bajo un mismo techo las une aún más, avivando la llama romántica, en lugar de extinguirla.

Tomemos el caso de Daisy y Michael Shaw, que esperan ansiosos el momento de celebrar su sexagésimo aniversario de boda en Dallas, Texas, con sus cuatro hijos, diez nietos y seis bisnietos. Se conocieron en un autocine en 1961, y se casaron después de unos meses de cortejo. Luego Michael encontró trabajo en la industria petrolera, y Daisy se convirtió en maestra de escuela. Como muchas parejas, tuvieron sus buenos y malos momentos.

«Algunos de los malos fueron muy malos, pero los superamos —explica Daisy—. En parte porque eso era lo que se hacía en aquella época, pero también porque realmente había algo por lo que valía la pena luchar». El subidón de adrenalina de su cortejo inicial se ha convertido hoy en algo más rico y lleno de matices. «Con los años se acumula mucha historia compartida, comprensión y respeto mutuos: conoces a fondo a la otra persona y ella te conoce a ti de la misma manera, y esa es una sensación maravillosa —afirma—. El otro día vi a Mike fuera explicándole algo a un mensajero, y parecía tan amable que sentí una increíble oleada de amor por él. Estaba literalmente derretida allí en el fregadero como si fuera una niña de dieciséis años».

Aunque la Madre Teresa era soltera, es obvio que acertó cuando observó que «el amor es una fruta que siempre está madura y al alcance de todas las manos». Descubrir que el romanticismo se va haciendo cada vez más profundo al envejecer, o que puedes enamorarte de alguien a cualquier edad, ya me está llevando a aceptar mejor el envejecimiento. Pero ¿qué hay del sexo? Una vez más, mi instinto me dice que los pronósticos son malos, que el envejecimiento comporta un implacable declive sexual. Pero, una vez más, mi instinto se equivoca.

Diversos estudios revelan que el deseo sexual puede mantenerse durante toda la vida.[5] Obviamente, el cuerpo cambia.

Las erecciones se hacen menos frecuentes y fiables, las mujeres pueden sufrir de sequedad vaginal, y ambos sexos tardan más en excitarse y llegar al orgasmo. En un mundo obsesionado con el rendimiento, donde el sexo ininterrumpido parece ser la norma, todo eso suena catastrófico; pero no tiene por qué serlo, ni mucho menos. Como observaba la novelista Erica Jong: «El sexo no desaparece; solo cambia de forma». Aunque se vuelva menos frecuente y frenético, puede seguir siendo igual de placentero, si no más. En su octogésimo cumpleaños, Georges Clemenceau paseaba con un amigo por los Campos Elíseos de París cuando una hermosa joven pasó junto a ellos. Sin aflojar el paso, el estadista francés se volvió hacia su amigo y le dijo con un suspiro:

—¡Ah, quién volviera a tener setenta!

Aunque el sexo tiende a ser una actividad minoritaria a edad avanzada, diversas encuestas realizadas en Gran Bretaña muestran que el 80 % de los hombres sexualmente activos de entre 50 y 90 años se sienten satisfechos de su vida sexual, mientras que en las mujeres la cifra es del 92 %.[6] Sin embargo, cuando se publicaron estos datos, muchos reaccionaron con burlona incredulidad o con el mismo reflejo de «asco» que la mayoría de nosotros experimentamos cuando imaginamos a nuestros padres manteniendo relaciones sexuales. David Lee, uno de los autores del estudio, no se sorprendió ni por los hallazgos ni por la reacción de la opinión pública: «Existe la idea equivocada de que el sexo es patrimonio exclusivo de los jóvenes —explica—. Las reacciones de los jóvenes ante la idea de que las personas mayores tengan relaciones sexuales van desde el humor y la repugnancia hasta la incredulidad de que los mayores de cincuenta puedan tenerlas».

Afortunadamente, hoy esa falsa idea se está cuestionando, incluso en los tribunales. En 1995, una mujer de 50 años llamada Maria Ivone Carvalho Pinto de Sousa Morais ingresó en un hospital de Lisboa para someterse a una operación de bartolinitis, una dolorosa afección vaginal. Los médicos le hicieron una chapuza, dejándola con una lesión nerviosa permanente. Sufría de incontinencia, depresión y dolor crónico, y no podía sentarse, caminar ni mantener relaciones sexuales. Finalmente, en 2013, después de casi dos décadas de disputas legales, un juez portugués le otorgó una indemnización por daños y perjuicios. Sin embargo, un año después, una instancia superior redujo dicha indemnización en una tercera parte. Una de las razones esgrimidas para la rebaja era que el daño se le hizo a Morais a «una edad en la que el sexo no es tan importante como en los años más jóvenes». En el pasado, un razonamiento así habría parecido de sentido común; pero no en nuestra época, de modo que el clamor público no se hizo esperar. Comentaristas y usuarios de las redes sociales arremetieron contra el tribunal por partir del supuesto edadista de que el sexo es patrimonio exclusivo de los jóvenes. «Pronto voy a cumplir los cincuenta años —escribía una mujer en Twitter—. ¿Alguien me dará un letrero de "prohibido el paso" para ponérmelo en la vagina?». Otros acusaron al tribunal de sexismo, dado que en Portugal había habido hombres que habían recibido indemnizaciones mucho más elevadas después de que diversos errores médicos les hubieran privado de la capacidad de mantener relaciones sexuales. Un crítico advirtió que aquello era «jurisprudencia talibán».

A la larga, las protestas desembocaron en un nuevo precedente legal que dice mucho acerca del incremento de nuestras expectativas para la tercera edad. En 2017, el Tribunal Europeo de Derechos Humanos anuló la sentencia portuguesa, criticándola por reforzar la «idea tradicional» de que las mujeres ya no deberían necesitar o desear mantener relaciones sexuales una vez finalizados sus años fértiles. «Esto rompe un asfixiante tabú —declaró un experto portugués—. El mensaje es alto y claro: el sexo puede ser importante a cualquier edad».

Lo cierto es que las personas mayores no solo mantienen relaciones sexuales, sino que a menudo las disfrutan más. Ya hemos visto cómo el envejecimiento genera dividendos que compensan la disminución del vigor físico en todos los aspectos, desde los deportes hasta el trabajo. Ahora podemos añadir el dormitorio a esa lista. En los años de juventud, el sexo puede verse obstaculizado por inquietudes relacionadas con el rendimiento, el aspecto físico, la autoestima o las emociones. Pero a menudo esa ansiedad se desvanece con el tiempo. Con la edad adquirimos mayor confianza en nosotros mismos y llegamos a conocer mejor el funcionamiento de nuestro propio cuerpo, ambos requisitos indispensables para unas buenas relaciones sexuales. Esto es especialmente cierto en el caso de las mujeres, a las que les suele resultar más fácil alcanzar el orgasmo a los cuarenta y pico que a los veintitantos.[7] Al envejecer aumenta nuestro conocimiento acerca de cómo complacer a otros, y asimismo nuestra mayor perspicacia social nos da ventaja en cuestiones de amoríos y de seducción.

Con la edad también se reduce, y a la larga se elimina, el riesgo de embarazo, lo que puede hacer que las parejas heterosexuales se sientan más relajadas entre las sábanas. Iconos feministas como Jane Fonda, Nancy Friday y Betty Friedan han elogiado la menopausia por liberar a las mujeres y permitirles disfrutar más del sexo. Al mismo tiempo, fármacos como la Viagra y el Cialis pueden hacer maravillas con la disfunción eréctil, un trastorno que puede afectar a los hombres a cualquier edad, pero que resulta más frecuente a partir de los 40 años.[8]

Tras nueve años de relación, y a pesar de una larga campaña de los hijos de Crawford para separarlos, tanto ella como Payton consideran que están disfrutando del mejor sexo de su vida. Pero para llegar ahí han tenido que superar su propio edadismo. «Desde un primer momento nos dijimos: "Esto solo funcionará si no nos preocupamos ni pensamos en la edad que tenemos" —explica Payton, que actualmente tiene 67—. Si hubiéramos caído en lo típico de "tenemos sesenta años, no deberíamos hacer esto o aquello", la cosa nunca habría funcionado. Pero olvidamos nuestra edad, y funcionó muy bien. Tuvimos sexo, de toda clase, hicimos todo lo que hacen los chicos sin inhibiciones, y funcionó muy bien». Cuando le pregunto a Crawford, que ahora tiene 69 años, si Payton todavía le alegra la vida entre las sábanas, ella se ríe como una debutante avergonzada. «¡Sí, desde luego! —afirma—. ¡Todavía funcionamos!».

Las parejas, más mayores, que entrevistó Rozenman también le hablaron de la gran excitación que experimentaban cuando estaban juntas en la cama. «Estamos viviendo un momento exquisito —declaraba una mujer—. Es como soñar despierto. Es algo milagroso, mágico, magnífico. Cada vez que le toco el hombro, veo el éxtasis reflejado en su rostro. Nuestros cuerpos se atraen mutuamente. Nuestras bocas no dejan de experimentar placer cuando se juntan». ¡Vaya! Pues si eso es lo que nos depara el futuro, parece que de repente el envejecimiento resulta mucho menos sombrío.

Obviamente, desnudarse delante de una nueva pareja puede generar inquietud a cualquier edad; y más aún cuando uno sabe que ya ha dejado atrás su plenitud física. Una forma de calmar esa inquietud consiste en utilizar la antigua arma mortal del edadismo: el humor. Payton y Crawford aliviaron la tensión de acostarse juntos por primera vez burlándose de lo que podría ocurrir, o no, una vez que se hubieran quitado la ropa. «Antes de que sucediera, bromeamos y nos reímos mucho al respecto —explica Payton—. Cuando se es una pareja de viejos chochos, echar unas risas no importa tanto, y el sexo termina siendo más relajado y divertido».

Incluso la ralentización física que se produce al envejecer puede resultar una bendición, aunque a primera vista no lo parezca. Las mujeres suelen quejarse de que los hombres más jóvenes son demasiado rápidos en la cama: demasiado rápidos para excitarse, demasiado apresurados para advertir o descifrar las necesidades y deseos de su pareja, y demasiado ansiosos por acumular el máximo número de orgasmos posible. Al ralentizarlos físicamente, el envejecimiento puede ayudar a los hombres a estar más atentos; de ahí que algunos terapeutas sexuales crean que en realidad estos alcanzan su apogeo sexual en la mediana edad. Eliminar las acrobacias extravagantes —y la inquietud por estar a la altura que a menudo comportan— también puede dar lugar a una intimidad y sensualidad más profundas, a dedicar más tiempo al juego y la ternura, lo que resulta gratificante para los amantes de cualquier edad. Al hacerse mayores, cuando las erecciones son más difíciles de conseguir, muchas parejas encuentran otras formas —como, por ejemplo, utilizar juguetes sexuales o prolongar los preliminares— de disfrutar de un sexo gratificante sin penetración.

En otra encuesta realizada en el Reino Unido, los ingleses sexualmente activos de más de 80 años declararon que experimentaban una mayor cercanía sexual y emocional que aquellos cuyas edades oscilaban entre los 50 y los 69 años.[9] Esto resulta especialmente cierto en el caso de las parejas a largo plazo, cuya intimidad aumenta con los años. Algunas investigaciones sugieren que las mejores relaciones sexuales tienen lugar en las parejas que llevan quince años o más juntas.[10] Obviamente, la familiaridad que se crea —despertarse juntos día tras día, compartir el baño, reñir por las tareas domésticas...— erosiona la emoción propia del periodo de luna de miel. Pero en una relación sólida también allana el camino para los tres ingredientes clave del buen sexo: la honestidad, la comunicación y la cercanía; o en palabras de Mark Twain: «El amor parece ser una de las cosas que crecen más deprisa, pero en realidad es una de las que lo hacen más despacio. Ningún hombre o mujer sabe qué es el amor perfecto hasta que lleva casado un cuarto de siglo».

Esto concuerda con la experiencia de David Evans, el autor del blog Grey Fox, que se casó con su actual esposa hace cuarenta años. «La pasión ardiente y el ansia por hacerlo muchas veces por noche se desvanecen, pero se ven reemplazados por algo más profundo, menos frenético y más significativo —explica—. En lugar del "aquí te pillo, aquí te mato", es algo más sensual, con más calidez y contacto; y para ser sincero, en muchos aspectos es mejor».

Michael Shaw es de la misma opinión. «Cuando eres joven, todo el asunto va de liberación física o de hacer muescas en el pilar de la cama —afirma—. Pero eso es algo descabellado: es como pararse ante un bufé y probar solo un plato». Ahora, a sus ochenta y tantos, los Shaw hacen el amor a un ritmo más pausado, tomándose tiempo para explorar, saborear y conectar. Su larga historia compartida añade una emoción extra: «Cuando hacemos el amor, revivimos los recuerdos de toda una vida compartiendo cama —explica Daisy—. Eso puede bastar para *turboalimentar* toda la experiencia».

Mientras que las parejas como los Shaw aprovechan o perfeccionan lo que siempre han hecho entre las sábanas, otros descubren que el envejecimiento les inspira a reescribir por completo las reglas del amor. Baste pensar en cuántas personas optan por empezar a tener relaciones con parejas del mismo sexo en la tercera edad. Actualmente, este fenómeno es tan común entre las mujeres que los psicólogos incluso han acuñado el término «lesbianismo tardío» para describirlo. Los investigadores están empezando a pensar que la identidad sexual podría ser tan fluida en la mediana edad y después de ella como en la adolescencia. Lisa Diamond, profesora asociada de psicología y estudios de género en la Universidad de Utah, sospecha que el propio hecho de envejecer amplía nuestra paleta sexual. «Lo que sabemos sobre el desarrollo adulto sugiere que, cuando envejecen, las personas se vuelven más expansivas de diversas maneras —sostiene—. Creo que muchas mujeres, en una fase tardía de su vida, cuando ya no tienen la preocupación de criar a sus hijos, y cuando examinan retrospectivamente su matrimonio y lo satisfactorio que resulta, encuentran una oportunidad para repensarse lo que quieren hacer y cómo quieren sentirse».

Megan Cartwright, una asistente legal de Toronto, encaja perfectamente en ese patrón. De joven, a veces encontraba a otras mujeres atractivas, pero nunca había llegado a acostarse con una. «Me daba el lote con algunas chicas en las fiestas, pero yo lo atribuía a las hormonas disparadas y al exceso de cerveza —explica—. Me consideraba hetero, y no había más que hablar». A los 25 años se casó y tuvo tres hijos. Siguiendo la estela de la vida familiar, y satisfecha con su marido en la cama, dejó de sentir el menor interés erótico por otras mujeres. Los devaneos homosexuales de la residencia universitaria quedaron archivados, junto con el *piercing* de nariz que se hizo en Tijuana, en el cajón de los «momentos de locura adolescente». Pero luego su matrimonio se vino abajo, y una semana antes de cumplir 45 años se encontró de nuevo en el mercado.

Al igual que les ocurre a otras muchas personas de mediana edad, a Cartwright le aterrorizaba la perspectiva de volver a tener citas amorosas. Le preocupaba cómo reaccionarían sus hijos ante una nueva pareja. También le inquietaba su aspecto: las arrugas, la celulitis, la cicatriz que le había dejado un parto por cesárea. Con el fin de aumentar su confianza en sí misma, contrató a una fotógrafa profesional para que le hiciera las fotos de su perfil. La sesión fotográfica lo cambió todo; y por dos razones. Para empezar, hizo que Cartwright volviera a sentirse *sexy* de nuevo. «Al principio, estaba tan cohibida que ni siquiera podía mirar a la cámara —recuerda—. Pero luego nos sentamos a mirar unos hermosos retratos de mujeres mayores como Helen Mirren, y entonces pensé: "¡Bueno!, si ellas pueden ser *sexys*, ¿por qué yo no?". Y a partir de ahí la sesión fue genial». En segundo lugar, hacia el final de la sesión, Cartwright se sorprendió a sí misma observando a la fotógrafa. Se fue a casa con la cabeza dándole vueltas. «Más tarde, aquella noche —explica—, cuando estaba rellenando mi primer perfil de citas en línea, llegué a la sección en la que tenía que explicar qué buscaba, y sin siquiera pensarlo realmente marqué la casilla de mujeres. No sé si el deseo de estar con una mujer siempre había permanecido ahí o era algo nuevo, pero, fuera como fuese, mi yo de 45 años se sentía lo bastante seguro como para reconocerlo».

Los primeros meses de citas en línea fueron una auténtica montaña rusa, y Cartwright se llevó su buena ración de piradas y bichos raros: la que lloraba cada vez que mencionaba a su exmarido; la que no podía dejar de cepillarse el pelo; la que iba al baño antes del postre y ya no volvía... Pero a la larga hizo diana en la forma de una maestra de escuela llamada Naz. «La atracción fue instantánea —cuenta Cartwright—. Fue electrizante». Después de un par de citas, se acostaron juntas. El rostro de Cartwright adquiere una expresión soñadora al recordar su primera experiencia lésbica: «Fue ardiente, dulce, sensual, obsceno... Fue todo lo que yo esperaba que fuera», afirma.

La aventura con Naz fracasó, pero hizo que Cartwright afrontara mucho mejor el hecho de hacerse mayor. «Ahora me doy cuenta de que, cuando eres joven, simplemente no tienes la experiencia, ni la autoconciencia, ni las agallas necesarias para decir: "Eso es lo que soy, lo que necesito, lo que quiero para mí" —explica—. Adquieres todas esas cosas a medida que envejeces, y eso te permite extender tus alas».

Esa audacia se ha extendido desde el dormitorio al resto de su vida. Hace poco, empezó a hacer escalada y a aprender español, dos cosas que nunca imaginó que abordaría al acercarse a la cincuentena. «Antes el hecho de envejecer me enfadaba mucho, pero ahora veo las cosas de otra manera —afirma—. En realidad, el envejecimiento puede ser un regalo si sigues aprendiendo cosas sobre ti mismo y encontrando cosas nuevas de las que disfrutar».

Jürgen Schroeder es otro ejemplo. Fue un esposo fiel a la que había sido su novia desde secundaria, en Múnich, hasta la muerte de esta hace tres años. Su matrimonio era sólido, y criaron juntos a cuatro hijos. «Teníamos una buena vida, así que nunca la engañé —cuenta Schroeder, que trabaja de electricista—. Pero también contribuyó el hecho de que me sentía muy inseguro con las mujeres», añade, en una asombrosa confesión. A sus 64 años, hoy Schroeder es un hombre de aspecto distinguido, alto y esbelto, con un mechón de cabello plateado peinado hacia atrás que recuerda a un helado de dos sabores. Se ríe con facilidad, y tiene la seductora cualidad de dar la impresión de sentirse siempre fascinado por lo que le dicen los demás. En las fotos de sus días de juventud, parece una versión teutona de Cary Grant. Pero él nunca se vio así. Acosado en la escuela por ser gordito, siguió sintiéndose poco atractivo aun después de haber dejado atrás su gordura infantil. Solo a los cincuenta y tantos años empezó a sentirse seguro de sí mismo en compañía femenina. Al volver a quedarse solo, a los 61, se dispuso a recuperar el tiempo perdido. Cuando me reúno con Schroeder en un ruidoso café en Múnich, esto es lo primero que me dice: «Lo mejor de envejecer es la confianza en ti mismo que adquieres». Luego añade que está haciendo malabarismos para salir con tres novias a la vez, cuyas edades van desde los 47 hasta los 68 años, y todas las cuales se conocen entre sí.

¿Se acuesta con las tres?, le pregunto.

«¡Sí, claro! —me responde, con la sonrisa propia de alguien que está satisfecho consigo mismo—. Con cada mujer es distinto, pero es el mejor sexo que he tenido nunca». Como muchas otras personas en la tercera edad, Schroeder está ampliando su repertorio sexual, en lugar de reducirlo: con una de sus novias está explorando una versión suave del *bondage*; con otra, los disfraces y los juegos de rol, y la tercera le persuadió recientemente de que asistiera a su primera sesión de sexo en grupo.

Sin embargo, la mayor sorpresa para Schroeder ha sido descubrir las embriagadoras alegrías del romanticismo. Según él mismo confiesa, en su juventud nunca se le dio bien lo de cortejar a base de bombones, flores o poesía, pero ahora podría dar lecciones al mismísimo Casanova. Desliza no-titas amorosas en los bolsos de sus novias y les envía por WhatsApp audios suyos cantando canciones de amor. Les prepara elaboradas comidas italianas, y sus masajes de pies son legendarios. «He aprendido que, en lo relativo al placer erótico entre dos personas, las emociones más intensas están en la mente —afirma—. El cerebro es el órgano sexual más importante». Y, como ya hemos visto, el cerebro es como un buen vino: en muchos sentidos, mejora con los años.

La cultura popular está dando cada vez mayor cabida a la idea de la pasión sexual entre quienes ya no son tan jóvenes. Aprovechando la creciente demanda de lectores mayores, di-versas autoras de novela romántica, desde Nora Roberts has-ta Emma Miller, están publicando obras cuyos protagonistas tienen más de 40 años. También la televisión avanza en esa misma dirección, con un mayor número de series en las que aparecen personas mayores que se enamoran y desenamoran. En *Grace y Frankie*, las vidas de dos parejas de setenta y tan-tos se desmoronan cuando los dos maridos dejan a sus es-posas para irse a vivir juntos... como una pareja gay. *Mum* («Mamá»), una comedia dramática británica, ha recibido ex-celentes críticas por su representación agridulce de una mujer cincuentona que inicia, llena de dudas, una aventura amorosa con un hombre de su misma edad. La película de 2017 *La buena esposa* se inicia con una escena de sexo explícita en-tre Glenn Close y Jonathan Pryce: en ese momento, ambos tenían 70 años. Paralelamente, fuera de la pantalla, otras fa-mosas mayores como Jennifer Lopez, Madonna, Sam Taylor-Johnson, Julianne Moore, Robin Wright y Jennifer Aniston están rompiendo las reglas amorosas al salir con hombres mucho más jóvenes. Brigitte Macron tiene veinticuatro años más que su esposo Emmanuel, el actual presidente de Francia.

Es hora de hacer una advertencia: lo último que queremos es reemplazar el tabú contra los amoríos en la tercera edad por la expectativa de que todo el mundo se mantenga cachondo hasta el mismísimo lecho de muerte. Sacar el máximo partido de la revolución de la longevidad significa tener libertad de elegir, sin culpa ni vergüenza, el papel que queremos que el amor, el romanticismo o el sexo desempeñen en nuestra vida. Muchas personas querrán que tengan un papel central; otras pueden preferir dedicarles solo algún que otro escarceo, y otras se contentarán con dejar que desaparezcan por completo.

La historia está repleta de ejemplos de personas que se han sentido aliviadas al descubrir que el envejecimiento las alejaba de las turbulencias románticas y sexuales. Cuando le preguntaron al anciano Sófocles, en el siglo v a. C., si todavía era capaz de enamorarse, él respondió: «¡Ni lo mientes! Con gran deleite he escapado de ello, y me siento como si hubiera escapado de un amo frenético y salvaje». Isidoro de Sevilla, uno de los primeros eruditos cristianos, que vivió entre los siglos vi y vii d. C., elogió el envejecimiento por liberarnos «de los amos más violentos [...] quebranta la fuerza de la lujuria, aumenta la sabiduría y otorga más sabios consejos». Aún hoy, en una época en la que la presión cultural para ser sexualmente activos, o al menos vivir en pareja, es inmensa, mucha gente defiende su derecho a prescindir de ambas cosas. Algunas pensadoras feministas, desde Germaine Greer y Gloria Steinem hasta Diana Kurz y Nancy Miller, atribuyen a la menopausia el mérito de liberar a las mujeres del sexo.

También otras personas más jóvenes están dando su propia interpretación de este mensaje. Shanthony Exum lanzó recientemente un rap celebrando las alegrías de vivir sin pareja en la tercera edad. El tema lleva por título «Paper Mache (Single AF)», y el vídeo lo protagoniza una mujer de 60 años. «Quiero cambiar todo ese discurso sobre lo de vivir solo cuando eres mayor —explica Exum—. Hacen falta más historias sobre personas mayores que llevan una vida rica e interesante sin estar emparejadas».

Mientras uno no se sienta solo, vivir sin pareja en la tercera edad presenta evidentes ventajas. Tienes más tiempo y energía para ti mismo. No tienes que compartir con nadie el cuarto de baño, el chocolate ni el mando a distancia. Llevas la voz cantante.

Y también puedes dar más de ti al resto del mundo.

10

SOLIDARIDAD: NOSOTROS, NO YO

Cuando dejas de dar y ofrecer algo al resto
del mundo, es hora de apagar las luces.

GEORGE BURNS

La basura es un gran problema en el Líbano. Está por todas
partes: apilada en calles y playas, flotando en el mar, desper-
digada por las cunetas, atravesando parques y tierras de cul-
tivo como plantas rodadoras... a veces da la impresión de que
tirar basura sea el deporte nacional, y ves a la gente tirando
alegremente botellas de plástico, envoltorios y otros residuos
por las ventanillas de coches y autobuses. Cuando sube la
temperatura, el olor a rancio de los residuos en descomposición invade la atmósfera.

En 2015, la basura dejó de ser un simple problema para
convertirse en una auténtica crisis. Fue entonces cuando el
Líbano cerró su principal vertedero sin disponer de ninguna alternativa. El resultado: familias y empresas empezaron
a verter desechos por todas partes. En 2017, la montaña de
basura acumulada en las inmediaciones del aeropuerto de Beirut atraía a tantas gaviotas que estas se convirtieron en una
amenaza para los aviones que despegaban y aterrizaban allí.
Al no poder encontrar una nueva ubicación para aquel vertedero ilegal —o no tener una voluntad real de hacerlo—, los
funcionarios locales optaron por enviar a varios cazadores
para que dispararan a las aves en vuelo.

La mayoría de los libaneses atribuyen este desastre a la
incapacidad de su clase política para reconstruir su país tras
el final de la larga guerra civil que lo había asolado en 1990.
Hoy, el Líbano es un país frustrado por la corrupción, la mala

gestión y las disputas sectarias. Los manifestantes, hartos de la crisis de la basura, se mofan de los políticos de la nación con el eslogan «Apestáis».

No es de extrañar, pues, que la sociedad civil haya acudido a llenar el vacío, creando organizaciones sin ánimo de lucro para abordar el problema de la basura. ¿Y quién lidera esta reacción? Por supuesto, los libaneses de la generación del milenio están haciendo su propia aportación en las redes sociales, pero la guerrera antibasura más famosa del país nació mucho antes de que nadie hubiera oído hablar de términos como *flashmob* o *crowdsourcing*. Se llama Zeinab Mokalled. Tiene 81 años.

Un cálido y brumoso día de verano conduzco hacia las colinas del sur del Líbano para reunirme con ella. Vive en Arabsalim, una pequeña población situada cerca de la frontera con Israel. El viaje desde Beirut ofrece un microcosmos de los problemas medioambientales del país. Todas las carreteras están llenas de basura, parte de ella en bolsas y el resto esparcida; pero toda ella apesta por el calor de julio. Incluso los olivares, el sustento de la economía local durante siglos, están salpicados de bolsas de plástico que ondean al viento como banderolas. En medio de este desierto de escombros, Arabsalim destaca como un oasis de pulcritud, como si fuera una pequeña porción de Suiza. Vale, tampoco es que sea un lugar inmaculado —los visitantes siguen tirando basura por la ventanilla al pasar—, pero, para los estándares libaneses, la población resulta sorprendentemente limpia.

En las afueras diviso un edificio de una sola planta con el techo de chapa ondulada. Varias pinturas de árboles y banderas, además de una representación del sol, adornan las paredes enjalbegadas. Un cartel en francés y en árabe reza: «Reciclaje». Bajo del coche a investigar. El interior está lleno de cajas y sacos repletos de papel, vidrio y plástico. Un hombre llamado Mohamed Mazraani manipula una máquina que tritura el plástico convirtiéndolo en pequeñas bolitas. Cuando le digo que he venido desde Londres, se limita a encogerse de hombros como diciendo: ¿y qué? Aquí vienen extranjeros constantemente, me informa. Pero se le ilumina el rostro al preguntarle por Mokalled: «Ella ha situado a Arabsalim en el mapa —comenta, haciendo un gesto amplio con los brazos—. Es la que ha hecho que todo esto suceda».

Cuando finalmente llego a su casa, Mokalled, una antigua maestra de escuela, me espera en una sala de estar en la que entra una ligera brisa. Sobre la mesa reposa una bandeja bien surtida de *baklava* como un crucero listo para zarpar. Mokalled viste modestamente con un *hiyab* de color rosa salmón. Aunque su voz es tan suave que tengo que inclinarme hacia delante para poder oírla, la firmeza de sus maneras te indica de inmediato que no está por tonterías. Mientras me sirve una taza de té azucarado de color oscuro, le pregunto cómo ha llegado a convertirse en una celebridad ecológica en su país. La pregunta le hace soltar una risita que parece casi infantil. Toma un sorbo de té, y luego se remonta a la época de la ocupación israelí, en las décadas de 1980 y 1990.

Me explica que aquella fue una época de grandes dificultades en el sur del Líbano. Con los combates y los bombardeos, en Arabsalim muchos servicios públicos se vieron interrumpidos. La basura se acumulaba por toda la población, atrayendo a moscas y ratas, lo que representaba un riesgo para los niños que jugaban en la calle. En 1995, Mokalled decidió que ya era suficiente. Por entonces tenía casi 60 años, una edad en la que se espera que las mujeres libanesas, especialmente en la comunidad musulmana, se conviertan en tranquilas abuelas. Lejos de ello, Mokalled se estaba transformando en una guerrera medioambiental.

Ella quería hacer mucho más que limitarse a eliminar la basura de las calles: quería que Arabsalim fuera la primera población del Líbano que reciclara los residuos domésticos. Como la ciudad no tenía alcalde ni gobierno municipal, decidió acudir al gobernador local, que la ignoró. «Me dijo: "¿Qué se ha creído? Arabsalim no es París" —recuerda—. Fue entonces cuando supe que tenía que hacer algo por mí misma». Y lo que hizo fue iniciar una revolución del reciclaje.

Mokalled empezó por clasificar su propia basura; luego, persuadió a una docena de mujeres de la población para que siguieran su ejemplo. Juntas, dividieron el municipio en sectores; luego, se dedicaron a ir de puerta en puerta para ganar más conversos. No fue fácil. El Líbano todavía no tenía ni una sola planta de reciclaje de residuos domésticos, y los lugareños les decían a las mujeres que lo que tenían que hacer era estar en casa cocinando para sus familias, en lugar de intentar salvar el planeta. Pero el alegre grupo de rebeldes de la basura de Mokalled perseveró, utilizando sus propios coches para recoger los residuos clasificados hasta que una de ellas logró reunir dinero suficiente para comprar un viejo y destartalado camión. Mokalled cedió el patio trasero de su casa como área de almacenamiento y recorrió todo el país buscando empresas dispuestas a empezar a reciclar residuos domésticos. Mientras seguían incorporándose cada vez más familias a su proyecto en Arabsalim, las mujeres crearon una organización no gubernamental llamada Nidaa Al Ard («Llamada de la Tierra»), lo que ayudó a atraer fondos tanto de su país como del extranjero.

La corrupción siempre se ha interpuesto en su camino. ¿Recuerda el lector la máquina de triturar plástico del almacén de reciclaje? Bueno, pues resulta que en un primer momento se envió una igual desde Europa, pero desapareció misteriosamente en el camino; a Arabsalim solo llegó el manual de instrucciones. Pero lejos de rendirse, Mokalled encontró a un espabilado mecánico local que utilizó el manual para construir otra máquina igual partiendo de cero. «Ha sido una lucha larga y constante, y hemos hecho muchos sacrificios», me explica.

Finalmente, las mujeres reunieron el dinero necesario para construir el almacén de reciclaje, comprar un nuevo camión y contratar a Mazraani. Hoy, los ciudadanos de Arabsalim recogen cada mes dos toneladas de plástico, la misma cantidad de papel y una tonelada de vidrio para reciclar. Su iniciativa se ha imitado en otras partes del Líbano y ha servido de inspiración para otros proyectos ecológicos locales. Actualmente, muchos hogares de Arabsalim utilizan energía solar para calentar el agua, y hay planes en marcha para crear un sistema de compostaje.

Todo esto supone una notable hazaña que ha convertido a Mokalled en un icono del movimiento ecologista. Ha ganado premios internacionales y aparece regularmente en los medios de comunicación. Pero se puede afirmar que la fama no le interesa en absoluto; lo importante es hacer lo correcto: «Quería hacer algo por mi tierra natal, por el medioambiente y por mi gente —afirma—. Lo que sentí fue una llamada muy fuerte».

Le pregunto si la edad desempeñó algún papel a la hora de escuchar esa llamada. Ella asiente con la cabeza. «Si eres más joven, normalmente estás ocupado con el trabajo y la familia —me responde—. Pero cuando eres mayor puedes centrarte más en tus propios proyectos y ambiciones».

Entonces, ¿el hecho de que su proyecto se consagrara a un bien mayor fue casual? ¿Podría haber dedicado igualmente sus energías a montar una empresa de capital inversión o una web de apuestas en línea? ¿O existe un vínculo natural entre el envejecimiento y el altruismo? Mokalled reflexiona un momento. «Creo firmemente que deberíamos tratar de aportar algo a cualquier edad, pero la necesidad de hacerlo parece verse reforzada al envejecer —me responde—. Puede que con la edad nos volvamos más altruistas».

Esto me hace detenerme a reflexionar. ¿Es posible que sea cierto? ¿Realmente al hacernos mayores nos sentimos más ansiosos por ayudar a los demás y aportar algo? ¿El envejecimiento vuelve recesivo el gen egoísta? Mi yo escéptico empieza a enumerar de inmediato a las numerosas personas que parecen refutar la teoría. Es obvio que Bernie Madoff no pensaba en un bien mayor al realizar la mayor estafa piramidal de toda la historia de Estados Unidos con 70 años. Tampoco el presidente estadounidense Donald Trump ha mostrado demasiados signos de haber experimentado un arranque de filantropía en la tercera edad. Es cierto que Ebenezer Scrooge, el santo patrón literario de los misántropos, acabó abrazando el altruismo, pero solo después de que tres fantasmas le dieran un susto de muerte.

Por otra parte, también los jóvenes pueden sentir un fuerte impulso para ayudar a los demás. Baste pensar en todos los miembros de la generación del milenio que montan empresas sociales que sitúan sus objetivos por encima de los beneficios, o en los jóvenes plutócratas de Silicon Valley que crean fundaciones filantrópicas para canalizar su riqueza hacia nobles propósitos. A la hora de elegir dónde trabajar, muchos jóvenes prefieren a empresarios que promuevan buenas obras.

La enorme desigualdad de riqueza existente entre las distintas generaciones arroja más dudas sobre la teoría de Mokalled de que existe un vínculo especial entre el envejecimiento y el altruismo. Hoy en día, muchos jubilados disfrutan de unos ahorros envidiables gracias a una serie de ventajas que ya no están al alcance de la mayoría de las personas menores de 40 años: propiedades, educación accesible, pensiones sólidas, empleo estable... ¿Acaso los votantes de más edad están alzando su voz para exigir una reforma y redistribución radicales? Ni por asomo.

Sin embargo, está claro que Mokalled no se equivoca. Aunque los votantes mayores muestren poco interés en apoyar políticas que redistribuyan la riqueza entre las distintas generaciones, lo que hacen en su vida cotidiana habla de altruismo. A escala global, la gente tiende a donar más tiempo y dinero a buenas causas a partir de los 35 años. En Gran Bretaña, la probabilidad de hacer donaciones a entidades benéficas es el doble entre los mayores de 60 años que entre los

menores de 30, mientras que los estadounidenses mayores de
55 acumulan cada año 3.300 millones de horas de trabajo
voluntario. Muchas organizaciones benéficas de todo el mundo, grandes y pequeñas, no podrían sobrevivir sin el trabajo
no remunerado de las personas mayores.

¿Cómo explicar esto? Una teoría sostiene que, cuando somos mayores, nos resulta más fácil aportar algo porque tenemos más que dar: más dinero, tiempo, habilidades, experiencia... Pero esta teoría no explica por qué diversos estudios
revelan que el impulso de situar un determinado propósito
por delante del beneficio personal en la tercera edad es igual
de fuerte independientemente del nivel de ingresos, educación
o salud.[1]

Veamos una segunda teoría: el propio envejecimiento en sí
desencadenaría un cambio existencial más profundo. Erik
Erikson, un prominente psicoanalista, acuñó el término *gene-
ratividad* para describir la «capacidad de trascender los intereses personales para cuidar y velar por las generaciones más
jóvenes y mayores», y consideró que este impulso altruista
surge entre los 40 y los 64 años. El sociólogo Lars Tornstam
era de la misma opinión: inventó otra palabra, *gerotrascen-
dencia*, para expresar cómo el envejecimiento nos lleva a sentirnos menos interesados en las cosas materiales y a conectar
más con el prójimo. Otros argumentan que la mayor conciencia de la muerte que acompaña el envejecimiento nos incita
a preocuparnos más por los demás. En su libro *A Year to
Live*, Stephen Levine señala que «cuando las personas saben
que van a morir, en su último año suele ser cuando se muestran más cariñosas, más conscientes y más solidarias, aun en
condiciones de poca concentración, con los efectos secundarios de la medicación, etcétera».

En resumen: al envejecer nos importa menos lo que piensen los demás, pero somos más solidarios con ellos.

Helen Dennis es testigo de ese cambio todos los días. Afincada en California, es autora de una columna —que aparece

en varios medios— titulada «Envejecer con éxito» y es experta en forjar nuevas trayectorias profesionales en la tercera edad. Ha trabajado con más de 15.000 personas, desde contables y altos ejecutivos hasta ingenieros y trabajadores de fábricas, y cree que Mokalled está en lo cierto. «Simplemente parece ser una parte natural de nuestra trayectoria vital —afirma—. Cuando tomas conciencia de que tu tiempo aquí es finito, surgen estas preguntas: ¿he marcado una diferencia en el mundo, en mi familia, en mi comunidad? ¿Qué huella dejaré? ¿Cuál es mi legado?».

Numerosas investigaciones lo confirman. Una reciente encuesta reveló que el 85 % de los jubilados estadounidenses mayores de 50 años definían el éxito como «ser generosos», en lugar de «ser ricos».[2] Traducción: subir en el escalafón empresarial o procurarse unos buenos ahorros para la jubilación pasa a ser menos importante que ayudar a la gente y contribuir a proyectos que marquen una diferencia significativa en el mundo. Simone de Beauvoir consideraba que servir a un propósito superior en nuestros últimos años era tanto un deber cívico como un imperativo existencial. «Solo hay una solución para que la vejez no sea una absurda parodia de nuestra vida anterior —escribía en su libro La vejez, publicado en 1970—. Y es pasar a consagrarse a fines que den sentido a nuestra existencia: dedicación a personas, grupos o causas, trabajo social, político, intelectual y creativo».

Diversos estudios demuestran que ayudar a los demás refuerza el sistema inmunitario, reduce la presión arterial y mejora el bienestar general; todos ellos elementos favorables para el envejecimiento.[3] También puede alimentar el efecto positivo del que hablábamos anteriormente. Los chinos tienen un proverbio que dice: «Si quieres ser feliz durante una hora, échate una siesta. Si quieres ser feliz durante un día, ve a pescar. Si quieres ser feliz durante un año, hereda una fortuna. Si quieres ser feliz durante toda tu vida, ayuda a alguien». San Francisco de Asís estaba en la misma línea cuando observaba en el siglo XIII que «dando es como se recibe». Winston Churchill convirtió ese mismo sentimiento en un aforismo que a menudo se cita en las redes sociales: «Nos ganamos la vida con lo que obtenemos; pero la vivimos en virtud de lo que damos». Incluso la ciencia respalda actualmente esta idea: varios experimentos recientes realizados empleando la técnica de imagen por resonancia magnética funcional (IRMf) muestran que el acto de dar estimula las mismas «regiones felices» del cerebro que se activan cuando comemos o mantenemos relaciones sexuales.[4] Esto coincide con mi propia experiencia. Algunos de mis recuerdos más felices provienen de las labores de voluntariado que realicé en mi juventud, desde alimentar a pacientes paralizados en el hospital hasta trabajar con niños de la calle en Brasil. Pero lo mejor de todo es que ahora puedo aspirar a disfrutar todavía más de este tipo de experiencias en el futuro. ¿Por qué? Pues porque diversos estudios demuestran que el subidón emocional que provocan los actos caritativos es mayor en la tercera edad.[5]

Hoy en día, el vínculo entre envejecimiento y altruismo está tan bien establecido que algunos abogan en favor de que se añada una nueva capa a la jerarquía de necesidades de Maslow.* Llámese como se quiera: filantropía, legado, trascendencia... Todo viene a ser lo mismo: el anhelo humano de servir a una causa mayor que uno mismo y de que, cuando lo dejemos, el mundo sea un lugar mejor que cuando lo encontramos.

Esta es una buena noticia por muchas razones. Para empezar, sugiere que al envejecer podemos esperar encontrarle más sentido y propósito a nuestra vida, y además torpedea la idea de que las personas mayores representan una carga. También significa que la revolución de la longevidad puede contribuir a hacer del mundo un lugar mejor y menos egoísta. Se espera que, en las próximas dos décadas, los jubilados estadouni-

---

* Véase https://es.wikipedia.org/wiki/Pirámide_de_Maslow. (*N. del t.*)

denses donen el equivalente a ocho billones de dólares —sí, he dicho billones— a organizaciones benéficas entre dinero y trabajo voluntario.[6] Algunos futurólogos piensan que, en la medida en que la población del planeta envejece, el servicio a los demás podría convertirse en el nuevo símbolo de estatus de la economía global, despertando más admiración que los puestos laborales sofisticados y el patrimonio neto.

Cada vez más personas están dando credibilidad a la teoría de Mokalled al seguir su ejemplo. Tomemos el caso de Jacki Zehner, de 53 años, la mujer más joven en convertirse en socia de Goldman Sachs. Pese a las riquezas que tenía a su alcance, dejó el banco para dedicar su vida a mejorar la suerte de mujeres y niñas como directora ejecutiva de la organización Women Moving Millions, una entidad sin ánimo de lucro cuyos miembros se comprometen a entregar grandes sumas de dinero para financiar proyectos que van desde la construcción de escuelas hasta la realización de documentales. Otra organización llamada Older Canadians ha recaudado varios millones de dólares para ayudar a los abuelos a cuidar de niños que han quedado huérfanos por el sida en África. Grandmother Power, un movimiento activista creado por la fotoperiodista septuagenaria Paola Gianturco, inspira a mujeres de todo el mundo a encontrar formas de mejorar la educación, la salud y los derechos humanos para la próxima generación. Carol Fox ha ido aún más allá, dedicando sus últimos años a reescribir las reglas de la filantropía. Dejó su carrera profesional en el sector artístico y museístico para enseñar a los nuevos ricos de China a gastar su dinero en beneficencia. Actualmente, mediada la setentena, recorre el mundo para ayudar a canalizar fondos hacia causas medioambientales, sociales y culturales que habrían sido ignoradas hace unos años.

El altruismo en la tercera edad es hoy tan común que incluso se han creado galardones para premiarlo. Cada año, la organización AARP —ya mencionada— otorga el denominado Premio Propósito a cinco estadounidenses mayores de 60 años que realicen un trabajo sobresaliente en favor del bien común. Los ganadores más recientes han encontrado formas de dar clases a reclusos, ayudar a familias de acogida, suministrar productos de higiene femenina a un orfanato de Kenia y alentar a las niñas a enamorarse de la ciencia. Cada una de sus historias es un testimonio de la compasión, el sentido común y la experiencia que acompañan al envejecimiento. Robert Chambers ganó por fundar More Than Wheels, una empresa que ofrece préstamos para adquirir automóviles con bajos tipos de interés a los pobres de los ámbitos rurales. En su experiencia como vendedor de coches, había visto lo difícil que les resultaba a estas personas encontrar una financiación justa en los concesionarios. Cuando fue recibido en la Casa Blanca, Chambers declaró: «Tenía bastante edad para reconocer la injusticia cuando la veía, y la suficiente experiencia para hacer algo al respecto».

Muchos se suben al tren del altruismo mientras todavía se encuentran en su mejor momento laboral. A los 49 años de edad, Michael Sheen decidió reducir el tiempo dedicado a su trabajo como actor para liderar una campaña destinada a proporcionar créditos asequibles a personas con bajos ingresos. Laila Zahed, que trabajaba como genetista clínica en un importante hospital de Beirut, tenía más o menos la misma edad cuando empezó a dedicar más tiempo a proyectos sociales. Para dar a conocer a los niños libaneses de clase media las culturas de sus empleadas domésticas inmigrantes, empezó a escribir y publicar libros sobre Sri Lanka, Etiopía y Filipinas. En 2016, a los 56 años, encontró una manera de abordar al mismo tiempo dos de los principales problemas de su país: la basura y los refugiados.

Desde 2011, más de un millón de sirios han huido de la guerra civil de su tierra natal para buscar refugio en la vecina Líbano. Muchos llevan años atrapados en esa situación, viviendo en improvisados campamentos o en apartamentos abarrotados, sobreviviendo gracias a las limosnas o haciendo trabajos esporádicos en el mercado negro, sometidos a toques de queda, y sin saber cuándo volverán a casa, si es que vuelven. La idea de Zahed fue enseñarles a transformar bolsas de plástico en productos artesanales.

Ya hay siete mujeres apuntadas a su proyecto en el valle de la Becá, justo al otro lado de la frontera de la devastada Siria. Recogen bolsas de plástico, que luego doblan y cortan en tiras para trenzar un hilo muy resistente. Con este hilo, y mediante la técnica del ganchillo, tejen toda clase de cosas, desde bolsos, petacas y portabotellas hasta dispensadores de pañuelos de papel y manteles individuales. Zahed utiliza WhatsApp para hablar del diseño de los productos y las tácticas de venta con el grupo desde su casa, situada en Beirut, a 70 kilómetros de distancia. «Tengo que asegurarme de que lo que hacen sea vendible y de primera calidad —explica—. De lo contrario, a menudo producirían artículos demasiado pintorescos y tradicionales». Hoy sus coloridos productos artesanales se venden tanto en los mercados como en Facebook, pero Zahed no gana dinero con ellos: todos los beneficios van a parar directamente al proyecto o a las propias artesanas, que en un buen mes pueden llegar a ganar hasta 100 dólares, un sueldo nada despreciable en el Líbano.

Cuando llego al valle de la Becá, cinco de las mujeres sirias me están esperando en el sótano de un destartalado edificio de aspecto espartano. La atmósfera está cargada y huele a ladrillería. En una mesa baja, hay té negro y galletas. Después de darme una cálida bienvenida, los ánimos se ensombrecen cuando las mujeres enumeran los infortunios que sufren habitualmente los refugiados en todo el mundo: la añoranza del hogar; las ambiciones frustradas; el malestar físico; la violencia y el aburrimiento; la inquietud por el futuro de sus hijos; la interminable burocracia y el desmoronamiento de su autoestima; y la fría acogida de los ciudadanos del país donde residen, hartos de la presencia de tantos huéspedes no deseados entre ellos. Una sola cosa les levanta el ánimo: el proyecto de las bolsas de plástico.

Amina Hafez Al Zouhouri, de 59 años, huyó al Líbano junto con su esposo y sus siete hijos en 2011. En su país trabajaba de costurera, de modo que no tuvo que pensárselo dos veces para apuntarse al proyecto de Zahed. Su marido, que aquí no tiene trabajo, transforma las bolsas de plástico en hilo mientras ella hace ganchillo. «El dinero es nuestra salvación —afirma Amina—. Pero también siento que he recuperado mi autoestima y mi dignidad porque trabajo y soy creativa». Al oír sus palabras, todas las mujeres presentes en la sala sonríen, asienten con la cabeza o se llevan la mano al corazón.

A mí me vienen ganas de hacer lo mismo cuando me reúno con Zahed en Beirut. Es una mujer menuda con el pelo corto de color castaño, que sonríe enseñando los dientes y exhibe la incansable energía de quien tiene una larga lista de tareas pendientes. Estar en su compañía tonifica, mientras que su ímpetu para hacer del mundo un lugar mejor, y su convicción de que el envejecimiento abre puertas en lugar de cerrarlas, resultan vigorizantes. «Me siento muy feliz dirigiendo este proyecto de ganchillo, viendo cómo ayuda a estas mujeres, pero ¿quién sabe qué vendrá después? —se pregunta, mostrando su amplia sonrisa—. ¡Sé que vendrá otra cosa, y siento curiosidad por saber qué es!».

Mis encuentros con Mokalled y con Zahed me llevan a poner bajo el microscopio mi propia relación con el altruismo. Interrumpí mi labor de voluntariado a los veintitantos, cuando primero el trabajo y luego los hijos pasaron a convertirse en mi prioridad. Aunque mi trayectoria profesional como escritor y conferenciante está animada por el deseo de hacer del mundo un lugar mejor, siento una creciente necesidad de hacer más. Pero ¿por dónde empezar? Busco consejo en Zahed. «No le dé demasiadas vueltas —me dice—. Es poco probable que se le ocurra el proyecto perfecto mientras está sentado en su escritorio. Simplemente, láncese, pruebe cosas, vea qué tiene buena pinta. Mantenga una mentalidad abierta y vaya paso a paso. Nunca en mi vida imaginé que iba a poner en marcha un proyecto con bolsas de plástico y refugiadas sirias, pero, en cuanto te pones a hacer algo bueno en el mundo, una cosa lleva a la otra».

Otros siguen una vía más directa para ser útiles en la tercera edad: aprovechar las habilidades que han adquirido con los años y ofrecerlas de forma gratuita. Esa es la idea que subyace a la organización Volunteers in Medicine, que gestiona cerca de un centenar de dispensarios en todo Estados Unidos. Actualmente, más de 600 personas mayores, entre médicos enfermeros, dentistas y trabajadores sociales, visitan a un total de 30.000 pacientes cada año sin cobrarles un céntimo. El doctor Jack McConnell, fundador de la entidad, califica el voluntariado en la tercera edad como «la tendencia del futuro».

Eso es, sin duda, lo que uno siente cuando visita la Clínica Familiar Ruffin de Las Vegas. Esta nueva y luminosa instalación, en los límites del centro urbano, es un regalo del cielo para los pobres que carecen de seguro médico, que acuden aquí en tropel para recibir atención médica gratuita. Cuando me paso por allí, una tarde entre semana, Janet Maran, una enfermera de 71 años de cabello corto y plateado que lleva un estetoscopio alrededor del cuello, está atendiendo a varios pacientes. De carácter enérgico pero agradable, lleva haciendo labores de voluntariado desde los 60 años, y actualmente trabaja cuatro horas a la semana en la clínica Ruffin. Cuando le pregunto si la edad la ha hecho mejor enfermera, ella asiente con la cabeza: «Ahora aporto más humanidad al trabajo y tengo más conciencia de cómo se las apañan los pacientes —me dice—. En lugar de intentar hacer que lo que yo sé encaje en todos los pacientes, adapto más mi enfoque a cada individuo». Otro ejemplo de cómo la paciencia y la empatía que suelen acompañar a la tercera edad pueden aumentar el rendimiento en el trabajo.

Maran sintió el gusanillo del voluntariado cuando disminuyeron sus responsabilidades familiares. Desde entonces ha diversificado su actividad para ser útil de otras maneras, aparte de la medicina. Da clases de inglés y ayuda en el comedor de un albergue local para refugiados y personas sin hogar. También enseña *qigong*, un antiguo ejercicio y una práctica de sanación chino, a pacientes con cáncer. Su consigna es muy parecida a aquello de: «Nunca dejes de explorar». Últimamente está sintiendo la necesidad de dedicarse al activismo social. «Quizás ahora deba expandirme en ese ámbito», afirma. Lo que está claro es que Maran no tiene la menor intención de dejar el voluntariado. Como muchas otras personas en la tercera edad, desea seguir dando hasta que no le quede nada que dar. «Es que aborrezco la idea de una jubilación recreativa —me dice—. Todo eso del bingo, las excursiones, los campos de golf y las clases de baile. Me moriría en ese ambiente». Por supuesto, tampoco es obligatorio elegir entre una cosa u otra: puedes tomar clases de salsa o pasar horas en el minigolf, y al mismo tiempo ser útil en tu jubilación.

Es hora de hacer otra advertencia: aunque el envejecimiento agudice el deseo de aportar algo, no hay por qué concebir la tercera edad como el único periodo destinado a servir a un bien mayor. El altruismo puede y debe cultivarse a cualquier edad, y la revolución de la longevidad puede ayudar en eso. ¿Por qué? Pues porque el impulso filantrópico resulta un poco contagioso. Diversos estudios demuestran que, cuando viejos y jóvenes trabajan juntos en un problema vital, parte del altruismo de los primeros se contagia a los segundos.[7] Podemos ver materializado este hecho en las artesanas sirias del valle de la Becá. Cuando le pregunto qué ha aprendido trabajando con una «máquina» de mediana edad como Zahed, la integrante más joven del grupo, Alaa Aslan Al Zouhouri, de 22 años, me responde: «Ha hecho que quiera ayudar a los demás».

Para extender este saludable contagio, las diferentes generaciones deben empezar por encontrarse; y la única manera de que eso suceda es que las personas de todas las edades comiencen a interrelacionarse mucho más de lo que lo hacen ahora.

11

INTERACCIÓN: TODOS JUNTOS AHORA

Relaciónate con personas
que puedan ayudarte a mejorar.

SÉNECA

Patrick Stoffer está construyendo una granja para el futuro. Alojada dentro de un contenedor de transporte que no tiene ni tierra ni luz solar, su Edén en miniatura parece salido de una película de ciencia ficción. En las paredes de acero inoxidable se han colocado unos sensores que controlan la humedad, la temperatura y el nivel de dióxido de carbono. Las luces del espectro azul y rojo se combinan para inundar este espacio en forma de túnel de un misterioso y purpúreo resplandor. Cuatrocientas plantas, incluidas lechugas de las variedades Bibb y Butterhead, cuelgan del techo en tiras de caucho. De vez en cuando, un *software* extremadamente inteligente se encarga de rociar los nutrientes almacenados en varias hileras de recipientes de plástico sobre las raíces de las plantas, expuestas al aire.

Cuando llego, Stoffer está examinando sus cultivos. Con su cabeza afeitada y su barba recortada, y la música hip-hop sonando a todo volumen, me recuerda a una especie de versión agraria del músico Moby. Aunque puede cuidar de su huerta de alta tecnología desde cualquier sitio a través de su iPad, dedica hasta un total de veinte horas a la semana a hacer labores agrícolas *in situ*. Se ha propuesto mostrar al mundo cómo cultivar productos frescos reduciendo los residuos casi a cero. Recientemente se subió al escenario para explicar —en una conferencia local del programa TEDx (patrocinado por la organización TED, de la que ya hemos hablado antes)—

cómo este tipo de jardines hidropónicos pueden proporcionar alimentos saludables, reconstruir comunidades y salvar el planeta.

Uno pensaría que lo más lógico es que un pionero como Stoffer, que tiene 28 años, ponga en marcha su revolución agrícola en una gran ciudad, quizá junto a un espacio de trabajo compartido para empresas emergentes de tecnología. Pues no. Su contenedor se encuentra en los terrenos de Humanitas, una residencia de ancianos ubicada en Deventer, una pequeña ciudad de la zona central de los Países Bajos.

Hace unos años, el director de la residencia se propuso animar un poco el ambiente ofreciendo alojamiento gratuito a un puñado de estudiantes universitarios. A cambio, los jóvenes aceptaban dedicar treinta horas al mes a interactuar con los ancianos residentes en las instalaciones, que cuentan con 150 camas. Resultado: hoy este lugar constituye un auténtico ejemplo de cómo romper las barreras entre las generaciones. Lo visitan profesionales del ámbito académico y directores de residencias de ancianos de todo el mundo, y, siguiendo su inspiración, se han puesto en marcha programas similares en Francia, España y Estados Unidos. Hay lista de espera para entrar tanto de personas mayores como de estudiantes, atraídos, unos y otros, por las entusiastas descripciones de la interacción generacional que aquí se produce.

La idea de un programa para acercar a jóvenes y viejos habría dejado perplejos a nuestros antepasados. Durante la mayor parte de la historia, y en las diferentes culturas, las personas de diferentes edades han convivido en espacios comunes les gustara o no: en casas y granjas, en parques y mercados, en reuniones sociales y lugares de culto. La vida moderna ha contribuido en gran medida a socavar esta costumbre. Por su propia naturaleza, las escuelas y las universidades, las residencias de ancianos y las comunidades para jubilados, son todas ellas guetos basados en la edad. Paralelamente, la urbanización, el individualismo y el descenso de las tasas de natalidad han hecho que la familia multigeneracional sea cada vez menos común, incluso en aquellas sociedades que tradicionalmente han dado una gran importancia a la piedad filial, como China, Japón y la India. El pánico al denominado «peligro de los extraños»* y la polarización del mercado inmobiliario han acrecentado aún más la brecha entre viejos y jóvenes. Yo mismo percibo la tendencia a agruparse en función de la edad en mi propio rincón londinense, donde la gente tiende a venir a vivir a los veinte y muchos o treinta y pocos, para luego volver a marcharse a los cuarenta y tantos. En mi barrio, las familias jóvenes predominan tanto que este lugar se ha bautizado como *Nappy Valley*, o «valle de los pañales».

Cuando las distintas generaciones conviven juntas, todo el mundo sale ganando. Como ya hemos visto, los jóvenes pueden volverse más altruistas. Y en sentido inverso, diversos estudios muestran que mezclarse con personas más jóvenes mejora la salud, la felicidad y la autoestima de los mayores.[1] Les resulta más fácil compartir su experiencia y llevar a la práctica el deseo —como hemos visto, característico de la tercera edad— de aportar algo al mundo. Asimismo, se mantienen más en contacto con nuevas ideas y tendencias. Esa es la razón por la que la Señora Q, la mochilera china de setenta y tantos años que conocimos anteriormente, pone especial empeño en dormir en albergues juveniles y viajar en compañía de personas más jóvenes. «Hablo con ellos, y tienen muchas cosas nuevas que decir», explica.

En Humanitas, los estudiantes organizan talleres sobre toda clase de cosas, desde arte callejero hasta *break dance* en silla de ruedas, pasando por el uso de tabletas. Uno de ellos organizó un torneo de fútbol de Xbox en el comedor, mien-

---

* Esta expresión —en inglés *stranger danger*— proviene del consejo que habitualmente todos los padres dan a sus hijos cuando son pequeños: «No hables con extraños», o con «desconocidos», por considerarlos supuestamente un «peligro». (*N. del t.*)

tras que otro hizo una carrera con un residente en vehículos de movilidad reducida; luego subió las imágenes a YouTube. Stoffer, que es un fantástico cocinero, introduce alimentos poco conocidos en el menú, y algunos de ellos, como el *hummus*, han pasado a convertirse en elementos básicos. Los residentes de más edad incluso han aprendido algunos «juegos de bebidas», y uno de ellos, de ochenta y tantos años, es tan bueno en el *beer-pong* que ahora todo el mundo clama por tenerlo en su equipo.

Dondequiera que uno mire en Humanitas, puede ver florecer la amistad entre distintas generaciones. La cena del domingo en la sala principal es una reunión especialmente animada con numerosos gestos de camaradería entre jóvenes y viejos. Dos acordeonistas tocan melodías clásicas, mientras Stoffer deambula entre las mesas repartiendo sus palitos de queso caseros, charlando y coqueteando a su paso. Cuando organizó su primera fiesta de cumpleaños en Humanitas, asistieron incluso algunos de los residentes más solitarios. Actualmente, su mejor amigo aquí es Harry Ter Braak, un antiguo barbero de 90 años con el cabello blanco bien cuidado y una sonrisa pícara. A menudo se les puede ver cocinando juntos en la cocina comunitaria o dándole al palique con unas cervezas. Ter Braak es una persona encantadora, siempre a punto de contar un chiste o de bromear simulando que te hace un placaje. «Hablamos de chicas y de la vida en general —cuenta Stoffer—. Yo me relaciono con Harry como si fuera un tío de mi edad».

Marty Weulink también conoce esa sensación. Vive en un apartamento lleno de antiguos cochecitos de muñecas, que restaura como pasatiempo. Todo, desde la pantalla de la lámpara hasta la cubierta de su iPad pasando por el jarrón de rosas y su propia indumentaria, exhibe su color favorito: el rojo. Un momento clave de su jornada es cuando Sores Duman, un estudiante de comunicaciones, se pasa un rato para charlar. Con su sombrero de copa baja, su cabello oscuro y rizado, y su collar de hueso, este universitario de 27 años parece más bien un músico callejero en busca de una cama donde pasar la noche. «Adopté a Sores porque parece un perro apaleado necesitado de buena comida», bromea riendo Weulink, que actualmente tiene 91 años. Al comienzo de su amistad, ella iba en su escúter a comprarle su manjar favorito —pollo y arroz— a un establecimiento de comida para llevar. Ahora está leyendo cosas en Internet sobre la cultura kurda, que es de donde procede el muchacho. Cuando me paso por su apartamento, la pareja está charlando ante una taza de té, riendo de bromas privadas mientras se dan algún que otro codazo cómplice. «Nos llevamos muy bien», me dice Duman. Weulink sonríe con orgullo y le guiña un ojo. «Con Sores no soy consciente de la edad —afirma—. Nos sentamos, comemos y nos divertimos; charlas con alguien con quien te apetece hacerlo».

La incorporación de estudiantes ha funcionado tan bien que Humanitas sigue ideando constantemente nuevas formas de atraer a gente más joven. Actualmente, los miembros de mediana edad de un club de billar local juegan en las mesas de la residencia, además de participar en las actividades y celebraciones de la casa. Los niños de un jardín de infancia cercano vienen a jugar, dibujar y cantar con los residentes, mientras que los alumnos en prácticas de una escuela culinaria cocinan platos tradicionales holandeses con los ancianos afectados por demencia. Un proyecto más reciente asigna «abuelas» de la residencia a adolescentes de familias pobres. Con todo esto se ha establecido un círculo virtuoso: la mezcla generacional hace más felices a los residentes, lo que a su vez ayuda a atraer a más jóvenes a Humanitas, y así sucesivamente.

También los estudiantes se benefician de toda esta mezcla de edades. El ritmo más lento de Humanitas los ayuda a replantearse la velocidad de sus propias vidas. «En el mundo exterior, la gente quiere las cosas lo más rápido posible, pero aquí entras por la puerta principal y todo se ralentiza, hasta el ascensor —comenta Stoffer—. Aquí dentro, si alguien te pregunta cómo te ha ido el día, es porque de verdad quiere saberlo, y eso me gusta. Me ha enseñado a dejar de vivir mi vida corriendo a toda pastilla y a prestar más atención a las pequeñas cosas». Otra estudiante, Sharmain Thenu, recibe una lluvia de consejos románticos por parte de las mujeres residentes, que la instan a no tener prisa en casarse. «Estar con mujeres mayores me está enseñando a anteponerme a mí misma a todo lo demás», afirma.

Obviamente, no todo es armonía en Humanitas. A veces, los estudiantes se quejan cuando sus vecinos duros de oído suben el volumen de su televisor. Pero nadie quiere que la residencia vuelva a convertirse en un nicho exclusivo de ancianos. Al contrario, los residentes mayores adoran esta inyección de energía juvenil. A menudo se levantan a desayunar justo cuando los estudiantes regresan de una noche en la ciudad. Si ven que alguien se trae a una nueva pareja a casa, antes de la hora del almuerzo todo el edificio lo sabe. «Les encantan los chismes —comenta Stoffer—. Nosotros les traemos el mundo exterior a casa y les proporcionamos historias que pueden compartir entre sí y con sus familias». Ter Braak me explica que para los residentes esto supone un grato alivio con respecto a las habituales conversaciones de la residencia sobre pastillas, dolores y visitas médicas. «Traer a gente joven a vivir aquí ha sido la mejor decisión que hemos tomado nunca», afirma.

Me siento inclinado a pensar lo mismo. Casi todas las demás residencias de ancianos que he visitado me han dejado deprimido: el pesado silencio, la soledad, el olor, la alegría forzada, la sensación de contar los días hasta la muerte... Obviamente, Humanitas no es un lugar de vacaciones: no todos los residentes pueden, o quieren, relacionarse con los estudiantes; hay sufrimiento y soledad, y también hay muerte. Pero el ambiente general es alegre y optimista. Contribuye a ello el hecho de que la casa esté bien arreglada. En los espacios públicos hay suelos de madera, lámparas de araña y sillas modernas, además de buenas máquinas de café y bandejas de galletas. Hay una sala decorada como si fuera una taberna holandesa tradicional, mientras que otra simula un paisaje de playa. Los residentes pueden pasar el rato en la terraza superior o simular que pedalean por Ámsterdam o París en la bicicleta estática de realidad virtual del gimnasio. Los baños están limpios, y en los pasillos no hay ni rastro del típico olor a residencia de ancianos. Pero lo que mantiene la moral tan alta es la mezcla generacional. No me cuesta nada imaginarme queriendo vivir aquí... a los 20 años o a los 80.

Es posible que esta mezcla de edades sea el mejor antídoto contra el edadismo. Cuando se interrelacionan distintas generaciones, las personas mayores se ven forzadas a replantearse la errónea creencia de que «los jóvenes nunca lo han tenido tan fácil», mientras que estos últimos descubren que no «todos los viejos son iguales». Todos aprenden que el envejecimiento tiene muchas cosas buenas y que la gente aspira básicamente a lo mismo a lo largo de toda su vida: relaciones sólidas, buena salud, aprendizaje, diversión, un trabajo gratificante, independencia, autoestima, ser útil a los demás... Diversas investigaciones muestran que somos menos edadistas con la gente a la que conocemos personalmente,[2] mientras que un importante estudio realizado en Australia reveló que, cuanto mayor es el contacto que tienen las personas más jóvenes con los mayores, más favorables son sus actitudes con respecto a estos últimos y al envejecimiento en general.[3] «Es la segregación la que permite los estereotipos y la discriminación —afirma Ashton Applewhite, la activista antiedadismo—. Cuando todas las edades se mezclan, ese es el orden natural de las cosas: así como los lugares donde conviven distintas razas son menos proclives a ser racistas, del mismo modo cualquier lugar donde convivan distintas edades también será menos edadista».

Esto es algo que Humanitas ha llevado a la práctica. Todos los estudiantes me cuentan la misma historia: llegaron allí repletos de edadismo, y luego aprendieron a aceptar el envejecimiento y a quienes han avanzado más que ellos en ese camino. «Cuando miraba a las personas mayores, solo veía limitaciones y sentía compasión; pero ahora veo posibilidades, porque sé que pueden hacer un montón de cosas y que no quieren compasión —explica Duman—. Ahora siento que es posible vivir una buena vida hasta el final».

La interacción generacional puede obrar milagros incluso en los edadistas más recalcitrantes. Tomemos el caso de Tom Kamber. Fornido, cincuentón, con una incipiente calvicie y de espíritu gregario, pasó su adolescencia y su época de veinteañero haciendo campaña en favor de las personas sin hogar y trabajando en temas de viviendas sociales. Sin embargo, a pesar de tan noble currículum, era, como yo, un acérrimo edadista. «Me consideraba un tío que quería ayudar a la gente, pero en lo relativo a las personas mayores era un poco gilipollas —explica—. Me irritaban un poco los ancianos porque caminaban despacio por la acera y eran cascarrabias y gruñones, y no me apetecía para nada estar con ellos».

Criado en lo que él califica de «una especie de familia de machos», Kamber se construyó una identidad basada en la destreza física. Le encanta montar en bicicleta, navegar y bailar, y le preocupaba que envejecer le arrebatara todo eso. «Suponía que el envejecimiento sería malo y que llegaría un punto en el que yo ya no sería relevante para el mundo, nadie se preocuparía por mí, y no sería físicamente fuerte ni atractivo y nadie querría estar conmigo», explica.

El primer sentimiento de temor en ese aspecto surgió cuando Kamber impartió clases particulares de informática a una mujer de 85 años llamada Pearl. Al principio, la ignorancia de la anciana no hizo sino confirmar sus peores sospechas sobre el envejecimiento. «Cuando yo le pedía que dirigiera el ratón hacia algo que había en la pantalla, ella lo levantaba y lo señalaba», me explica riendo. Pero Pearl demostró que podía aprender rápido. Cuando le dijo a Kamber que la mejor época de su vida había empezado al cumplir los 70 años, este, que por entonces tenía 35, se quedó perplejo, maravillado ante su buen ánimo y su sed de nuevas experiencias. «Fue una auténtica revelación para mí —afirma—. Siempre había creído que las personas mayores se limitaban a trasladarse a Florida para jugar al bingo o al golf».

Inspirándose en el ejemplo de Pearl, Kamber fundó Senior Planet, el centro tecnológico sin ánimo de lucro que ya hemos conocido antes. Eso hizo que la interrelación entre distintas generaciones pasara a formar parte de su rutina cotidiana, pero, aun así, su edadismo se resistía a desaparecer. «Debo admitir que los primeros años seguí pensando en las personas mayores como en "los otros" —explica—. Eran una categoría de personas a las que podía ayudar, pero no identificarme con ellas. No es que fuera condescendiente, pero tampoco había mucha conexión. Eran como mis clientes».

Con el tiempo, no obstante, el estrecho contacto intergeneracional acabó dando sus frutos. Escuchar a las personas mayores contar sus historias, verlas «afrontar el triunfo y el fracaso y tratar a esos dos impostores de la misma manera»,* a la larga acabó con el edadismo de Kamber. Ahora tiene amigos íntimos que son mayores que sus padres, algunos de los cuales frecuentan con él los clubes latinos de Manhattan.

Como los estudiantes de Humanitas, Kamber ha recorrido un camino que el resto de nosotros haríamos bien en seguir: el que conduce del miedo —o el pavor— al envejecimiento, a la clase de comprensión y optimismo que te ayudan a estar a las duras y a las maduras. Ahora puede imaginarse a sí mismo de viejo sin sentir que se le encoge el corazón. Espera

---

* Uno de los versos de un célebre poema de Rudyard Kipling («Si...»), que aparece escrito en la entrada de jugadores de la pista central del estadio de Wimbledon. (N. del t.)

seguir montando en bicicleta, navegando y bailando durante unas cuantas décadas más, y se siente reconfortado al saber que, cuando su cuerpo empiece a menguar, habrá otras compensaciones. «Ahora no solo me preocupa mucho menos envejecer, sino que realmente anhelo que llegue —afirma—. No es que diga: "¡Venga, vamos, ya no quiero tener cincuenta años!", pero sí ansío experimentar esa sensación de estar en tu momento, cómodo en tu propia piel, con las cosas funcionando a un ritmo más lento de una manera buena, con cierta paz y calma, con un sentimiento de misión cumplida, y sin estar tan estresado por lo que no has hecho o por lo que los demás piensan de ti».

Pero no hace falta dormir, trabajar o estudiar bajo el mismo techo para beneficiarse de la interacción generacional. El mero hecho de relacionarse socialmente con miembros de otras generaciones puede servir. En Varsovia, en la fiesta del parque Wilanów en la que ya hemos estado antes, personas de distintas edades se arremolinan en las inmediaciones de la pista de baile, charlando en torno a cócteles de fresa y cuencos de patatas fritas. Diviso a Eryk Mroczek, con sus distintivas gafas de sol estilo Jack Nicholson, liderando a un grupo en un ruidoso brindis. Me uno a ellos.

Benjamin Diamoutene, un afable bailarín urbano de 25 años con una característica perilla, me cuenta que él y Mroczek son amigos desde que se conocieron hace dos años en otro de los eventos de baile intergeneracional de Paulina Braun. Como si fueran consumados compañeros de copas, rememoran juergas pasadas y se lanzan pullas sin piedad. La otra noche salieron a bailar para celebrar el octogésimo cumpleaños de Mroczek. «Es un auténtico juerguista —me explica Diamoutene—. Cuando me fui del club, a las tres de la mañana, él seguía bailando y flirteando con mujeres». Mroczek asiente con la cabeza, sonríe y luego adopta una expresión de fingida lástima: «Lo siento, porque sé que es difícil para ti aceptar que yo soy el mejor bailarín de los dos», bromea. Ambos estallan en una carcajada.

Cuando llegan más cócteles, Mroczek saca su teléfono móvil para recibir una llamada de un compañero de cincuenta y tantos años que va de camino a la fiesta. Le da instrucciones, y luego cuelga con una sonrisa triunfal: «Pronto estará aquí, ¡y trae a dos mujeres con él!».

Diamoutene sonríe con indulgencia, y luego me dice que la vida en el mundo intergeneracional de Braun no es una fiesta interminable: también hay lágrimas. Hace unos meses salió a bailar aquí en Varsovia con una amiga de 67 años llamada Basia. Al cabo de unos días, ella murió. «Mucha gente de mi edad nunca piensa realmente en la muerte, pero tener amigos mayores cambia esa circunstancia —explica—. Te das cuenta de que cada vez que ves a una persona o bailas con ella podría ser la última vez».

Anteriormente veíamos cómo la conciencia de la muerte nos puede estimular a sacar el máximo partido del tiempo de vida que nos queda. Este es un efecto secundario positivo del hecho de envejecer que no tiene por qué limitarse a la tercera edad. Al fin y al cabo, morirse no es algo remoto y desagradable que solo hacen las personas mayores: es una parte natural de la vida, que puede llegarle a cualquiera en cualquier momento.

Para su sorpresa, Diamoutene ha descubierto que ver a amigos mayores llegar al final de su vida le hace sentirse menos inquieto con respecto al envejecimiento. «Obviamente, es muy triste que alguien muera, pero también te recuerda la suerte que tienes de estar vivo —afirma—. Pensar que un día moriré no hace que envejecer me preocupe más: me hace desear vivir mi vida al máximo».

He aquí otro sorprendente aspecto positivo del envejecimiento de la población: la muerte está pasando a ocupar un lugar más prominente en el radar cultural. Actualmente en

Japón las librerías tienen secciones independientes de *shukat-su* dedicadas a reflexionar y planificar el final de la vida, mientras que los fabricantes de ataúdes del país ofrecen la posibilidad de «probar antes de comprar» con el fin de suscitar que se hable del tema. En todo el mundo se están publicando libros con títulos tan significativos como *Hasta las cenizas: lecciones que aprendí en el crematorio* o *De aquí a la eternidad: una vuelta al mundo en busca de la buena muerte*, cuya autora, Caitlin Doughty, tiene un canal de YouTube llamado *Ask a Mortician* («Pregúntale a una directora de funeraria») y es la fundadora de una comunidad digital denominada la «Orden de la Buena Muerte». Asimismo, se están popularizando los llamados *Death Cafés*, o «Cafés de la Muerte», donde se dan charlas sobre la mortalidad mientras la gente toma café o té y pasteles. Hoy incluso podemos contratar a una *doula* especializada en el final de la vida para que nos ayude a planificar nuestra última escena.

Para ver si el hecho de encarar la muerte ejerce el mismo efecto en mí que en Diamoutene, me descargo una aplicación llamada WeCroak. Dicha aplicación te envía al teléfono móvil, a intervalos aleatorios, un mensaje diciendo: «No lo olvides, vas a morir». Luego deslizas el dedo hacia la izquierda y te lleva a una página con aforismos sobre la muerte de diversos autores, desde Lao Zi y Pablo Neruda hasta Henry David Thoreau y Margaret Atwood. El que a mí me aparece primero es del filósofo Martin Heidegger: «Si acepto a la muerte en mi vida, la reconozco y la enfrento directamente, me liberaré de la ansiedad de la muerte y la mezquindad de la vida, y solo entonces seré libre de convertirme en mí mismo». Algo un poco fuerte con lo que lidiar en el desayuno.

No creí que la aplicación me gustara, pero resulta que sí me gusta. Te hace pensar en la muerte de una manera lúdica y no morbosa. A veces los mensajes resultan algo irritantes, un poco como las actualizaciones de *software* de Adobe Reader. Pero con frecuencia esa invitación a detenerte a reflexionar sobre la vida me levanta la moral. El otro día apareció en mi teléfono una notificación de WeCroak mientras yo me esforzaba por leer a duras penas la letra pequeña del menú de un restaurante y despotricaba en silencio contra mis ojos envejecidos. Deslicé el dedo hacia la izquierda para encontrar la pertinente cita sobre la conveniencia de no angustiarse por las pequeñas cosas. Y funcionó. De repente, mi debilitada visión parecía una preocupación trivial que no debía arruinar mi velada. Le pedí a la joven camarera que me leyera el menú, y luego pasé a disfrutar de mi comida.

Que siga o no utilizando WeCroak dentro de diez o veinte años ya es otra cuestión. Cuanto más mayores nos hacemos, menos recordatorios necesitamos de que la muerte está a la vuelta de la esquina. Los *memento mori* resultan más útiles —y bienvenidos— en nuestros años de juventud; de ahí que la mayoría de los usuarios de WeCroak tengan menos de 35. Pero de momento la aplicación todavía sigue en mi teléfono.

Una forma de simular WeCroak sin necesidad de usar un teléfono móvil es pensar en uno mismo como una «persona mayor en ciernes». A primera vista, esta expresión, acuñada por la geriatra Joanne Lynn, puede sonar rara, incluso un poco cursi, pero luego te das cuenta de que describe ingeniosamente un necesario salto conceptual. Nos recuerda que la vida es un largo viaje con numerosas etapas que a la postre desembocarán —si tenemos suerte— en una vejez madura, y que el envejecimiento y la muerte son cosas que le suceden a todo el mundo. Rompe la barrera entre nuestro yo presente y futuro, haciendo que resulte más fácil aceptar lo que somos en cada edad. «Si no sabemos quiénes seremos, no podemos saber quiénes somos —escribía Simone de Beauvoir—. Reconozcámonos en este anciano o en esa anciana [...] Es necesario hacerlo si queremos asumir la integridad de nuestro estado humano». Applewhite es de la misma opinión: «Ser una persona mayor en ciernes elimina la vergüenza y el desprecio por uno mismo —afirma—. Nos libera para convertirnos en nuestro yo completo, no atemporal, sino pleno de tiempo, en cualquier momento de nuestra vida en el que demos ese salto».

Me parece que eso tiene sentido. Concebirme a mí mismo como una persona mayor en ciernes me lleva a pensar más en mi vida pasada, presente y futura. ¿Cómo he llegado adonde estoy? ¿Qué es importante para mí en este momento? ¿Adónde quiero ir desde aquí? Lidiar con estas cuestiones hace que la perspectiva de *ser* realmente una persona mayor resulte menos aterradora.

Concebirnos a nosotros mismos como personas mayores en ciernes también puede asestar un duro golpe al edadismo en general. «Deshace la "otredad" que alimenta todo prejuicio —sostiene Applewhite—. Da lugar a la empatía. Hace que resulte más fácil pensar críticamente sobre lo que la edad significa en esta sociedad y rechazar las estructuras sociales discriminatorias y las creencias erróneas que intentan configurar nuestro envejecimiento».

Es más fácil convertirte en una persona mayor en ciernes cuando pasas tiempo con gente mayor que tú; y la creciente tendencia a la interrelación generacional está haciendo que esto resulte más probable. Parte de dicha tendencia se debe a las dificultades económicas. Para ahorrar en el pago de alquileres, cada vez más adultos jóvenes están volviendo al hogar paterno. Hay que admitir que esto puede ser una auténtica pesadilla, pero muchos descubren que esta mezcla de edades funciona bien. Hoy es más frecuente que nunca ver a varias generaciones de una misma familia pasando las vacaciones juntas, mientras que, por otra parte, el número de mujeres profesionales solteras que viajan con sus sobrinos ha aumentado tanto que el sector turístico anglosajón incluso ha inventado un término para referirse a ellas: PANK, siglas en inglés de «tías profesionales sin hijos».

También contribuye a ello el hecho de que hoy las distintas generaciones tienen más cosas en común. Recuerdo que, cuando era joven, tenía la impresión de que mi padre vivía en una galaxia muy muy lejana: él y yo vestíamos de forma distinta, escuchábamos nuestra propia música y veíamos nuestros propios programas de televisión. Hoy, aunque a mi hijo y a mí nos separen los mismos treinta años de distancia, ambos tenemos mucho más en común desde un punto de vista cultural. Hacemos deporte juntos, escuchamos a los mismos grupos en Spotify y a ambos nos encanta la serie *Breaking Bad*. Utilizamos una jerga similar y los dos estaríamos perdidos sin nuestros iPhones. Incluso nuestro guardarropa se parece lo bastante como para compartir ropa y calzado. No es de extrañar, pues, que ahora a los hijos les guste más pasar tiempo con sus padres que en el pasado: hoy damos mucho menos la impresión de ser embarazosos alienígenas del Planeta Pazguato.

Los muros culturales entre las distintas generaciones se están desmoronando en todas partes. Muchos grupos musicales de ayer, desde U2 y Kiss hasta los Rolling Stones y Earth, Wind and Fire, tocan hoy para multitudes de todas las edades. En la década de 1970, la media de edad de un cabeza de cartel en el Festival de Glastonbury era de 25 años; hoy es de 41, y Burt Bacharach subió por primera vez al escenario de este famoso festival cuando tenía 87. Lo mismo ocurre en el cine y la televisión. *Star Wars* y *Stranger Things* atraen a un público de todas las generaciones. El viejo grito de guerra de la década de 1960, «¡No confíes en nadie mayor de 30!», hoy parece completamente anacrónico. En los últimos años, y pese a las advertencias de que el envejecimiento es un auténtico veneno en las urnas, los votantes jóvenes de todo Occidente se han rendido a los pies de varios políticos inconformistas mayores de 60 años: Bernie Sanders en Estados Unidos, Jeremy Corbyn en el Reino Unido, Jean-Luc Mélenchon en Francia o Beppe Grillo en Italia.

Hasta la definición de lo que es «moderno» se está volviendo cada vez menos edadista. En el pasado, ser mayor equivalía automáticamente a ser un carca, un carroza, mientras que ser joven y ser moderno eran solo dos caras de una misma moneda. Pero hoy eso es cada vez menos cierto. Todos esos *influencers* de cincuenta y tantos, sesenta y tantos o más que triunfan en Internet marcando tendencia en temas de moda y estilo de vida cuentan con seguidores de todas las edades. En Instagram, el mayor grupo de seguidores de Grey Fox tiene entre 25 y 34 años de edad. En 2017, la persona más joven de la lista de las diez «más modernas del mundo» que elabora la web Trending Top Most tenía 35 años, pero la mayor tenía 77.

Otro ejemplo es el modo en que Jungle Boogie, una fiesta *rave* que rinde homenaje al científico y divulgador británico sir David Attenborough, está invadiendo los campus universitarios de todo el Reino Unido. En ella se proyectan episodios de *Blue Planet* —el innovador documental de naturaleza del nonagenario— en varias pantallas situadas detrás de los *discjockeys*, al tiempo que se incluyen fragmentos de su voz en las pistas sonoras. Los participantes se hacen selfis junto a figuras de cartón de tamaño natural de esta leyenda televisiva, y se ponen caretas que imitan su rostro mientras bailan una mezcla de música *house*, *soul*, *funk* y *disco*. «Es una especie de icono para los estudiantes —explica Louis Jadwat, el joven de 25 años responsable de organizar el evento—. Es un hombre realmente popular». Y no solo entre los estudiantes: también acuden treintañeros y cuarentones.

A medida que las generaciones encuentran cada vez más elementos comunes, se están multiplicando los proyectos similares al alojamiento de estudiantes en Humanitas. Así, por ejemplo, Berlín acoge hoy el primer proyecto de alojamiento LGBT multigeneracional del mundo, donde conviven jubilados gays antaño perseguidos por los nazis con miembros de la generación del milenio que trabajan en tecnología de la información. En Estados Unidos, el condado de San Diego organiza anualmente unos Juegos Intergeneracionales, donde niños y ancianos compiten en toda una serie de deportes que van desde el *frisbee* hasta el hockey sobre hierba. En todo el mundo, numerosas escuelas están invitando a personas mayores a acudir a las aulas como mentores y compañeros de juegos. En las residencias de ancianos de Gran Bretaña se ha establecido un programa denominado «Decora mi andador», en el que los niños ayudan a los residentes a personalizar sus andadores con espumillón, cordel, fundas de punto, flores y bufandas de equipos de fútbol.*

Muchas ciudades de todo el mundo están creando parques públicos diseñados para posibilitar que personas de todas las edades se diviertan y hagan ejercicio juntas. Decido visitar uno de ellos, en Barcelona, y allí me encuentro con tres generaciones de la familia Ferrer. Los dos hijos suben y bajan por las barras de mono fingiendo ser personajes de *Los Vengadores*, mientras su madre pedalea en una bicicleta estática. Al mismo tiempo, Oriol, el abuelo, hace ejercicio en una máquina elíptica. «En los viejos tiempos me habría sentado en un banco y me habría quedado viendo jugar a mis nietos —explica—. Ahora todos jugamos juntos».

Se puede ver esta misma interacción también en la Red, donde gentes de todas las edades se sientan ante las pantallas de sus ordenadores y compiten en toda clase de juegos, desde los clásicos como el *bridge*, las palabras cruzadas, el ajedrez y el póker hasta modernos videojuegos como *Halo* o *Call of Duty*. Shirley Curry todavía se reúne con su antiguo grupo de *patchwork*, donde nadie sabe la diferencia entre «Skype» y «Skyrim», pero el gran número de horas que pasa conectada la han convertido en una especie de confidente para mu-

---

* Digamos incidentalmente que, según la BBC, se ha constatado que este programa, al facilitar que cada residente identifique su propio andador con mayor facilidad, reduce el número de caídas. (*N. del t.*)

chos de sus fans más jóvenes, algunos de los cuales ahora son amigos suyos. Intercambia regularmente cartas manuscritas con un estudiante universitario y videochats con un joven que la está ayudando a mejorar su juego de rol. También está planeando un viaje a la costa Oeste estadounidense para reunirse con su mejor amiga de juego. Cuando le pregunto qué edad tiene su amiga, Curry se queda perpleja: «Pues, para ser honesta, la verdad es que no lo sé; puede que entre treinta y cinco y cuarenta —responde—. Hablamos siempre por Skype, y me apetece mucho conocerla porque creo que nos llevaremos muy bien. Tener amigos de distintas edades ensancha tu vida, y yo aprendo tanto de ellos como ellos podrían aprender de mí».

La mejor manera de fomentar el entendimiento entre generaciones es hacer que los niños empiecen a interrelacionarse con las personas mayores lo antes posible. Un ejemplo de ello es la guardería construida en los terrenos de Nightingale House, la residencia de ancianos de Londres que visitamos anteriormente. Allí los alumnos de tres y cuatro años se tropiezan constantemente con los ancianos residentes. Toman juntos el té y comparten sesiones interactivas de cuentacuentos. Muchos de los niños provienen de familias que ven esta interacción como una forma de compensar la ausencia de sus abuelos. Cuando me paso por allí, encuentro a una docena de niños y residentes bebiendo zumo de uva y cantando para celebrar la Havdalá, una ceremonia judía. Martha, de tres años, siempre se va directamente a buscar a Anna, que tiene más de 90. Hoy los dos están charlando sobre una inminente visita a la peluquería.

—Me está creciendo mucho el pelo —dice Martha.

—Tienes un pelo precioso —comenta Anna, mientras acaricia sus revueltos cabellos rubios. Luego añade, como para sí misma—: No pensarías que nos separan noventa años.

A continuación, Anna le pregunta a Martha por la mancha de pintura verde que hay en sus vaqueros.

—Esta mañana hemos estado dibujando —le explica ella—.
Pero no es verde, es azul.

Anna ríe:

—¡Ah, vaya! Es otra vez mi vista.

Martha la mira con expresión dulce y comprensiva, y luego se dirige hacia mí para explicármelo:

—A veces las personas no ven bien cuando son mayores
—me dice, poniendo una mano sobre la de Anna.

Judith Ish-Horowicz, la persona que dirige las sesiones intergeneracionales, se muestra sorprendida por la rapidez con
la que los niños —incluso los más pequeños— toman conciencia de las limitaciones de los residentes. Recuerdan a quiénes
les duelen las manos o los pies, quiénes tienen problemas de
audición o dificultades para ponerse de pie, y quiénes se quedan dormidos de vez en cuando en mitad de un juego. Pero
en lugar de ridiculizarlos o rehuirlos, tienen en cuenta sus limitaciones y les ofrecen su ayuda: los dos elementos que con-
figuran el antídoto perfecto contra el edadismo. «Aprenden
que ellos no son el centro del mundo y que las personas son
diferentes en cada edad —explica Ish-Horowicz—. Estar aquí
les proporciona una visión del futuro, la percepción de que
el envejecimiento es una parte natural del camino de la vida,
y ellos responden con una gran empatía e intuición».

Es el momento de hacer una advertencia. Diversos estudios muestran que el edadismo se desmorona más rápidamente cuando mantenemos una relación personal con un miembro de otra generación; en cambio, en grupo, el proceso es
más lento. Esto implica que no podemos limitarnos simplemente a juntar a personas de diferentes edades y esperar que
ocurra lo mejor: hay que supervisar y dirigir este proceso,
además de establecer unas reglas básicas; de lo contrario, hasta los planes más minuciosamente trazados pueden irse al
traste.

La Casa de las Babayagas, situada en Montreuil —un dis-
trito de la zona este de París—, ofrece una historia alecciona-

dora en ese sentido. Establecida como un hogar para mujeres mayores de 60 años éticamente concienciadas, irrumpió en escena con un aluvión de elevada retórica, prometiendo redefinir la vida comunitaria y el propio envejecimiento en sí. Como en Humanitas, se reservaron varios alojamientos para gente joven. Pero dos décadas después el sueño se ha truncado. Cuando me paso por allí en el acto en el que el alcalde de barrio renueva el contrato de arrendamiento, la atmósfera es tensa y un poco agria. Pocas residentes asisten al almuerzo de celebración, y todas se quejan de la falta de espíritu comunitario. Una queja recurrente es que las residentes jóvenes, que viven en un ala separada en la planta baja, van absolutamente a la suya. «Es como si viviéramos en planetas distintos», comenta una de las mujeres mayores. Humanitas ha logrado esquivar esa bala haciendo dos cosas que las Babayagas no han hecho: repartir a sus estudiantes por todo el edificio y obligarlos a dedicar tiempo a interactuar con los residentes ancianos. En palabras de Gea Sijpkes, la directora de Humanitas: «Dividimos los grupos para que los individuos puedan encontrarse».

¿Se aplica este mismo principio también al ámbito laboral? Por supuesto que sí.

Un estudio tras otro sugieren que romper los nichos de edad es bueno para la rentabilidad. Un equipo de investigadores de la Facultad de Administración de Empresas de la Universidad de Lancaster, en el Reino Unido, encontró que en los establecimientos McDonald's con una combinación de trabajadores jóvenes y mayores el grado de satisfacción de los clientes aumentaba en un 20%.[4] Otras encuestas han revelado que la cooperación alcanza su punto máximo en los equipos cuyos miembros tienen un amplio abanico de edades.[5] Los empleados de mayor edad desempeñan un papel especial gracias a su mayor destreza social y a su mayor capacidad para sacar lo mejor de los demás. En palabras de Haig Nalbantian, socio principal de la consultora Mercer: «Parece ser que la contribución de los trabajadores mayores se materializa en el incremento de la productividad de quienes los rodean».

El Deutsche Bank ha descubierto que mezclar distintas generaciones en el ámbito laboral nivela los puntos fuertes y débiles de cada una de ellas. «En el trabajo operativo, los empleados mayores pueden ser más lentos, pero lo compensan con una mayor experiencia y cometiendo menos errores, por lo que en términos generales no resultan menos productivos —explica Gernot Sendowski, responsable de diversidad del banco—. Si tuviéramos equipos integrados solo por personas mayores, serían demasiado lentos; si estuvieran integrados únicamente por jóvenes, habría demasiados errores y carecerían de la experiencia suficiente. Los mejores equipos son los que tienen una mezcla de edades».

En cualquier empresa, la experiencia, la paciencia y la visión global de los empleados mayores pueden encajar perfectamente con la incansable energía de los más jóvenes. En otras palabras, la revolución de la longevidad puede ofrecer precisamente aquello que necesita la economía global: una combinación de personas que «se mueven deprisa y rompen cosas»* y otras que se mueven despacio y cuestionan cómo hay que romperlas, o incluso si de verdad es necesario hacerlo.

Podemos ver esos yin y yang en acción en Humanitas, donde Stoffer trabaja en colaboración con dos residentes para desarrollar su negocio de granja urbana. Ans, que tiene más de 80 años, participa con sugerencias de diseño, mientras que Ter Braak ayudó a plantar la huerta hidropónica y ahora echa una mano con las ventas. «Patrick tiene una experiencia limitada en los negocios, así que yo le ayudo a planificar

---

* «Muévete deprisa y rompe cosas; si no rompes nada, es que no estás moviéndote lo bastante rápido» es una célebre frase de Mark Zuckerberg, el fundador de Facebook. (*N. del t.*)

y a cerrar los tratos —explica—. En las reuniones, primero hablo yo e inicio las negociaciones, y luego le cedo la palabra a Patrick». De hecho, en aquella conferencia del programa TEDx de la que ya hemos hablado antes los tres se subieron juntos al escenario.

A medida que avance la revolución de la longevidad, la transmisión de conocimientos de una generación a otra resultará cada vez más esencial en todos los trabajos. Sin embargo, en las entidades grandes y complejas, este tipo de mentoría no siempre es fácil de organizar. Existen toda una serie de factores, desde los horarios de trabajo hasta los trapicheos de oficina pasando por la burocracia, que pueden impedir que los empleados forjen el tipo de relación que existe entre Stoffer y Ter Braak. Una posible solución consiste en establecer programas formales de mentoría.

Hoy en día, este tipo de proyectos, basados en la idea de que los viejos entrenen a los jóvenes, se están estableciendo en toda clase de empresas, como Boeing, Time Warner, Caterpillar, Intel, KPMG o Dow Chemicals. Muchos de los agentes de seguros integrados en WAHVE, la organización que conocimos en el capítulo 4, actúan como mentores de sus colegas más jóvenes, mientras que la entidad de atención médica Scripps Health ha ido un paso más allá al crear un puesto de trabajo completamente nuevo: mentor de enfermería clínica. El fabricante de automóviles alemán Daimler invita a sus jubilados a volver a las instalaciones para enseñar a los jóvenes gerentes los entresijos de la empresa, y la estadounidense John Deere hace lo mismo con el fin de ayudar a sus actuales empleados a desarrollar *software* para su maquinaria agrícola.

Sin embargo, la transmisión de experiencia no es la única ventaja de los programas formales de mentoría. Hace unos años, Skanska, una empresa de construcción de ámbito mundial, decidió que la transferencia de conocimiento entre las cinco generaciones que integraban su plantilla era demasiado irregular. Como resultado, hoy cientos de sus empleados participan en un programa de mentoría que ha revitalizado su cultura laboral. Ahora no solo comparten sus conocimientos más que nunca, sino que también han mejorado la colaboración, la innovación y el análisis de riesgos. Los mentores ayudan a identificar a los empleados que merecen ascender más deprisa, y tanto la moral como la duración en el puesto de trabajo han aumentado en toda la empresa. «Ahora la gente se siente más valorada —comenta Israil Bryan, la responsable de diversidad de Skanska—. Tiene una mayor sensación de compartir una meta común porque ya no se trata solo del proyecto en el que estás trabajando, sino del desarrollo de la próxima generación». Pasar una tarde en la sede central de la empresa —en las afueras de Londres— charlando con los participantes en el programa de mentoría me hace sentir auténtica envidia por no haber tenido mi propio mentor: me voy de allí lamentando que en los comienzos de mi trayectoria profesional no me hubieran emparejado a mí también con un periodista experimentado.

Obviamente, los trabajadores mayores también pueden aprender de los más jóvenes. La denominada «mentoría inversa», una idea de la que fue pionera la compañía General Electric en la década de 1990, actualmente se está poniendo en práctica en empresas que van desde Target y Microsoft hasta Cisco y Ernst & Young. Recientemente, la BBC puso en marcha un programa destinado a que los empleados de veintitantos años ayuden a los directivos de mayor edad a comprender cómo piensa y siente el público más joven. Pero lo cierto es que las mentorías más fértiles son siempre las que funcionan en ambos sentidos. Skanska se refiere tanto a los mentores como a los beneficiarios de las mentorías «colegas» con el fin de incentivar el aprendizaje en ambas direcciones, mientras que en Estados Unidos tanto la Academia Militar como los Marines fomentan la interacción generacional durante la instrucción para que jóvenes y mayores puedan aprender unos de otros.

La mentoría entre personas de distintas edades también puede ayudar a aliviar la fricción generacional en el ámbito laboral. Los empleados mayores pueden sentirse incómodos si tienen que responder ante un jefe más joven que ellos, mientras que los más jóvenes pueden sentirse amenazados por subordinados mayores con más experiencia. Un estudio realizado en torno a 61 empresas alemanas concluyó que, por cada dos años que un supervisor es más joven que sus subordinados, el rendimiento general disminuye un 5 %.[6]

Esto suena alarmante, pero hay razones para pensar que este problema acabará desapareciendo. Una de ellas es que tanto los trabajadores jóvenes como los mayores anhelan cada vez más las mismas cosas: horarios flexibles, bienestar, suficiente tiempo libre, trabajo gratificante y formación permanente. El premio anual de la organización AARP al mejor empresario para los empleados de más de 50 años suele ir a parar a firmas que saben crear un ambiente agradable para sus trabajadores de todas las edades.

También hay un precedente histórico. La masiva irrupción de las mujeres en el ámbito laboral en la década de 1970 suscitó toda clase de apocalípticas advertencias sobre la desintegración de la cadena de mando. «¿Podré responder ante una jefa?», se preguntaban muchos hombres. Hoy en día, la mayoría de nosotros ni siquiera reparamos en el género de la persona que nos dice qué tenemos que hacer en el trabajo. De manera similar, a medida que nos acostumbremos a trabajar con personas de diferentes edades, a actuar como sus mentores o a que ellas actúen como los nuestros, la edad cronológica pasará a importar cada vez menos.

¿Y qué hay de la fricción generacional fuera del ámbito laboral? ¿Es una bomba de relojería aguardando a explotar cuando se alargue la esperanza de vida? Podría pensarse que así es si se considera la rica historia de la discordia intergeneracional. En el pasado, los jóvenes solían irritarse con sus padres por acaparar la riqueza familiar o competir con ellos por tener esposas jóvenes. Cicerón cuenta cómo, en la Antigua Grecia, los hijos de Sófocles decidieron que estaba descuidando sus propiedades al dedicar tanto tiempo a escribir teatro en su vejez. Con el fin de arrebatarle el control del patrimonio familiar, lo llevaron a juicio alegando que había perdido la chaveta. Pero Sófocles ganó el juicio leyendo en voz alta su obra más reciente, *Edipo en Colono*, y preguntándole al jurado: «¿Les parece que este poema es obra de un imbécil?». Más de un milenio y medio después, en la Francia medieval, la gente se quejaba frecuente y abiertamente de *le père que vit trop* («el padre que vive demasiado»). Y no olvidemos la tradición rica y universal de burlarse de los ancianos en poemas y obras de teatro. En sentido inverso, las personas mayores de todas las épocas han despreciado a los jóvenes tildándolos de inmorales, perezosos, irrespetuosos, presuntuosos, débiles e inconstantes. «Creen que lo saben todo», tronaba Aristóteles en el siglo IV a. C. En el siglo XIV, Chaucer lo expresó de manera un tanto más suave cuando dijo: «La juventud y la edad suelen estar en debate».

Pese a ello, este ruido de sables nunca ha llegado a convertirse en una guerra intergeneracional. De vez en cuando amenaza con hacerlo, como ocurrió a raíz del terremoto juvenil de la década de 1960 o tras el referéndum del Brexit en 2016, pero la retórica siempre se enfría antes de que llegue la sangre al río. ¿Por qué? Pues porque ninguna generación es completamente homogénea. Las personas de la misma edad tienen una amplia variedad de puntos de vista, valores e intereses económicos. No todos los sesentones son conservadores con vivienda de propiedad, ni todo veinteañero es un progresista sin un céntimo en el bolsillo; y eso ocurrirá cada vez más en la medida en que la edad cronológica vaya significando cada vez menos.

Para sacar el máximo partido de nuestras vidas más longevas, debemos generar confianza, comprensión y respeto entre las distintas generaciones, y la única forma de hacerlo es que las personas de diferentes edades se codeen con más frecuencia. Eso implica hacer que en los lugares donde vivimos, trabajamos y jugamos la diversidad de edades sea mayor. Sin embargo, nuestro objetivo último no debería ser que todos y cada uno de los momentos de nuestra vida tengan un carácter multigeneracional. El mantra «la edad es solo un número» resulta conmovedor, pero también es engañoso. Por más que la edad cronológica importe cada vez menos, siempre importará. Nadie es igual a los 80 años que a los 60, los 40 o los 20. Envejecer nos cambia, y cada etapa de la vida tiene sus pros y sus contras. Como dijo Muhammad Alí: «El hombre que a los cincuenta ve el mundo tal como lo veía a los veinte ha perdido treinta años de su vida».

Eso significa que la separación por edades siempre ocurrirá. Algunas formas de competición, como los deportes y los concursos de belleza, tienen más sentido si se agrupa a sus participantes por fecha de nacimiento. Hace unos días jugué en un torneo de hockey para mayores de 35 años y me encantó no tener que competir contra veinteañeros que corren como el viento. Seamos sinceros: a veces reconforta verte rodeado de personas de tu propio grupo de edad, que entienden tus referencias culturales de la infancia y se encuentran en el mismo punto del ciclo vital que tú. La mezcla generacional nunca será la respuesta a todos los problemas.

En la granja urbana de Humanitas, Stoffer está cuidando de sus cultivos. Repone los nutrientes de los recipientes de plástico, comprueba los indicadores de temperatura y manipula unos cuantos botones y selectores. Los aromas químicos y vegetales se mezclan agradablemente en el aire.

Aunque es consciente de que la interacción generacional tiene sus límites, Stoffer planea seguir poniéndola en práctica cuando deje Humanitas. Y eso incluye mantenerse en contacto con Ter Braak. Cuando le pregunto cuál es la lección más valiosa que extraerá del hecho de haber convivido con personas mayores, me responde sin pensarlo: «He aprendido que te dedicas a hacer de todo en la vida y al final descubres que lo importante son las cosas sencillas —me dice—. Te pasas todo el tiempo buscando la felicidad, y entonces descubres que la tienes justo delante, independientemente de la edad que tengas».

CONCLUSIÓN

HA LLEGADO EL MOMENTO

La vejez no es la pérdida de la juventud,
sino una nueva etapa de oportunidad y fortaleza.

BETTY FRIEDAN

Ellen Langer tenía una corazonada. Esta psicóloga de Harvard sospechaba que pensar que eres viejo hace que tu mente y tu cuerpo decaigan, mientras que pensar que eres joven tiene el efecto contrario. En 1981 se propuso poner a prueba su teoría realizando un estudio cuya metodología era tan poco ortodoxa y cuyos resultados acabaron siendo tan sorprendentes que nunca llegó a presentarlo a una revista médica para su publicación.[1]

Su plan era persuadir a ocho hombres de setenta y tantos de que en realidad tenían veintidós años menos, y luego medir los efectos que esa creencia ejercía en su salud. Para ello, Langer y su equipo alquilaron un monasterio reformado en un tranquilo rincón de la zona rural de New Hampshire. Transformaron el interior en una cápsula de tiempo, eligiendo cada detalle para evocar la vida en 1959. Una selección de las revistas y libros más populares de ese año se colocaron en estanterías o se dejaron tirados por ahí. Un viejo televisor en blanco y negro emitía un programa de la época llamado *El show de Ed Sullivan*, mientras una vieja radio reproducía canciones de Perry Como entre interferencias estáticas. Por las noches se proyectaban películas como *Anatomía de un asesinato*, protagonizada por James Stewart. Todo aquello que pudiera recordar a los sujetos del experimento su verdadera edad fue eliminado, desde los espejos hasta la ropa moderna. Solo se dejaron a la vista fotos suyas de jóvenes.

Se les dijo que imaginaran que estaban habitando realmente su antiguo yo, en vez de limitarse a rememorar el pasado. Con esa idea, Langer y su equipo los trataron como si fueran mucho más jóvenes, por ejemplo, dejando que subieran su equipaje por las escaleras sin la ayuda de un mozo. Cada día, los hombres charlaban sobre las películas en blanco y negro que habían visto, sobre estrellas deportivas «actuales», como el baloncestista Wilt Chamberlain, o acerca de «noticias» como la toma del poder de Fidel Castro en Cuba. Todas las conversaciones relativas a la década de 1950 se expresaban en tiempo presente.

Los hombres pasaron una semana en el monasterio. Al salir, los resultados fueron tan sorprendentes que más tarde Langer los calificaría de milagrosos. Su salud había mejorado notablemente en casi todos los indicadores. Eran más flexibles y sus dolores artríticos habían disminuido. Tenían más fuerza de agarre y una postura más erguida. Su memoria, su audición y su visión habían mejorado, y obtenían mejores resultados en las pruebas cognitivas. Asimismo, según varios observadores independientes, también parecían mucho más jóvenes. El último día del experimento, en una escena digna de la película *Cocoon*, se organizó un partido de fútbol espontáneo mientras los hombres aguardaban la llegada del transporte que debía llevarles a casa.

El estudio «retrospectivo» de Langer nunca ha sido reproducido por ninguno de sus colegas. Sí se ha repetido en televisión —con resultados diversos— en el Reino Unido, Corea del Sur y los Países Bajos, pero nunca en un entorno académico. Aun así, Langer contribuyó a sentar las bases de muchos otros estudios posteriores que apuntan a la misma conclusión: cómo nos sentimos con respecto al envejecimiento afecta a cómo envejecemos realmente.

Esta sería una maravillosa noticia si nuestra visión del envejecimiento fuera favorable; pero no lo es. Como veíamos en el evento de presentación de Shoreditch, dicha visión se decanta hacia el peor escenario posible, y tendemos a considerar el hecho de vivir más como una carga antes que como un avance. El monástico experimento de Langer funcionó precisamente porque sus sujetos tenían una visión sombría del envejecimiento.

¿Qué podemos hacer al respecto? Podríamos seguir esa ruta retrospectiva negando nuestra edad e intentando engañarnos a nosotros mismos pensando que somos más jóvenes de lo que en realidad somos. O podríamos hacer lo más sensato: abordar la raíz del problema adoptando una visión más favorable del envejecimiento en sí.

Eso no será fácil. Da igual cuántos alimentos naturales tomemos o cuántas flexiones hagamos antes del desayuno: el envejecimiento cambia el cuerpo y el cerebro de maneras nada gratas. Disminuye nuestro caché reproductivo, ofende a nuestro instinto de supervivencia y a algunos les hace cosas crueles y espantosas. La última etapa antes de la muerte rara vez es la más divertida para nadie. Para colmo de males, casi todo en el mundo moderno halaga y favorece a los jóvenes: lenguaje, diseño, publicidad, tecnología, arte, trabajo, educación, entretenimiento, medios de comunicación, deportes, moda, medicina... En pocas palabras: el envejecimiento es difícil de vender.

Pero no es imposible. Y hoy sabemos que hay razones para el optimismo.

Para empezar, el envejecimiento no es tan malo como nos tememos. No es la masacre con la que amenazaba Roth. Aunque empeoramos en algunas cosas, mejoramos en otras. La vida puede hacerse más rica, más profunda, más feliz, a menudo frustrando nuestras peores expectativas. Tomemos como ejemplo a Victor Hugo, autor de *Los miserables* y auténtico gigante del panteón literario francés. «Mi cuerpo se desvanece», escribió en una carta en 1869, a los 67 años. ¿Habremos de deducir por ello que al poco tiempo se limitaba a dormitar y babear sobre su ejemplar de *Le Monde*? En absoluto. Hugo no solo siguió prosperando como hombre de letras, sino que además fue elegido diputado por París, y luego miembro del Senado francés, a los 75 años de edad. Un año después de eso, Gustave Flaubert, amigo suyo y gigante literario como él, señalaba: «El viejo está más joven y encantador que nunca». Hacia el final de su vida, las palabras de Hugo parecían las de un defensor del envejecimiento a ultranza: «Cuando la gracia se combina con las arrugas, resulta adorable —declaraba—. Hay un amanecer indescriptible en la vejez feliz».

Otra razón para el optimismo es que hoy tenemos una receta bastante clara para envejecer mejor: ejercitar el cuerpo y el cerebro; cultivar una actitud optimista y el sentido del humor; relacionarnos mucho con los demás; evitar el estrés excesivo; seguir una dieta saludable, consumir alcohol con moderación y no fumar. Siguiendo esta fórmula, un mayor número de nosotros ya estamos viviendo vidas más longevas y saludables que nunca.

La última razón para ser optimistas —y quizá la más convincente— es que el mundo está cambiando de manera tal que se anuncia una edad de oro del envejecimiento. Día tras día, los médicos mejoran el tratamiento de las enfermedades y el deterioro que acompañan a la tercera edad. Se incorporan nuevas técnicas para restablecer la audición y la visión, al tiempo que los neurocientíficos descubren cómo aprovechar las capacidades del cerebro para mover prótesis ortopédicas y manejar ordenadores. Los ingenieros compiten para crear dispositivos portátiles que potencien funcionalmente los cuerpos de los ancianos, mientras la tecnología abre nuevas vías para participar en el mundo hasta el final de la vida. Las empresas están renovando el ámbito laboral a fin de que resulte más agradable para las personas mayores, y los minoristas se esfuerzan en hacer lo propio en sus establecimientos, sus envases, su publicidad y sus productos. Hoy el mundo es un lugar mucho mejor que hace veinte años para los mayores de 50. Y si jugamos bien nuestras cartas, dentro de otros veinte lo será aún más.

La demografía también está cambiando en favor del envejecimiento. Cada año hay más personas mayores en el planeta; y esas cifras tienen fuerza por sí mismas, ya que resulta más difícil desechar o denigrar a un sector creciente de la población, especialmente cuando una gran parte de él está decidida a aprovechar la vida al máximo. Hoy tenemos una gama más amplia que nunca de modelos en los que inspirarnos para envejecer con audacia. Mientras que algunos de ellos optan por la vía de los «superabuelos», escalando montañas en bici a los ochenta y tantos o haciendo *kitesurf* a los noventa y pico, hay muchos otros que están aumentando el prestigio de la tercera edad simplemente dedicando esta etapa de su vida a relacionarse, viajar, trabajar, ayudar a los demás, enamorarse, hacer obras de arte, crear empresas o familias, bailar, hacer ejercicio, practicar deportes o mantener relaciones sexuales. Junte todo esto, y llegará a la misma conclusión que Pat Thane, la experta en historia del envejecimiento a la que conocimos al principio del presente volumen: «Este es el mejor momento de la historia para ser viejo, y no hay razón alguna para que no continúe».

Pero no nos dejemos llevar. Nuestro objetivo no debe ser reemplazar el culto a la juventud por el culto a los ancianos. No hay que venerar ni vilipendiar ninguna edad, porque cada una de ellas comporta sus propias aflicciones y consuelos. Para decirlo sin rodeos: no tiene nada de malo superar los 30, o los 40, o los 50... Cada edad puede valer la pena vivirse. Y todas ellas deben celebrarse: algo que actualmente ya no parece una mera ilusión.

Medio siglo después de que se acuñara el término, el edadismo está siendo ferozmente criticado como nunca antes. Proliferan los rostros de personas mayores en el cine, la televisión y la publicidad. Asimismo, los medios de comunicación están empezando a retratar la tercera edad como un rico abanico de posibilidades antes que como un erial de decadencia y desesperación. También los famosos están luchando más que nunca contra los *trolls* edadistas. En 2018, la cantante pop Pink se ganó un aplauso generalizado por su contestación a una persona que la había reprendido en Twitter por parecer más vieja a los 38 años que a los 20. «Yo soy de la opinión de que envejecer es una bendición —tuiteó ella a su vez—. De que si·tu cara tiene arrugas alrededor de los ojos y la boca significa que te has reído mucho. Rezo para parecer más vieja dentro de diez años, porque eso significará que estoy viva». Aquella misma semana, la presión pública obligó a Postmates, un servicio de comida a domicilio de Nueva York, a retirar un anuncio flagrantemente edadista. El anuncio rezaba: «Cuando te apetezca comerte un pastel entero porque cumples los 30, lo que en la práctica viene a ser como cumplir los 50, lo que en la práctica viene a ser como estar muerto». El edadismo siempre está al acecho.

Las campañas en contra de este tipo de discriminación están ganando terreno en todas partes, desde Australia (EveryAGE Counts) hasta Estados Unidos (The Radical Age Movement), mientras que un creciente número de estudiantes se están matriculando para graduarse en un campo relativamente reciente denominado «estudios sobre el envejecimiento». En un eco de los primeros años de los movimientos feministas, mucha gente se está uniendo a diversos grupos de sensibilización que muestran que el edadismo es un problema colectivo que debe resolverse actuando en conjunto. Jo Ann Jenkins, la presidenta de AARP, opina que el edadismo ya ha superado su punto máximo y que actualmente ha iniciado su declive. «Hace diez años teníamos que rogar prácticamente a los famosos que aparecieran en la portada de nuestra revista —explica—. Hoy no paran de abordarnos estrellas que quieren aparecer en la portada».

Hay dos factores que prometen potenciar este cambio. Uno es que la batalla contra el edadismo puede aprovechar el impulso generalizado en favor de la diversidad que ya ha revolucionado los puntos de vista relativos al género, la raza y la sexualidad. El otro es que el edadismo también afecta a los hombres ricos y blancos, un grupo demográfico con suficiente influencia para contraatacar.

La idea de que una vida demasiado longeva nos llevará a todos a la bancarrota también está siendo objeto de revisión como nunca antes, y algunas de las voces más destacadas en el ámbito de la economía están empezando a acoger favorablemente la revolución de la longevidad. Recientemente, el Banco Mundial concluyó que «... el envejecimiento no implica necesariamente aumentos sustanciales de las tasas de dependencia, disminuciones de la productividad u opciones radicales entre posiciones fiscales insostenibles y pobreza generalizada entre los ancianos». Elimínese el seco lenguaje tecnocrático, y el mensaje resulta claro: podemos permitirnos vivir más. El Foro Económico Mundial aún va más allá al pregonar los beneficios derivados del aumento de la longevidad: «... las sociedades con muchos ciudadanos experimentados contarán con un recurso del que nuestros antepasados no dispusieron nunca: un gran número de personas con considerables conocimientos, equilibrio emocional, talentos prácticos, capacidad de resolución de problemas de forma creativa y compromiso con las generaciones futuras; y la motivación para utilizar sus habilidades puede mejorar las sociedades de formas hasta ahora imposibles». De repente, la «doctrina Zuckerberg» parece absolutamente estúpida, y el envejecimiento mucho más atractivo.

La revolución de la longevidad constituye un cambio radical que impulsará nuevos cambios en todos los ámbitos de la vida, dejándonos con dos opciones: podemos malgastar el regalo de la nueva demografía aferrándonos al edadismo de antaño, o bien podemos aceptar esa vida más longeva y utilizarla como un estímulo para hacer del mundo un lugar en el que todos puedan envejecer mejor. Optemos por la segunda.

Todavía queda un largo camino por recorrer. De hecho, un camino muy largo. Sacar el máximo partido de la revolución de la longevidad implicará reescribir las reglas de casi todo: trabajo, medicina, finanzas, educación, consumo, vivienda, diseño, empresa y asistencia social. Debemos hacer que los lugares donde vivimos sean más limpios, más seguros, más accesibles y socialmente más interconectados. Necesitamos productos financieros que nos permitan ahorrar y gastar de manera más flexible durante toda la vida, además de un sistema de pensiones que admita una gama más amplia de pautas laborales y que posibilite que todo el mundo pueda llegar al final de su etapa productiva con dinero suficiente para vivir. Debemos encontrar formas de pagar los costes que conlleva el cuidado de una población cada vez más anciana, así como forjar un contexto para morir que sea más humano y menos aterrador que el actual modelo hipermedicalizado. Asimismo, en la medida en que las máquinas vayan tragándose puestos de trabajo, habremos de aumentar la productividad en todas las edades y repartir el trabajo y sus frutos de forma más equitativa. También ha llegado el momento de reemplazar la actual hoja de ruta de la vida dividida en tres etapas —aprendizaje, trabajo, descanso— por otro esquema más fluido. Es difícil decir qué aspecto tendrá, pero el punto de partida es evidente: dar a todo el mundo la libertad de elegir la combinación de trabajo, descanso, prestación de cuidados, voluntariado, aprendizaje y ocio que mejor se adapte a sus necesidades a cualquier edad.

Para que esto suceda, no obstante, se requerirá un cambio de pensamiento radical. Hemos de aprender a medir la valía personal de manera que vaya más allá de la producción económica, aprovechar las ventajas de la ralentización y aceptar que depender de otros forma parte de la vida. Si somos capaces de entender todo esto correctamente, el resultado será un mundo donde todos puedan vivir más y mejor.

Este es un objetivo ambicioso, pero no utópico, y todos y cada uno de nosotros podemos contribuir a hacerlo realidad. ¿Cómo? Cambiando nuestra forma de hablar, de pensar y de actuar. Podemos empezar realizando pequeños actos de desafío y rebeldía: ser sinceros a la hora de declarar nuestra edad en la Red; organizar una actividad donde todos los demás participantes sean mayores o más jóvenes que nosotros; experimentar qué pasa si dejamos de teñirnos el pelo; publicar fotos nuestras sin retocar en las redes sociales; no dejar nunca de explorar; utilizar cada cumpleaños como un momento para reconciliarnos con lo que hemos perdido, celebrar lo que hemos ganado y anhelar lo que nos depara el futuro; seguir aprendiendo nuevas habilidades que nos saquen de nuestra zona de confort. Como hiciera Mary Ho con su guitarra, Craig Ritchie, el experto en demencia, planea empezar a tocar el piano cuando cumpla 65 años. «Nunca eres demasiado viejo para marcarte una nueva meta o acariciar un nuevo sueño», decía C.S. Lewis, que publicó *Las crónicas de Narnia* y encontró el amor de su vida a los cincuenta y tantos.

Juntos, tenemos que cambiar la forma en la que hablamos del envejecimiento. El lenguaje moldea los puntos de vista y el comportamiento; de ahí que las palabras que se utilizan al hablar de raza, género y sexualidad sean objeto de un encendido debate. Lo mismo debe ocurrir ahora con la edad. Mientras las palabras como «viejo», «mayor», «envejecimiento» y «anciano» sigan llevando una carga implícita de temor y desdén, deberíamos tratar de encontrar otros reemplazos más optimistas. Personalmente, me gusta la forma en la que los abjasios del noroeste de Georgia se refieren a sus mayores como «de larga vida». Gina Pell, una empresaria de Internet, propone utilizar el término «perenne» para hacer referencia a quienes se niegan a ser definidos o a verse confinados por su edad: «Los perennes somos personas relevantes de cualquier edad, siempre florecientes, que sabemos lo que ocurre en el mundo, nos mantenemos al día en tecnología y tenemos amigos de todas las edades —explica—. Nos involucramos, conservamos nuestra curiosidad, hacemos de mentores de otras personas, y somos apasionados, compasivos, creativos, seguros de nosotros mismos, dispuestos a colaborar y a asumir riesgos con mentalidad global».

Aunque reclutemos nuevas palabras y frases para la causa, también debemos replantearnos la forma en que utilizamos otras. Empecemos por «abuela» y «abuelo». Para muchas personas, el hecho de tener nietos reviste un sabor agridulce, dado que el cambio de estatus que ello comporta lleva a pensar en el envejecimiento de una manera poco atractiva. En cierta ocasión, el novelista británico Martin Amis comparó el momento de ser abuelo con «la llegada de una carta del tanatorio»; y mi primer pensamiento al descubrir que yo era el jugador más viejo de aquel torneo de hockey fue declararme a mí mismo el «abuelo oficial» de la competición. Así que, por un lado, es un grato correctivo ver a la Abuela Mary saltar al escenario con su guitarra eléctrica, a las «abuelas geniales» de WOOLN tejiendo prendas de punto de primera calidad, a Deshun Wang promocionado como «abuelo sexy» en la pasarela y a movimientos como Grandmother Power haciendo buenas obras en todo el mundo. Por otro lado, echar mano automáticamente de la etiqueta «abuelo» cuando se habla de alguien de la tercera edad puede resultar condescendiente. Es como decir que todos los gays entienden de moda o que todos los negros tienen ritmo. Muchas personas mayores no son ni serán nunca abuelos. E incluso las que lo son no siempre quieren que ese estatus sea su característica definitoria.

Sabremos que hemos derrotado al edadismo cuando se hable de las tejedoras de WOOLN simplemente como «mujeres geniales», en lugar de «abuelas»; cuando las mujeres de setenta y tantos emprendan carreras musicales sin tener que bautizarse como «Abuela Tal» o «Abuela Cual»; cuando un talento cómico como Jaco pueda bromear sobre más cosas que vayan más allá de su avanzada edad.

Hay palabras y expresiones que tendríamos que jubilar. Los «olvidos típicos de la edad», «está muy bien para su edad» y «antienvejecimiento» constituyen un buen punto de partida. Personalmente procuro evitar la palabra «todavía» cuando me refiero a alguien que hace algo en la tercera edad. Para mí, la gente simplemente juega al hockey a los cincuenta y tantos, mantiene relaciones sexuales a los sesenta y pico o dirige un negocio a los ochenta y tantos; no están haciendo ninguna de esas cosas «todavía». David Evans, del blog Grey Fox, evita utilizar la expresión «joven de corazón». «No tiene ningún sentido en absoluto —explica—. Tienes la edad que tienes, tus actitudes están influenciadas por la edad que tienes, y la edad comporta sus ventajas».

Hay que aplicar el mismo tratamiento a todos esos clichés que afirman que los 50 años son «los nuevos 30» o que los 60 son «los nuevos 40». No lo son. Los 50 y los 60 siguen siendo los 50 y los 60, y siempre lo serán. Lo que ha cambiado es que ahora tenemos a nuestro alcance hacer que cada edad sea mucho mejor de lo que era antes. Celebrar ese avance pretendiendo ser varias décadas más jóvenes de lo que somos no erosiona en absoluto el edadismo, sino que lo potencia.

En lo relativo a la edad, la honestidad es la mejor política. Negar la edad que tenemos, aunque sea en broma, equivale a negar quiénes somos, lo que hemos vivido y hacia dónde vamos. Otorga a esa cifra un poder que no merece. Aceptar plenamente nuestra edad puede eliminar la vergüenza y el desprecio hacia uno mismo que a menudo se relaciona con el envejecimiento; y si se hace con cierta dosis de desafío, también puede ayudar a cuestionar el edadismo con más fuerza. Un buen truco cuando nos preguntan cuántos años tenemos es responder sinceramente, pero a continuación preguntarle a esa persona por qué quiere saberlo. De ese modo, pondremos de manifiesto —y tal vez empecemos a socavar— los supuestos y sesgos vinculados a la edad cronológica.

Podemos hacer algo similar cuando alguien nos diga que estamos muy bien para nuestra edad. Mi primera reacción al escuchar esto es sentirme halagado: ¡hurra, tengo mejor aspecto que mis coetáneos! Pero luego no puedo evitar sentirme desasosegado, consciente de que se trata de un cumplido de doble filo. El mensaje subyacente que transmite, independientemente de cuál sea la intención del hablante, es: «Estás hecho una mierda porque ya eres mayor, pero al menos no tienes tan mal aspecto como la mayoría de la gente de tu edad». Ashton Applewhite recomienda responder con un poco de jiu-jitsu verbal. «Si alguien te dice: "Estás genial para tu edad", puedes responderle: "Tú también estás genial para tu edad" —aconseja—. Luego deja flotar por un momento el incómodo silencio para que esa persona pueda reflexionar acerca de por qué algo que pretendía ser un cumplido no se percibe como tal. Es más fácil reconocer un prejuicio dirigido a ti mismo que dirigido a otra persona. También resulta profundamente liberador, especialmente cuando empiezas a entender que el edadismo no es un problema o un defecto personal, sino un problema social común que requiere una acción colectiva. La vida es mejor sin él, eso está claro».

También es mejor cuando pensamos más en nuestro propio yo futuro. ¿Qué papel desempeñarán en mi vida el trabajo, la prestación de cuidados, el servicio a los demás, la cría de los hijos, el amor, la creatividad, el sexo, el aprendizaje, el ocio y los viajes? ¿Cuánto necesitaré ganar y ahorrar? ¿Cómo afrontaré la pérdida de mis seres queridos? ¿Quién me ayudará cuando ya no pueda cuidar de mí mismo? ¿Qué tipo de muerte me gustaría tener? En esa línea, Tom Kamber, el fundador de Senior Planet, está recopilando en plan de broma lo que él denomina una «lista de cosas que solo haces bien cuando eres viejo». Hasta ahora dicha lista incluye: pasarse doce días seguidos sentado y leyendo sin sentirse culpable; tener el coraje y la honestidad de decir lo que uno piensa, incluido escribir cartas malhumoradas a los periódicos; forjar relaciones más profundas; hacerse coleccionista de algo y mantener relaciones sexuales con más conexión y confianza en uno mismo. «La última me resultó un poco sorprendente —dice—. Pero las personas mayores piensan mucho en el sexo».

Mi hija adolescente juega a un juego con sus amigas en el que tratan de imaginar qué tipo de ancianas serán. Una quiere viajar como la Señora Q y vestirse como Helen Ruth van Winkle, mientras que el sueño de mi hija es más tradicional: planea llevar rebeca, tejer, hacer pasteles y jugar a juegos de mesa con sus nietos. ¿Por qué no imitamos su ejemplo y fomentamos que en la escuela se enseñe a los niños a imaginar todas las etapas de la vida por las que pasarán y a pensar en cómo pueden prepararse para cada una de ellas? Más tarde podría ofrecerse a todo el mundo una «ITV de edad» al comienzo de cada nueva década que pondría a prueba nuestra salud y explicaría cómo es probable que los diez años siguientes afecten a nuestra mente y a nuestro cuerpo, así como la mejor manera de afrontar esos cambios.

Reafirmar nuestros planes para la tercera edad también puede ayudarnos a eliminar parte del temor a envejecer. Jacques Durand, un maestro de escuela de cuarenta y tantos años afincado en la ciudad francesa de Rennes, pertenece a un grupo de diez amigos que ha acordado pasar su jubilación viviendo juntos en una amplia granja en la Bretaña. Se cuidarán unos a otros y aunarán sus distintas habilidades, que abarcan desde las finanzas y la fontanería hasta la enfermería y la agricultura. «Ahora que puedo imaginar dónde terminaré cuando sea viejo, envejecer no parece tan aterrador —comenta Durand—. Lejos de ello, parece un proyecto emocionante, y casi estoy deseando que llegue».

Aquí la palabra clave es «casi». Es difícil amar incondicionalmente el envejecimiento, pues nos quita cosas, especialmente hacia el final de la vida. Sin embargo, personalmente, ya no me asusta la vejez, ni la mía ni la de los demás. Ahora estoy contento de tener la edad que tengo, porque eso significa que tengo medio siglo de buena vida en mi haber. Como cualquier otra persona, me sigue preocupando cómo afectará el paso del tiempo a mi salud, a mis finanzas, a mi aspecto y a mis seres queridos; y tampoco quiero que mi vida termine.

Pero ahora esas inquietudes me parecen menos intimidantes porque sé que, con un poco de suerte y la actitud correcta, en los próximos años me esperan muchas cosas buenas. Estoy deseando convertirme en la persona que siempre debería haber sido.

Dado el punto de partida de este viaje, su efecto secundario más grato es que ya no me siento avergonzado o limitado por las cifras que constan en mi certificado de nacimiento. Ahora las decisiones que tomo acerca de cómo vivir mi vida se imponen sobre mi edad cronológica todos los días de la semana. Adquiero plena conciencia de ese cambio al volver a aquel mismo torneo de hockey de Gateshead dos años después.

Un vistazo al centro deportivo confirma que sigo siendo el que más se acerca a ser un «abuelo», pero eso ya no me duele. Bromear con los otros jugadores acerca de mi supuesta condición de «vejestorio» me hace reír antes que acobardarme. Lo que ahora me importa no es la edad que tengo, sino jugar bien y pasarlo en grande. Mi equipo ha alquilado una casa cerca del centro, y nos quedamos hasta altas horas de la noche bebiendo, jugando a las cartas y lanzándonos pullas como hacen los amigos de todas las edades. Aunque este año no logro anotar al lanzar un saque neutral, sí realizo unas cuantas jugadas que más tarde me hacen sonreír. En lugar de caer en semifinales, este año llegamos a la final: nos falta poco para ganar el campeonato.

¿Seguiré jugando en este mismo torneo dentro de una década? Espero que sí, pero ¿quién sabe? Lo que sí sé es que ya estoy deseando volver el año que viene... y quizá, finalmente, levantar el trofeo.

NOTAS

INTRODUCCIÓN. EL EFECTO CUMPLEAÑOS

1. Scott Feinberg, «Judi Dench on Beating Failing Eyesight, Bad Knees and Retirement», *Hollywood Reporter*, 21 de febrero de 2014.

2. James Boswell, *The Life and Times of Samuel Johnson*, Londres, Wordsworth Editions, 1999, pág. 849. [Hay trad. cast.: *La vida de Samuel Johnson*, Acantilado, Barcelona, 2007.]

3. Market Data Forecast, «Anti-Ageing Market by Demographics, by Products, by Services, by Devices, and by Region-Global Industry Analysis, Size, Share, Growth, Trends, and Forecasts (2016-2021)».

4. Becca R. Levy, Pil H. Chung, Talya Bedord y Kristina Navrazhina, «Facebook as a Site for Negative Age Stereotypes», *The Gerontologist*, 54, 2, 1 (2014), págs. 172-176.

5. Lena Marshal, «Thinking Differently About Ageing», *The Gerontologist*, 55, 4 (2015), págs. 519-525; Deirdre A. Robertson, George M. Savvy, Bellinda L. King-Kallimanis y Rose Anne Kenny, «Negative Perceptions of Ageing and Decline in Walking Speed: a Self-Fulfilling Prophecy», *PLOS One*, 10, 4 (2015); Suzete Chiviacowskya, Priscila Lopes Cardozoa y Aïna Chalabaev, «"Age stereotypes" effects on motor learning in older adults», *Psychology of Sport and Exercise*, 36 (2018), págs. 209-212.

6. «London Marathon: middle-aged runners faster than their younger counterparts», *Daily Telegraph*, 20 de abril de 2015.

7. Catherine Mayer, «Amortality», *Time*, 12 de marzo de 2009.

1. CÓMO EL ENVEJECIMIENTO SE HA HECHO MAYOR

1. Atul Gawande, *Being Mortal*, Londres, Profile Books, 2015, pág. 73. [Hay trad. cast.: *Ser mortal: la medicina y lo que al final importa*, Galaxia Gutenberg, Barcelona, 2019.]
2. Yohan Noah Harari, *Sapiens: a Brief History of Mankind*, Londres, Vintage, pág. 294. [Hay trad. cast.: *Sapiens. De animales a dioses: breve historia de la humanidad*, Debate, Barcelona, 2014.]
3. David Pilling, «How Japan Stood up to Old Age», *Financial Times*, 17 de enero de 2014.

2. EJERCICIO: «IN CORPORE SANO»

1. Robert N. Butler, *Why Survive: Being Old in America*, Baltimore, Johns Hopkins University Press, 2002, pág. 18.
2. Tad Friend, «Silicon Valley's Quest to Live Forever», *New Yorker*, 3 de abril de 2017.
3. Ross D. Pollock, «Properties of the Vastus Lateralis Muscle in Relation to Age and Physiological Function in Master Cyclists Aged 55-79 Years», *Ageing Cell*, 17, 2 (2018).
4. Erik Prestgaard, «Impact of Excercise Blood Pressure on Stroke in Physically Fit and Unfit Men. Results From 35 Years Follow-Up of Healthy Middle-Aged Men», *Journal of Hypertension*, 36, 3 (2018).
5. «Getting to Grips with Longevity», *The Economist*, 6 de julio de 2017.
6. Institute for Health Metrics and Evaluation (IHME), «GBD Compare», IHME, Universidad de Washington, Seattle, 2017; disponible en http://vizhub.healthdata.org/gbd-compare.
7. E. M. Crimsons, Y. Zhang e Y. Saito, «Trends Over Four Decades in Disability-Free Life Expectancy in the United States», *American Journal of Public Health*, 106, 7 (2016), págs. 1.287-1.293.
8. Jeffrey Kluger y Alexandra Sifferlin, «The Surprising Secrets to Living Longer - And Better», *Time*, 15 de febrero de 2018.

3. CREATIVIDAD: PERROS VIEJOS, TRUCOS NUEVOS

1. Barbara Strauch, *The Secret Life of the Grown-Up Brain: The Surprising Talents of the Middle-Aged Mind*, Londres, Viking, 2010, págs. 92-98.

2. M. Karl Healey, «Cognitive Ageing and Increased Distractibility: Costs and Potential Benefits», *Progress in Brain Research*, 169 (2008), pág. 362.

3. A. Eaton, «Social Power and Attitude over the Life Course», *Personality and Social Psychology Bulletin*, 35, 12 (2009), págs. 1.646-1.660.

4. Estudio realizado en 2016 por la Information Technology and Innovation Foundation (ITIF) de Washington.

5. John P. Walsh, «Who Invents?: Evidence from the Japan-US Inventor Survey», The Research Institute of Economy, Trade and Industry (2009).

6. Adam Grant, *Originals: How Non-Conformists Move the World*, Nueva York, Penguin Random House USA, 2016, págs. 109-112. [Hay trad. cast.: *Originales: cómo los inconformes mueven el mundo*, Paidós, Barcelona, 2017.]

7. Pagan Kennedy, «To Be a Genius, Think Like a 94-Year-Old», *New York Times Sunday Review*, 7 de abril de 2017.

8. Katherine Woollett, «Acquiring "the Knowledge" of London's Layout Drives Structural Brain Changes», *Current Biology*, 21 (2011), págs. 2109-2114.

9. Denise C. Park, «The Impact of Sustained Engagement on Cognitive Function in Older Adults: The Synapse Project», *Psychological Science*, 25, 1 (2013), págs. 103-112.

10. Peter Cappelli, *Managing the Older Worker: How to Prepare for the New Organisational Order*, Brighton, Harvard *Business Review*, 2010, pág. 82.

11. Kan Ding, «Cardiorespiratory Fitness and White Matter Neuronal Fiber Integrity in Mild Cognitive Impairment», *Journal of Alzheimer's Disease*, 61, 2 (2018), págs. 729-739.

12. Cifras extraídas de la federación Alzheimer's Disease International (ADI): https://www.alz.co.uk/research/statistics.

4. TRABAJO: VIEJAS MANOS A LA OBRA

1. Pat Thane y Lynn Botelho, *The Long History of Old Age*, Londres, Thames and Hudson, 2005, pág. 229.
2. Cappelli, *op. cit.*, pág. 48; «The Older American Worker, Age Discrimination in Employment», Informe de la Secretaría de Trabajo al Congreso estadounidense, Washington, 1965.
3. David Neumark, «Age Discrimination and Hiring of Older Workers», Banco de la Reserva Federal de San Francisco, *Economic Letters*, 27 de febrero de 2017.
4. Cappelli, *op. cit.*, pág. 91.
5. Julia Angwin, «Dozens of Companies Are Using Facebook to Exclude Older Workers From Job Ads», ProPublica Report, 20 de diciembre de 2017.
6. «Working Conditions of an Ageing Workforce», EurWORK, 21 de septiembre de 2008.
7. Ros Altmann, «A New Vision for Older Workers: Retain, Retrain, Recruit», informe para el Gobierno británico, 11 de marzo de 2015, pág. 31.
8. Brigit Verwarn, «Does Age Have an Impact on Having Ideas? An Analysis of the Quantity and Quality of Ideas Submitted to a Suggestion System», *Creativity and Innovation Management*, 18 (2009), págs. 326-334.
9. Joshua K. Harshorne, «When Does Cognitive Functioning Peak?», *Psychological Science*, 26, 4 (2015), págs. 433-443.
10. Ashton Applewhite, *This Chair Rocks: a Manifesto Against Ageism*, Networked Books, 2016, pág. 79.
11. Barbara Strauch, *The Secret of the Grown-Up Brain: The Surprising Talents of the Middle-Aged Men*, Londres, Viking, 2010, pág. 89.
12. Igor Grossman, «Reasoning about Social Conflicts Improves into Old Age», *Proceedings of the National Academy of Sciences of the United States of America*, 107, 16 (2010), págs. 7246-7250.
13. *Ibid.*.
14. Jennifer Stanley, «Age-related Differences in Judgments of Inappropriate Behavior are Related to Humor Style Preferences», *Psychology and Ageing*, 29, 3 (2014), págs. 528-541.

15. Applewhite, *op. cit.*, 79.
16. Louise Butcher, «Older Drivers», Briefing Papers, Cámara de los Comunes del Reino Unido, SN409 (2017), pág. 5.
17. Retirement is out, new portfolio careers are in», *The Economist*, 6 de julio de 2017.
18. William McNaught, «Are Older Workers "Good Buys"? a Case Study of Days Inns of America», *Management Review*, 33, 3 (1992), págs. 53-63.
19. David J. Deming, «The Growing Importance of Social Skills in the Labor Market», National Bureau of Economic Research Working Papers, 21.473, agosto de 2015.
20. Roselyn Feinted, «The Business Case for Workers Age 50+: Planning for Tomorrow's Talent Needs in Today's Competitive Environment», informe para la AARP elaborado por Towers Perrin, diciembre de 2005, pág. 22.
21. Cappelli, *op. cit.*, 82.
22. John R. Beard, «Global Population Ageing: Peril or Promise», Foro Económico Mundial, Ginebra, 2011, pág. 40.
23. Cappelli, *op. cit.*, pág. 31.
24. Alex Börsch-Supan, «Productivity and Age: Evidence from Work Teams at the Assembly Line», Mannheim Research Institute for the Economics of Ageing Discussion Papers, 148 (2007), págs. 1-30.
25. Timothy A. Malthouse, «Effects of Age and Skill in Typing», *Journal of Experimental Psychology: General*, 113, 3 (1984), págs. 345-371.
26. Judith Kerr, «My Writing Day», *The Guardian*, 25 de noviembre de 2017.
27. Gary Charness, «Cooperation and Competition in Intergenerational Experiments in the Field and the Laboratory», *American Economic Review*, 99, 3 (2009), págs. 956-978.
28. Thomas Schott, «Special Topic Report 2016-2017: Senior Entrepreneurship», Global Entrepreneurship Monitor, fig. 2.2, pág. 21.
29. Universidad de Basilea, «Willingness to Take Risks - a Personality Trait», 30 de octubre de 2017.
30. Schott, *op. cit.*

31. Benjamin F. Jones, «Age and High-Growth Entrepreneurship», National Bureau of Economic Research Working Papers, 24489 (2018).

32. Alex Maritz, «Senior Entrepreneurship in Australia: Active Ageing and Extending Working Lives», Swinburne University of Technology (2015), pág. 3.

33. Emma Jacobs, «Working Older», *Financial Times Magazine*, 3 de julio de 2015.

34. The Sharing Economy», *Consumer Intelligence Series* (2015), pág. 10.

35. Christopher Loch, «The Globe: How BMW is Defusing the Demographic Time Bomb», *Harvard Business Review*, marzo de 2010.

36. «Jobs Lost, Jobs Gained: Workforce Transitions in a Time of Automation», McKinsey Global Institute, diciembre de 2017.

37. Lawrence H. Leith, «What happens when older workers experience unemployment?», *Monthly Labor Review*, octubre de 2014.

38. Laura Carstensen, *a Long Bright Future: Happiness, Health and Financial Security in an Age of Increased Longevity*, Nueva York, PublicAffairs, 2011, pág. 275.

5. IMAGEN: EL ENVEJECIMIENTO SE MAQUILLA

1. Ceridwen Dovey, «What Old Age Is Really Like», *New Yorker*, 1 de octubre de 2015.

2. Dana R. Touron, «Memory Avoidance by Older Adults: When "Old Dogs" Won't Perform Their "New Tricks"», *Current Directions in Psychological Science*, 24, 3 (2015), págs. 170-176.

3. Christina Draganich, «Placebo Sleep Affects Cognitive Functioning», *Journal of Experimental Psychology: Learning, Memory, and Cognition*, 40, 3 (2014), págs. 857-864.

4. Becca R. Levy, «Longevity Increased by Positive Self-Perceptions of Ageing», *Journal of Personality and Social Psychology*, 83, 2 (2002), pág. 261.

5. Becca R. Levy, «Positive Age Beliefs Protect Against Dementia even among Elders with High-risk Gene», *PLOS One*, 13, 2 (2018).

6. Datos basados en la información recabada para la campaña

«Bienvenido a la vida a partir de los 50» de la compañía de seguros SunLife, 2017.

7. «The Global Later Lifers Market: How the Over 60s are Coming into their Own», *Euromonitor*, mayo de 2014.

8. Schumpeter, «The Grey Market: Older Consumer will Reshape the Business Landscape», *The Economist*, 7 de abril de 2016.

9. «A Silver Opportunity? Rising Longevity and its Implications for Business», *The Economist* (2011), pág. 3.

10. Schumpeter, *op. cit.*

11. Schumpeter, *op. cit.*

12. Martin Fackler, «With a Poison Tongue, Putting a Smile on a Nation's Ageing Faces», *New York Times*, 23 de marzo de 2012.

13. Clínica Mayo, «Stress Management»: https://www.mayoclinic. org/healthy-lifestyle/stress-management/in-depth/art-20044456.

14. Mark A. Yoder, «Sense of Humor and Longevity: Older Adults' Self-Ratings Compared with Ratings for Deceased Siblings», *Psychological Reports*, 76, 3 (1995), págs. 945-946.

6. TECNOLOGÍA: ¿EDAD

1. Smart Insight, «Global Social Media Research - Summary 2018», https://wearesocial.com/uk/blog/2018/01/global-digital-report-2018.

2. «Age Does Not Define Us», The Age of No Retirement, 2017, pág. 3.

3. Rob Baesman, «What it Takes to be Happy and Creative at Work», *Dropbox Business*, 8 de junio de 2016.

4. Patrick Morrison, «Is Programming Knowledge Related To Age?: An Exploration of Stack Overlow», https://people.engr. ncsu.edu/ermurph3/papers/msr13.pdf.

5. Jean Pralong, «L'image du travail selon la Génération Y: une comparaison intergénérationelle conduite sur 400 sujets grâce à la technique des cartes cognitives», *Revue Internationale de Psychosociologie*, 16, 39 (2010), págs. 109-134.

6. Hal Hershfield, «You Make Better Decisions If You "See" Your Senior Self», *Harvard Business Review*, junio de 2013.

7. FELICIDAD: PREOCUPARSE MENOS, DISFRUTAR MÁS

1. Lynn Segal, *Out of Time: The Pleasures and the Perils of Ageing*, Londres, Verso Books, 2013, pág. 185.

2. Patty David, «Happiness Grows with Age», *AARP Research*, agosto de 2017.

3. Beard, *op. cit.*, pág. 40.

4. Jeffrey Kluger, «Why Are Old People Less Scared of Dying?», *Time*, 11 de febrero de 2016.

5. Amelia Grandson, «Dying is Unexpectedly Positive», *Psychological Science*, 28, 7 (2017), págs. 988-999.

6. Brooke E. O'Neill, «Happiness on the horizon», *University of Chicago Magazine*, noviembre-diciembre de 2009.

7. Datos basados en investigaciones de la Oficina Nacional de Estadística del Reino Unido; véase fig. 1: https://www.ons.gov.uk/peoplepopulationandcommunity/welbeing/articles/measuringnationalwellbeing/atwhatageispersonalwellbeingthehighest.

8. Andrew J. Oswald, «Do Humans Suffer a Psychological Low in Midlife? Two Approaches (With and Without Controls) in Seven Data Sets», National Bureau of Economic Research Working Papers, w23724, 2017.

9. Gawande, *op. cit.*, pág. 178.

10. Laura L. Carstensen, «Socioemotional Selectivity Theory and the Regulation of Emotion in the Second Half of Life», *Motivation and Emotion*, 27, 2 (2003), págs. 103-123.

11. Datos basados en las cifras de las organizaciones Age UK y Campaign to End Loneliness: https://www.campaigntoendloneliness.org/loneliness-research.

12. Tim Adams, «Interview with (neuroscientist) John Cacioppo», *The Guardian*, 28 de febrero de 2016.

13. Encuesta de AARP: https://www.aarp.org/research/topics/life/info-2014/loneliness_2010.html.

14. Datos basados en investigaciones de Cigna, una empresa internacional de servicios de salud: https://www.multivu.com/players/English/8294451-cigna-us-loneliness-survey.

15. Laura L. Carstensen, «Ageing and Emotional Memory: The Forgettable Nature of Negative Images for Older Adults», *Jour-*

nal of Experimental Psychology: General, 132, 2 (2003), págs. 310-324.

16. Vincanne Adams, «Ageing Disaster: Mortality, Vulnerability, and Long-Term Recovery Among Katrina Survivors», *Medical Anthropology*, 30, 3 (2011), pág. 247-270.

17. Aaron Hicklin, «David Bowie: An Obituary», *Out*, 11 de enero de 2016.

8. ATRACTIVO: ¡ME GUSTA!

1. George Minois, *History of Old Age*, Cambridge, Polity Press, 1989, pág. 10. [Hay trad. cast.: *Historia de la vejez: de la Antigüedad al Renacimiento*, Nerea, Gipuzkoa, 1989.]
2. Thane, *op. cit.*, pág. 134.
3. Thane, *op. cit.*, pág. 21.
4. Véase la página web sobre envejecimiento saludable de la Clínica Mayo: https://www.mayoclinic.org/healthy-lifestyle/healthy-ageing/in-depth/growth-hormone/art-20045735.
5. Minois, *op. cit.*, pág. 303.
6. Susanna Mitro, «The Smell of Age: Perception and Discrimination of Body Odors of Different Ages», *PLOS One*, 7, 5 (2012).
7. Datos basados en cifras del sitio web The Fashion Spot.
8. Laura M. Hsu, «The Influence of Age-Related Cues on Health and Longevity», *Perspectives on Psychological Science*, 5, 6 (2010), pág. 635.

9. AMORES: EL CORAZÓN NO TIENE ARRUGAS

1. Thane, *op. cit.*, pág. 134.
2. Michel Houellebecq, *The Possibility of an Island*, Londres, Phoenix, 2005, pág. 182. [Hay trad. cast.: *La posibilidad de una isla*, Club Círculo de Lectores, Barcelona, 2006.]
3. «Pensioners are an Underrated and Underserved Market», *The Economist*, 8 de julio de 2017.
4. *Ibid.*

5. Segal, *op. cit.*, pág. 89.

6. David Lee, «Sexual Health and Wellbeing Among Older Men and Women in England: Findings from the English Longitudinal Study of Ageing», *Archives of Sexual Behavior*, 45, 1 (2015), tabla 5.

7. Datos basados en investigaciones del sitio web OkCupid: http://www.businessinsider.com/10-surprising-charts-about-sex-2012-3?IR=T.

8. Facultad de Medicina de la Universidad de Boston: http://www.bumc.bu.edu/sexualmedicine/physicianinformation/epidemiology-of-ed.

9. David Lee, «How Long Will I Love You? Sex and Intimacy in Later Life», 2017: https://www.researchgate.net/publication/315165295_How_long_will_I_love_you_Sex_and_intimacy_in_later_life.

10. Michael E. Metz, *Enduring Desire*, Abingdon, Routledge, 2010.

10. SOLIDARIDAD: NOSOTROS, NO YO

1. Encore.org, «Purpose in the Encore Years: Shaping Lives of Meaning and Contribution», 2018, pág. 10.

2. Merrill Lynch, «Giving in Retirement: America's Longevity Bonus», 2015, pág. 14.

3. Baris K. Yörük, «Does Living to Charity Lead to Better Health? Evidence from Tax Subsidies for Charitable Giving», *Journal of Economic Psychology*, 45 (2014), págs. 71-83.

4. Jenny Santi, «The Secret to Happiness is Helping Others», *Time*, 4 de agosto de 2017.

5. Pär Bjälkebring, «Greater Emotional Gain from Giving in Older Adults: Age-Related Positivity Bias in Charitable Giving», *Frontiers in Psychology*, 7 (2016), pág. 846.

6. Merrill Lynch, *op. cit.*, pág. 3.

7. Kessler, *op. cit.*, pág. 698.

11. INTERACCIÓN: TODOS JUNTOS AHORA

1. Eva-Marie Kessler, «Intergenerational Potential: Effects of Social Interaction Between Older Adults and Adolescents», *Psychology and Ageing*, 22, 4 (2007), pág. 691.
2. Anne Karpf, *How to Age*, Londres, Macmillan, 2014, pág. 92.
3. Benevolent Society, «The Drivers of Ageism», 2017, pág. 26.
4. Universidad de Lancaster, «Research Shows McDonald's Customers Prefer Older Workers», 9 de enero de 2009.
5. Charness, *op. cit.*
6. «Elders not Better: In Germany Mature Workers are Answering to Young Supervisors», *The Economist*, 15 de diciembre de 2016.

CONCLUSIÓN. HA LLEGADO EL MOMENTO

1. Bruce Grierson, «What if Age is Nothing but a MindSet?», *New York Times Magazine*, 22 de octubre de 2014.

BIBLIOGRAFÍA

APPLEWHITE, ASHTON, *This Chair Rocks: a Manifesto Against Ageism*, Networked Books, 2016.

BENJAMIN, MARINA, *The Middlepause: On Life After Youth,* Londres, Scribe UK, 2017.

BUETTNER, DAN, *The Blue Zones: 9 Lessons for Living Longer From the People Who've Lived the Longest*, National Geographic, Washington DC, 2012. [Hay trad. cast.: *El secreto de las zonas azules: comer y vivir como la gente más sana del mundo*, Grijalbo, Barcelona, 2016.]

BUTLER, ROBERT N., *Why Survive?: Being Old in America*, Johns Hopkins University Press, Baltimore, 2002.

CAPPELLI, PETER, *Managing the Older Worker: How to Prepare for the New Organizational Order*, Harvard Business Review, Brighton, 2010.

CARSTENSEN, LAURA, *A Long Bright Future: Happiness, Health and Financial Security in an Age of Increased Longevity*, Public Affairs, Nueva York, 2011.

COHEN, GENE D., *The Mature Mind: The Positive Power of the Aging Brain*, Basic Books, Nueva York, 2006.

FREEDMAN, MARC, *The Big Shift: Navigating the New Stage Beyond Midlife,* Public Affairs, Nueva York, 2012.

GAWANDE, ATUL, *Being Mortal: Illness, Medicine, and What Matters in the End*, Profile Books, Londres, 2015, pág. 73. [Hay trad. cast.: *Ser mortal: la medicina y lo que al final importa*, Galaxia Gutenberg, Barcelona, 2019.]

GILLEARD, CHRISTOPHER, *Cultures of Ageing: Self, Citizen and the Body*, Routledge, Londres, 2000.

GRANT, ADAM, *Originals: How Non-Conformists Move the World*, Penguin Random House USA, Nueva York, 2016, págs. 109-112. [Hay trad. cast.: *Originales: cómo los inconformes mueven el mundo*, Paidós, Barcelona, 2017.]

GRATTON, LYNDA, y ANDREW SCOTT, *The 100-Year Life: Living and Working in an Age of Longevity*, Bloomsbury Business, Londres, 2017. [Hay trad. cast.: *La vida de 100 años: vivir y trabajar en la era de la longevidad*, Lettera, Bilbao, 2018.]

GRIERSON, BRUCE, *What Makes Olga Run? The Mystery of the 90-Something Track Star and What She Can Teach Us About Living Longer, Happier Lives*, Vintage, Toronto, 2014.

GULLETTE, MARGARET MORGANROTH, *Agewise: Fighting the New Ageism in America*, University of Chicago Press, Chicago, 2011.

KARPF, ANNE, *How to Age*, Macmillan, Londres, 2014.

KREAMER, ANNE, *Going Grey: How to Embrace your Authentic Self with Grace and Style*, Little Brown, Londres, 2009.

MAGNUS, GEORGE, *The Age of Aging: How Demographics are Changing the Global Economy and Our World*, John Wiley & Sons, Hoboken, 2008.

MAYER, CATHERINE, *Amortality: The Pleasures and Perils of Living Agelessly*, Vermillion, Londres, 2011.

MINOIS, GEORGE, *History of Old Age: From Antiquity to the Renaissance*, Polity Press, Cambridge, 1989. [Hay trad. cast.: *Historia de la vejez: de la Antigüedad al Renacimiento*, Nerea, Gipuzkoa, 1989.]

PRICE, JOAN, *Naked at Our Age: Talking Out Loud About Senior Sex*, Sea Press, Berkeley, 2011.

SEGAL, LYNNE, *Out of Time: The Pleasures and the Perils of Ageing*, Verso Books, Nueva York, 2013.

SHEA, GORDON F., y ADOLF HAASEN, *The Older Worker Advantage: Making the Most of Our Aging Workforce*, Praeger, Westport, 2005.

STRAUCH, BARBARA, *The Secret Life of the Grown-Up Brain: The Surprising Talents of the Middle-Aged Mind*, Viking Books, Londres, 2010.

THANE, PAT, y LYNN BOTELHO, *The Long History of Old Age,* Thames and Hudson, Londres, 2005.

THOMAS, BILL, *Second Wind: Navigating the Passage to a Slower, Deeper and More Connected Life,* Simon & Schuster, Londres, 2015.

AGRADECIMIENTOS

Aunque el mío es el único nombre que aparece en la portada, muchas personas han contribuido a la elaboración de este libro.

Mi agente, Patrick Walsh, consiguió los contratos de publicación que lo hicieron posible. Craig Pyette, de Penguin Random House Canada, e Ian Marshall, de Simon & Schuster UK, fueron pacientes, perspicaces y puntillosos: justo lo que le pides a un equipo editorial. Miranda France y Pamela Honoré hicieron su magia habitual con el manuscrito, mientras que Cordelia Newlin de Rojas aportó una valiosa investigación.

Mis libros se basan en el reportaje, lo que implica contar en gran medida con otras personas para obtener ayuda logística. Quiero dar las gracias a los intérpretes que hicieron posible las entrevistas que realicé en Tailandia, el Líbano, Alemania y Corea del Sur: Ittiyada Chareonsiri, Samar Shahine, Hannah Weber, Kim Seo-Yun y Park Yeon-Han. Otras personas que me ayudaron más allá de lo que se les pedía fueron Carmela Manzillo, Scott Ellard, Ashton Applewhite, Debora Price, Esme Fuller-Thomson, Eric Kaufmann, Hiba Farhat, May Nassour, Paulina Braun, Laila Zahed, Damian Hanoman-Cornil, Kathy Katerina, James Kimsey, Kat Ray y Marina Rozenman.

Por último, quisiera expresar mi profundo agradecimiento a las numerosas personas de todo el mundo que dedicaron tiempo a hablar conmigo sobre el envejecimiento. Sin sus conocimientos, sus historias y sus ideas, este libro no habría existido.